사회통합프로그램(KIIP)

한국 해

◆ ◆ ◆ 기본 ◆ ◆ ◆

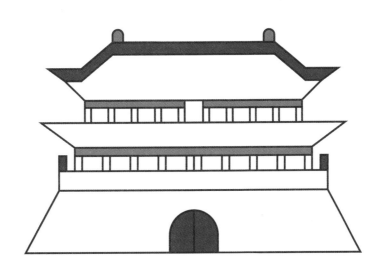

기획 법무부 출입국·외국인정책본부

박영
story

발간사

우리나라는 6·25전쟁 이후 한동안 전쟁과 높은 실업률, 지정학적 리스크 등으로 인해 다른 나라로 이주를 가던 나라였으나, 1970년대부터 '한강의 기적'으로 불릴 만큼 단기간에 비약적인 경제성장을 이루게 되면서 어느덧 세계 10대 경제대국의 반열에 이르게 되었고, 이제는 많은 사람들이 이민을 오는 나라가 되어, 현재 국내 체류외국인이 250만 명을 넘어서고 있습니다.

더욱이 저출산·고령사회로 급속하게 진입하면서 지난해 우리나라의 합계출산율은 0.72명에 그쳐 역대 최저치를 기록하는 등 저출산과 고령화로 인한 인구문제, 생산동력 상실, 국가소멸의 위기 상황에 직면하게 되면서 이민정책의 획기적인 전환이 필요한 시점이 되었습니다.

그간 법무부는 이민정책을 총괄하는 부처로서 우리나라에 정착한 외국인이 우리 사회의 구성원으로서 적응·자립할 수 있도록 지원하고, 국민과 서로 상생하며 공존할 수 있도록 하는 것이 무엇보다 중요하다고 생각하여 '체계적인 이민통합 정책'을 추진해 왔습니다.

특히, 2009년부터 시작된 '사회통합프로그램'은 한국어, 한국문화, 한국사회 이해 교육을 통해 이민자가 갖추어야 할 필수적인 기본소양을 체계적으로 함양할 수 있도록 함으로써 사회통합 교육의 가장 핵심적인 역할을 수행해 왔습니다.

시행 첫해인 2009년에 1,331명이 '사회통합프로그램'에 참여하였으며, 코로나로 인해 잠시 주춤했던 시기를 제외하면 매년 증가하다가 엔데믹을 선언한 지난해에는 58,028명이 참여하여 역대 최다 인원을 기록하기도 하였습니다. 이러한 추세에 비추어 볼 때 외국인 근로자, 유학생, 재외동포 등 참여대상이 확대되고 있는 점을 감안한다면 교육 수요는 계속 증가할 것으로 예상됩니다.

이러한 시기에 새롭게 발간되는 사회통합프로그램 교재와 교사용 지도서는 더욱 중요한 의미가 있으며, 이민자들이 이러한 교재들을 널리 활용하여 한국사회에 대한 이해를 높이고, 더욱더 우리나라에 잘 적응할 수 있는 마중물이 되었으면 하는 바람입니다.

끝으로 교재 발간에 도움을 주신 경인교육대학교 설규주 교수님을 비롯한 산학협력단 연구진과 출판에 도움을 주신 피와이메이트 노현 대표님 등 관계자 분들께 감사드리며, 앞으로도 법무부는 이민자의 안정적인 정착 지원과 사회통합을 위해 노력하겠습니다.

법무부 출입국·외국인정책본부장

이 재 유

일러두기

'사회통합프로그램[KIIP]을 위한 한국사회 이해(기본)'는 사회통합프로그램에 참여하는 학습자가 한국사회 전반에 대한 이해를 바탕으로, 한국사회를 구성하는 주체로서 지녀야 할 기본소양과 자질을 기르고 발휘할 수 있도록 지원하기 위한 목적으로 만들어진 교재이다.

이 교재는 총 8개 영역인 한국의 사회, 교육, 문화, 정치, 경제, 법, 역사, 지리로 구분되어 있으며, 사회통합프로그램 한국사회 이해(기본) 과정의 이수시간에 맞추어 총 50개의 단원으로 구성되어 있다.

각 단원은 아래와 같이 '생각해 봅시다-학습목표-관련 단원 확인하기-본문-알아두면 좋아요-주요 내용정리-이야기 나누기'의 순으로 구성되어 있다. 각 영역의 마지막에는 배운 내용을 종합적으로 정리할 수 있도록 '대단원 정리-수행 평가-단원 종합 평가-화보'를 제시하였다. 이를 통해 학습자가 한국사회 전반에 대한 내용을 체계적으로 이해하고 정리할 수 있도록 하였다.

구성과 특징

생각해 봅시다
단원에 대한 학습자의 관심과 흥미를 높이기 위해 구성하였다. 여기서는 단원과 관련된 사진이나 삽화를 제시하고 이를 활용하여 강사와 학습자, 학습자와 학습자 간에 상호작용을 할 수 있는 질문을 제시하였다. 질문은 학습자 자신의 경험을 바탕으로 답할 수 있는 것으로 이루어져 있다.

학습목표
학습자가 단원 전체의 핵심적인 내용을 먼저 살펴볼 수 있도록 하기 위해 구성하였다. 이 단원을 학습하고 나면 학습자가 무엇을 할 수 있는지를 제시하는 문장으로 이루어져 있다. 학습목표는 단원별 소주제 수에 맞추어 2개로 구분하였다.

관련 단원 확인하기
각 단원에서 다루는 학습 내용이 서로 연계되어 있음을 보여주기 위해 구성하였다. 해당 단원과 관련되는 기본 또는 심화 교재의 단원 제목과 내용을 소개하고 있다.

본문
단원에서 다루고 있는 주제의 주요 내용을 담고 있는 부분이다. 학습자의 이해를 돕기 위한 본문 내용과 관련되는 다양한 사진, 그림, 도표 등이 활용하였다.

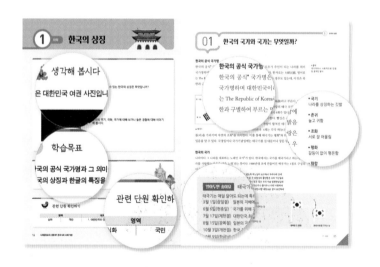

용어 해설
본문의 왼쪽이나 오른쪽을 활용하여 본문에 있는 주요 용어나 어려운 용어의 뜻을 풀이하였다. 경우에 따라서는 본문과 관련된 자료를 제시하기도 하였다.

알아두면 좋아요
학습자가 한국을 더 잘 이해하고 일상생활을 하는 데 실질적으로 도움을 줄 수 있는 정보나 흥미 있는 내용을 중심으로 구성하였다.

주요 내용정리
본문에서 다룬 주요 내용을 체계적으로 정리해 보도록 하기 위해 구성하였다. 주요 내용을 빈칸으로 남겨 놓아 학습자가 그것을 스스로 채워 보면서 점검이 가능하도록 하였다.

이야기 나누기
제시된 자료를 활용하여 교사와 학습자, 학습자와 학습자 간에 상호작용을 해볼 수 있도록 구성하였다. 학습자가 고향 나라와 한국에서 생활하면서 경험했던 것을 이야기하며 서로의 문화를 더 잘 이해하고 존중할 수 있다.

대단원 정리
영역의 단원별 핵심 내용을 표나 그림으로 정리하여 제시하였다.

수행 평가
십자말풀이, 퀴즈, 단어 조합 등의 다양한 활동을 활용하여 각 영역에서 학습한 내용을 확인할 수 있도록 하였다.

단원 종합 평가
영역에서 학습한 주요 내용을 활용하여 4지 선다형 문항을 구성하였다. 이를 통해 학습자의 이해 정도를 점검하고 부족한 부분을 살펴볼 수 있도록 하였다.

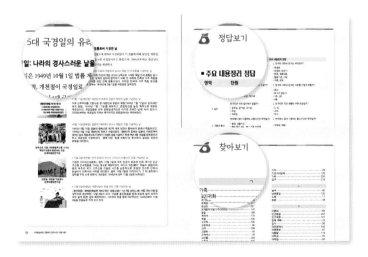

화보
영역의 내용과 관련된 사진이나 삽화 등을 제시하였다. 영역에 대한 학습을 마무리하면서 부담 없이 참고할 수 있도록 화보 형태로 구성하였다.

정답보기
각 단원별 '주요 내용정리'의 빈칸에 들어갈 정답 및 '대단원 정리'의 수행 평가와 단원 종합 평가의 정답과 해설을 제시하였다.

찾아보기
교재에서 학습한 주요 용어를 ㄱ ㄴ ㄷ 순으로 제시하여 학습자가 스스로 학습하는 데 도움을 줄 수 있도록 하였다.

교재 구성

영역	단원	생각해 봅시다	학습목표	본문	알아두면 좋아요	이야기 나누기
사회	1. 한국의 상징	대한민국 여권 사진	1. 한국의 공식 국가명과 그 의미를 설명할 수 있다. 2. 한국의 상징과 한글의 특징을 설명할 수 있다.	1. 한국의 국기와 국가는 무엇일까? 2. 한국의 국화와 문자는 무엇일까?	1. 태극기는 언제 달까? 2. 국경일, 기념식, 국제행사, 스포츠 경기는 어떻게 시작할까?	여러 나라의 국기
	2. 가족	한국의 다양한 가족 모습	1. 한국 가족 형태의 변화와 가족 문화의 특징을 설명할 수 있다. 2. 한국 사회의 가족 및 친척 관계와 호칭을 설명할 수 있다.	1. 한국의 가족은 어떤 특징을 가지고 있을까? 2. 한국의 가족과 친척은 서로를 어떻게 부를까?	1. 1인 가구 증가로 어떤 변화가 나타나고 있을까? 2. 남편의 가족을 부를 때와 아내의 가족을 부를 때 호칭이 달라요	한국의 가족에서 '우리'와 '식구'의 의미는?
	3. 일터	한국의 다양한 일터 모습	1. 한국 사회의 직장 생활 특징을 설명할 수 있다. 2. 한국 사회의 직장 문화를 이해하고 직장 관련 어려움에 대한 해결 방안을 탐색할 수 있다.	1. 한국인은 어떤 일터에서 일할까? 2. 한국인의 직장 생활은 어떤 모습일까?	1. 한국에서 특별히 많이 볼 수 있는 직업은? 2. 한국 직장인들은 일 년에 휴가를 며칠 정도 사용할까?	직장인 80% 이상 "회사생활에서는 '일'보다 '사람'이 더 중요"
	4. 교통과 통신	대중교통 수단 관련 사진	1. 한국에서 사람들이 많이 이용하는 교통수단과 이용 방법을 설명할 수 있다. 2. 한국에서 많이 사용하는 통신 수단과 사용 방법을 설명할 수 있다.	1. 한국에서 많이 이용하는 교통 수단은 무엇일까? 2. 한국에서 많이 사용하는 통신 수단은 무엇일까?	1. 누구나, 언제나 이용할 수 있는 교통 수단, 공공 자전거 2. 당신의 문자는 안전합니까? (보이스 피싱과 스미싱, 피해 발생 시 대응 방법)	지금은 1인 미디어 전성시대
	5. 주거	한국에서 볼 수 있는 집의 모습	1. 한국에서 많이 볼 수 있는 집의 형태와 주거 문화의 특징을 설명할 수 있다. 2. 한국인의 거주 형태와 집 구하는 방법을 설명할 수 있다.	1. 한국인이 많이 살고 있는 집의 형태는 무엇일까? 2. 한국에서는 집을 어떻게 구할까?	1. 공공 임대 주택이란? 2. 부동산에 갈 시간이 없다면? 온라인으로 알아보세요	여러 나라의 다양한 이사 문화
	6. 도시와 농촌	한국의 도시와 농촌 모습	1. 한국 도시의 특징과 변화를 설명할 수 있다. 2. 한국 농촌의 특징과 변화를 설명할 수 있다.	1. 한국 도시는 어떤 특징이 있을까? 2. 한국 농촌은 어떤 특징이 있을까?	1. 도시 재생 사업으로 확 달라진 우리 마을(부산 영도 깡깡이 마을) 2. 한국의 농촌을 체험해 볼까?	외국인 계절 근로자 최장 '5개월' 고용
	7. 복지	한국에서 생활하면서 겪을 수 있는 상황	1. 최소한의 인간다운 삶을 보장하는 한국의 사회 복지 제도를 설명할 수 있다. 2. 외국인 대상 복지 서비스를 이해하고 이용할 수 있다.	1. 한국의 사회 복지 제도에는 어떤 것들이 있을까? 2. 다문화 가족 및 외국인을 위한 기관과 지원 서비스에는 어떤 것들이 있을까?	1. 태풍, 지진, 전염병 등의 재난 상황에서도 도움을 받을 수 있는 방법이 있을까? 2. 자신의 고향 나라 언어로 법률 상담을 받을 수 있는 방법은?	네팔 출신 1호 의사의 꿈
	8. 의료와 안전	우리가 일상생활에서 갑자기 겪을 수 있는 상황	1. 한국의 의료 기관 종류와 이용 방법을 설명할 수 있다. 2. 안전한 생활을 위한 생활 수칙과 대처 요령을 알고 실천할 수 있다.	1. 한국에서 의료 기관은 어떻게 이용할까? 2. 안전한 생활을 위해서는 어떻게 해야 할까?	1. 외국인도 건강보험에 가입할 수 있을까? 2. 똑똑한 CCTV로 대한민국의 안전을 높입니다	늘고 있는 외국인노동자 산재… 언어 소통이 가장 큰 걸림돌

영역	단원	생각해 봅시다	학습목표	본문	알아두면 좋아요	이야기 나누기
교육	9. 보육제도	임신, 출산, 보육 사진	1. 한국의 임신·출산 및 보육 제도에 대하여 알 수 있다. 2. 한국의 영·유아 보육·교육 기관에 대하여 알 수 있다.	1. 출산과 보육을 지원하는 제도에는 무엇이 있을까? 2. 영·유아를 위한 보육과 교육은 어디에서 담당할까?	1. 맞벌이, 출장이나 야근 등으로 급한 돌봄이 필요하다면? 2. 야간 돌봄 서비스를 제공하는 24시간 어린이집	태교와 산후 조리 문화
	10. 초·중등 교육	초등학교와 중학교의 모습	1. 한국 교육 제도의 특징을 설명할 수 있다. 2. 한국 초·중등 교육 기관의 종류와 특징을 설명할 수 있다.	1. 한국 교육 제도의 특징은 무엇일까? 2. 한국의 초·중등 교육 기관에는 어떤 것이 있을까?	1. 외국인 자녀의 학교 입학은 어떻게? 2. 개인 맞춤형 학습을 지원하는 온라인 학교	한국에서도 홈스쿨링을?
	11. 고등 교육과 입시	시험을 잘 보라는 의미를 담고 있는 선물 사진	1. 한국 입시 제도의 특징을 설명할 수 있다. 2. 한국 고등 교육 기관의 종류와 특징을 설명할 수 있다.	1. 한국은 왜 대학 진학률이 높을까? 2. 한국의 고등 교육 기관에는 어떤 것이 있을까?	1. 대학생 멘토링과 이중 언어 학습 지원 2. 국내 대학에 재학 중인 외국인 유학생의 비율은?	한국 수능 날의 풍경
	12. 평생 교육	여러 기관에서의 다양한 평생교육 프로그램 모습	1. 평생 교육과 평생 교육 기관에 대해 설명할 수 있다. 2.이주민을 위한 교육 기관과 프로그램을 설명할 수 있다.	1. 평생 교육이란 무엇일까? 2. 이주민을 위한 교육에는 무엇이 있을까?	1. 평생 교육에 대한 모든 정보는 여기로: 늘 배움 2. 학점 은행제와 독학 학위제	대학의 우수한 강좌를 집에서 들어보자
문화	13. 전통 가치	일상생활에서 종종 실수하는 높임말의 예	1. 한국의 전통 가치인 효와 예절의 특징을 설명할 수 있다. 2. 한국에서 공동체와 연고를 중시하는 이유를 설명할 수 있다.	1. 효와 예절은 무엇일까? 2. 공동체와 연고를 중요하게 여기는 모습은 어떻게 나타날까?	1. 65세 이상 노인을 위한 복지 혜택 2. '생활협동조합(생협)'에 대해 들어 봤나요?	공동체 의식을 담고 있는 한국의 속담
	14. 전통 의식주	세계의 한식당 분포 인포그래픽	1. 한국의 음식 종류와 특징을 설명할 수 있다. 2. 한복과 한옥의 특징을 설명할 수 있다.	1. 한국 음식의 종류와 특징은 무엇일까? 2. 한복과 한옥의 특징은 무엇일까?	1. 한국인이 즐겨 먹는 전통 음식, 떡 2. 한국의 조상들이 선호했던 집의 위치	한국의 식사예절에는 무엇이 있을까?
	15. 의례	결혼식, 돌잔치, 장례식, 제사 모습	1. 한국의 결혼식, 돌잔치, 성년식 문화를 설명할 수 있다. 2. 한국의 장례식, 제사 문화를 설명할 수 있다.	1. 결혼식, 돌잔치, 성년식은 어떤 모습일까? 2. 장례식과 제사는 어떤 모습일까?	1. 백일을 축하합니다! 2. 장례 문화가 바뀌고 있다	부모님, 오래 오래 사세요!
	16. 명절	세계 여러 나라의 대표적인 명절 모습	1. 한국의 대표적인 명절인 설날에 대해 설명할 수 있다. 2. 한국의 대표적인 명절인 추석에 대해 설명할 수 있다.	1. 설날에는 무엇을 할까? 2. 추석에는 무엇을 할까?	1. 설날의 대표적인 전통놀이, 윷놀이 2. 24절기를 알아볼까요?	새해 첫날, 세계 여러 나라에서는 어떤 음식을 먹을까?
	17. 종교	한국의 절, 교회, 성당, 모스크 모습	1. 한국의 다양한 종교의 특징을 설명할 수 있다. 2. 다양한 종교를 존중하는 태도를 함양할 수 있다.	1. 한국에는 어떤 종교가 있을까? 2. 종교 간의 배려와 존중이 왜 필요할까?	1. 한국에서 창시된 종교 – 천도교, 대종교, 원불교 2. 종교의 자유는 헌법으로 보장된다	마을을 지켜주는 장승과 솟대
	18. 대중문화	일상생활에서 대중문화와 관련된 대화 장면	1. 한국의 대중문화 종류와 특징을 설명할 수 있다. 2. 세계인이 좋아하는 한국 대중문화를 설명할 수 있다.	1. 한국에는 어떤 대중문화가 있을까? 2. 세계인이 좋아하는 한국 대중문화에는 무엇이 있을까?	1. 한국의 '방' 문화를 즐겨보셨나요? 2. 제92회 아카데미 영화제 작품상 등 4관왕을 수상한 영화 '기생충'	한국인에게 사랑받은 한국 영화
	19. 여가문화	한국인이 여가 시간에 즐기는 주요 활동 모습	1. 한국의 여가문화 종류와 특징을 설명할 수 있다. 2. 여가활동에 능동적으로 참여할 수 있다.	1. 한국에는 어떤 여가문화가 있을까? 2. 여가활동에는 어떻게 참여할 수 있을까?	1. 여행을 떠나요! 대한민국 구석구석에 대한 여행 정보 2. 문화가 있는 날을 아세요?	한국인의 여가활동의 목적은?

교재 구성

영역	단원	생각해 봅시다	학습목표	본문	알아두면 좋아요	이야기 나누기
정치	20. 한국의 민주 정치	교실에서 스마트폰 사용 규칙을 정하는 모습	1. 민주주의와 주권의 의미를 설명할 수 있다. 2. 권력 분립의 필요성과 방식을 설명할 수 있다.	1. 한국의 주인은 누구일까? 2. 한국은 왜 국가 기관의 권력을 나누어 놓았을까?	1. 한국 민주주의 발전에 큰 영향을 준 사건 2. 민주 정치의 반대말은 무엇일까?	일상생활과 민주주의
	21. 입법부	재한외국인 처우 기본법 일부 조항	1. 입법부의 의미와 국회의 구성을 설명할 수 있다. 2. 국회가 하는 일을 설명할 수 있다.	1. 법은 누가, 어디서 만들까? 2. 국회는 어떤 일을 할까?	1. 총선에는 투표 용지가 2장! 2. 나라의 중요한 일을 맡으려면 먼저 국회 인사청문회부터!	나의 의견도 법에 반영될 수 있다.
	22. 행정부	한국에서 생활하면서 경험할 수 있는 상황	1. 행정부의 의미와 정부의 구성을 설명할 수 있다. 2. 대통령의 권한과 정부의 역할을 설명할 수 있다.	1. 법은 누가 집행할까? 2. 정부는 어떤 일을 할까?	1. 국민 모두에게 개방된 청와대 2. 대통령이 없는 국가에서는 정부를 누가 이끌까?	외국인을 위한 정부 정책에는 어떤 것이 있을까?
	23. 사법부	법원에서 재판하는 모습	1. 사법부의 의미와 구성에 대해 설명할 수 있다. 2. 법원의 역할과 공정한 재판을 위한 노력을 설명할 수 있다.	1. 재판은 누가 할까? 2. 법원은 어떤 일을 할까?	1. 소송 구제 제도 안내책, 이젠 16개 국어로 읽기! 2. 대법원의 결정이 우리 생활에 영향을 준다	피의자(범죄를 저질렀을 것으로 의심받는 사람)의 인권도 보호해요!
	24. 선거와 지방자치	한 도시의 지역 사회 문제 모습	1. 선거의 원칙과 종류를 설명할 수 있다. 2. 지방자치제도와 주민 생활을 설명할 수 있다.	1. 선거는 어떻게 이루어지고 있을까? 2. 우리 지역을 위한 정치는 어떻게 할까?	1. 투표일에 투표할 수 없다면? 사전 투표를 이용하세요! 2. 외국인 주민 회의도 개최해요	'우리동네 시민 경찰'로 임명된 외국인 자율방범대!
경제	25. 일상생활과 경제 활동	경제 활동과 관련된 선택의 상황	1. 일상생활 경제 활동의 의미와 물가의 개념에 대해 설명할 수 있다. 2. 한국의 화폐와 결제 수단에 대해 이해하고, 합리적인 경제 활동에 대해 설명할 수 있다.	1. 경제 활동이란 무엇일까? 2. 경제 활동을 위한 합리적인 선택은 왜 필요할까?	1. 내 것, 남의 것에서 '우리'의 것으로, 공유경제 2. '○○페이 됩니다' 간편 결제 서비스란?	이 돈으로 무엇을 할 수 있을까?
	26. 경제 성장	한국의 주요 수출 품목	1. 한국의 경제 성장 과정을 설명할 수 있다. 2. 한국과 다른 나라와의 경제 교류에 대해 설명할 수 있다.	1. 한국 경제는 어떻게 성장해 왔을까? 2. 한국은 세계 여러 나라와 어떻게 교류하고 있을까?	1. 독일로 간 광부와 간호사 2. 전세계 코로나19 극복을 위한 한국의 지원	한국의 세계 수출 시장 점유율 1위 제품에는 무엇이 있을까?
	27. 장보기와 소비자 보호	전통 시장, 대형 마트, 홈쇼핑, 온라인 쇼핑 모습	1. 다양한 장보기 방법을 알고, 이를 일상생활에서 활용할 수 있다. 2. 소비자의 권리와 책임에 대해 설명할 수 있다.	1. 어디에서 장을 보면 될까? 2. 소비자의 권리와 책임에는 어떤 것이 있을까?	1. 지역사랑 상품권을 아시나요? 2. 소비 과정에서 피해를 입었을 때는?	소비자 스스로 안전과 권리 지키기
	28. 금융기관 이용하기	은행의 업무 모습	1. 금융기관의 종류와 특징을 설명할 수 있다. 2. 금융 거래 하는 방법을 알고 이를 활용할 수 있다.	1. 금융기관에는 어떤 것이 있을까? 2. 금융 거래는 어떻게 하면 될까?	1. 저축 상품에는 어떤 것이 있을까? 2. 예금자 보호 제도란 무엇일까?	인터넷과 스마트폰을 이용한 금융 사기를 조심해요!
	29. 취업하기	외국인 근로자 지원 사업 관련 면접 모습	1. 한국의 일자리 상황을 설명할 수 있다. 2. 한국에서 취업을 하기 위한 방법을 이해하고 활용할 수 있다.	1. 한국의 일자리 상황은 어떠할까? 2. 취업하기 위해서는 무엇을 준비해야 할까?	1. 한국 일자리 정보의 모든 것, 워크넷 2. 외국인 취업 박람회, 나에게 맞는 한국의 직장은?	외국인 인력 지원 센터에 고마움을 나눕니다.

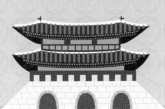

영역	단원	생각해 봅시다	학습목표	본문	알아두면 좋아요	이야기 나누기
법	30. 외국인과 법	쓰레기 및 재활용품 분리 배출 모습	1. 한국 사회에서 법이 얼마나 중요한 것인지 설명할 수 있다. 2. 법에 정해진 외국인의 권리와 의무를 설명할 수 있다.	1. 한국에서 법은 어떤 의미를 가지고 있을까? 2. 외국인에게는 어떤 법적 권리와 의무가 있을까?	1. 순천의 외국인 유학생 자율방범대 2. 외국인 자녀의 교육받을 권리를 보장하고 있어요	한국에 거주하는 외국인도 국민연금에 가입해야 합니다
	31. 한국 체류와 법	인천국제공항 입국 심사 모습	1. 외국인의 한국 입국 및 체류 절차를 설명할 수 있다. 2. 외국인의 정착을 돕는 한국의 법과 제도를 설명할 수 있다.	1. 외국인이 한국에 머무르려면 어떤 절차가 필요할까? 2. 외국인의 정착을 돕는 법에는 어떤 것이 있을까?	1. 대한민국 비자에 대해 알아봅시다 2. 한국에 있는 외국인 마을을 찾아 떠나 볼까요?	한국에 난민이 더 많이 들어온다면?
	32. 한국 국적과 법	귀화를 통해 한국 국적을 갖게 된 사례	1. 한국 국적을 얻는 것의 의미와 기준을 설명할 수 있다. 2. 귀화의 유형과 절차를 설명할 수 있다.	1. 한국 국적은 어떤 의미를 가지며 어떤 기준으로 결정될까? 2. 귀화는 어떤 절차로 이루어질까?	1. 보편적 출생등록 제도 2. 국적법 개정에 따라 '국민선서'를 해야 합니다	당신에게 국적은 어떤 의미인가요?
	33. 가족과 법	반지, 청첩장, 웨딩드레스, 부케의 모습	1. 부부의 권리와 의무에 관한 법의 기본 내용을 설명할 수 있다. 2. 가정 폭력 및 이혼에 적용되는 법의 기본 내용을 설명할 수 있다.	1. 법은 결혼생활에 어떤 영향을 줄까? 2. 가족관계에서 생기는 문제를 법으로 어떻게 해결할 수 있을까?	1. 결혼을 하면 혼인 신고! 아이를 낳으면 출생 신고! 2. 이혼한 상대방이 위자료나 양육비를 주지 않는다면?	이혼의 책임이 주로 한국인 배우자에게 있다면?
	34. 재산과 법	돈 거래를 할 때 나타날 수 있는 상황	1. 금전 거래와 관련된 법적 내용을 설명할 수 있다. 2. 부동산 거래와 관련된 법적 내용을 설명할 수 있다.	1. 금전 거래를 할 때 무엇을 알아 두어야 할까? 2. 부동산 거래를 할 때 무엇을 알아 두어야 할까?	1. 이자를 무조건 많이 받을 수는 없어요 2. 부동산 거래를 도와주는 전문가: 공인중개사(부동산 중개업자)	해외로 보낼 수 있는 돈에는 한도가 있어요.
	35. 생활 법률	쓰레기 분리배출 하는 곳의 모습	1. 경범죄의 개념과 사례를 설명할 수 있다. 2. 음주 운전과 학교 폭력에 대해 설명할 수 있다.	1. 경범죄에는 무엇이 있을까? 2. 음주운전과 학교폭력은 무엇일까?	1. 어디에 앉든지 안전띠는 필수! 2. 몰래카메라도 범죄예요	베를린 장벽의 그림, 예술일까? 낙서일까?
	36. 범죄와 법	서로 다른 법이 적용된 사례	1. 형법의 의미와 죄형 법정주의에 대해 설명할 수 있다. 2. 법집행기관으로서 경찰과 검찰의 역할을 설명할 수 있다.	1. 한국에서 형법은 어떤 기능을 할까? 2. 범죄를 막기 위해 경찰과 검찰은 어떤 일을 할까?	1. 점점 늘어나는 사이버 범죄 2. 고위공직자범죄수사처(공수처)가 새로 만들어졌어요	외국인을 위한 범죄 예방 교실
	37. 권리 보호와 법	국가인권위원회가 발표한 이주민 정책 10대 가이드 라인	1. 재판을 통한 분쟁 해결 과정을 설명할 수 있다. 2. 재판 외에 분쟁을 해결하고 권리를 보장하는 다양한 제도를 설명할 수 있다.	1. 재판은 분쟁 해결에 어떤 도움을 줄까? 2. 재판 외에 분쟁을 해결하는 방법에는 어떤 것이 있을까?	1. 외국인 공정한 재판을 위한 통번역 지원 2. 외국인을 위한 마을변호사 제도를 이용해 보세요	한국말이 서툴러도 119 도움을 받을 수 있어요

교재 구성

영역	단원	생각해 봅시다	학습목표	본문	알아두면 좋아요	이야기 나누기
역사	38. 고조선의 건국	비파형 동검과 고인돌의 모습	1. 한국 역사의 흐름을 세계 역사와의 관련 속에서 설명할 수 있다. 2. 고조선의 생활 모습에 대해 설명할 수 있다.	1. 한국 역사는 어떻게 변해 왔을까? 2. 고조선의 생활 모습은 어떠했을까?	1. 강화 참성단과 개천절	『삼국유사』에 기록된 단군의 고조선 건국 이야기
	39. 삼국 시대와 남북국 시대	고구려, 백제, 신라의 건국 이야기	1. 삼국 시대의 성립과 발전 과정을 설명할 수 있다. 2. 남북국 시대의 발전과 문화에 대해 설명할 수 있다.	1. 삼국은 어떻게 발전했을까? 2. 남북국 시대에는 어떤 나라들이 발전했을까?	1. 삼국은 왜 한강 유역을 차지하려고 했을까? 2. 남북국은 어떤 나라들을 의미할까?	한국의 명절 한가위의 뿌리는 신라 시대의 '가배'
	40. 고려 시대	프랑스 지도 제작자 장 당빌이 만든 동아시아 지도	1. 고려의 성립과 발전 과정을 설명할 수 있다. 2. 고려의 사회와 문화에 대해 설명할 수 있다.	1. 고려는 어떻게 발전했을까? 2. 고려 시대 사람들은 어떻게 살았을까?	1. 왕건 청동상이 가진 비밀 2. 세계 최초의 금속활자로 찍은 책 『직지심체요절』	대외 교류(다른 나라와의 교류)로 더욱 풍성해진 고려의 문화
	41. 조선의 건국과 발전	서울 광화문 사거리에 있는 세종대왕 동상	1. 조선의 성립과 발전 과정을 설명할 수 있다. 2. 조선 시대 사회와 문화에 대해 설명할 수 있다.	1. 조선은 나라의 기틀을 어떻게 마련하였을까? 2. 조선 후기에는 어떤 변화가 나타났을까?	1. 『경국대전』을 통해 살펴본 백성의 삶 2. 수원 화성의 공사 기간이 대폭 줄어든 이유는?	조선 후기에 유행한 판소리
	42. 일제 강점과 독립운동	독립신문	1. 개항 이후 근대 국가 수립 노력에 대해 설명할 수 있다. 2. 일제의 식민 통치에 맞선 한국인의 독립운동에 대해 설명할 수 있다.	1. 근대 국가 수립을 위해 어떤 노력을 펼쳤을까? 2. 한국인은 독립운동을 어떻게 펼쳐 나갔을까?	1. 조선, 황제 국가로 거듭나다 2. 일제 강점기 독립운동을 이끈 대한민국 임시 정부	독립을 위해 목숨을 바친 사람들: 윤봉길과 남자현
	43. 한국의 역사 인물	서울 광화문 사거리에 있는 이순신 동상	1. 한국을 위기에서 구한 사람들에 대해 설명할 수 있다. 2. 한국 역사에서 여성들의 활동에 대해 설명할 수 있다.	1. 국가를 위기에서 구한 사람들에는 누가 있을까? 2. 한국 역사에서 여성들은 어떤 활동을 했을까?		한국의 지폐에 있는 여러 인물들
	44. 한국의 문화유산	절에서 참선하는 모습과 가정에서 제사 지내는 모습	1. 한국의 불교와 유교 관련 문화유산을 설명할 수 있다. 2. 한국 과학기술을 알 수 있는 문화유산을 설명할 수 있다.	1. 불교와 유교 문화유산에는 어떤 것들이 있을까? 2. 과학기술을 알 수 있는 문화유산에는 어떤 것들이 있을까?		한국의 유네스코 세계유산에는 어떤 것들이 있을까?

영역	단원	생각해 봅시다	학습목표	본문	알아두면 좋아요	이야기 나누기
지리	45. 한국의 기후와 지형	한국의 사계절 모습	1. 한국의 기후와 계절의 특징을 설명할 수 있다. 2. 한국의 지형적 특징을 설명할 수 있다.	1. 한국의 기후와 계절은 어떠할까? 2. 한국의 지형은 어떠할까?	1. 한국도 비껴가지 못하는 지구 온난화 2. 한반도라 불리는 한국	제비가 낮게 날면 비가 올까?
	46. 수도권	수도권의 주요 장소	1. 수도권의 위치, 인구, 산업에 대해 설명할 수 있다. 2. 수도권의 관광 명소와 축제에 관심을 가지고 참여할 수 있다.	1. 수도권의 모습은 어떠할까? 2. 수도권의 관광 명소와 축제에는 무엇이 있을까?	1. 수도권의 도시 문제 2. 도심 속 한옥 마을 길을 걸어 볼까요?	걸어서 서울 여행해 볼까? - 서울 두드림길
	47. 충청 지역	충청 지역의 축제 모습	1. 충청 지역의 지리적 특징을 설명할 수 있다. 2. 충청 지역의 관광 명소와 축제에 관심을 가지고 참여할 수 있다.	1. 충청 지역의 모습은 어떠할까? 2. 충청 지역의 관광 명소와 축제에는 무엇이 있을까?	1. 정도전과 도담삼봉 2. 대통령의 별장, 청남대에 가볼까요?	꽃이 떨어진 절벽, 낙화암의 전설
	48. 전라 지역	전라 지역의 유명한 음식	1. 전라 지역의 위치, 자원, 산업에 대해 설명할 수 있다. 2. 전라 지역의 관광 명소와 축제에 관심을 가지고 참여할 수 있다.	1. 전라 지역의 모습은 어떠할까? 2. 전라 지역의 관광 명소와 축제에는 무엇이 있을까?	1. 전라도에 가서 푸짐하게 먹어 볼까요? 2. 고창과 화순의 고인돌 유적지를 찾아가 보자	<여수 밤바다> 노래에 푹 빠져 보자
	49. 경상 지역	경상 지역의 관광지 모습	1. 경상 지역의 위치, 자원, 산업에 대해 설명할 수 있다. 2. 경상 지역의 관광 명소와 축제에 관심을 가지고 참여할 수 있다.	1. 경상 지역의 모습은 어떠할까? 2. 경상 지역의 관광 명소와 축제에는 무엇이 있을까?	1. 경상도 음식 먹어 봤어요? 2. 경주에 가면 신라를 만날 수 있다	10월이 되면 국제 영화제로 뜨거워지는 부산
	50. 강원, 제주 지역	강원도와 제주도의 모습	1. 강원 지역의 지리적 특징과 관광업이 발달한 이유를 설명할 수 있다. 2. 제주 지역의 특징을 이해하고 관광업이 발달한 이유에 대해 설명할 수 있다.	1. 강원 지역의 모습은 어떠할까? 2. 제주 지역의 모습은 어떠할까?	1. 무기 대신 자연이 있는 곳, 비무장지대(DMZ) 2. 삼다도를 아세요?	지역마다 다른 사투리, 무슨 뜻일까?

차례

제 1 편

사회

한국의 상징

 생각해 봅시다

다음은 대한민국 여권 사진입니다.

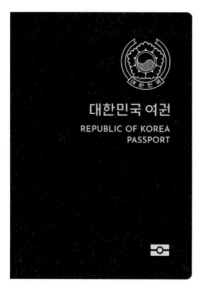

▲ 차세대 전자여권

01 여권에서 찾을 수 있는 한국의 상징은 무엇입니까?

02 한국의 국기, 국화, 국가에 대해 보거나 들은 경험에 대해 이야기 해 봅시다.

 학습목표

1. 한국의 공식 국가명과 그 의미를 설명할 수 있다.
2. 한국의 상징과 한글의 특징을 설명할 수 있다.

 관련 단원 확인하기

영역		제목	관련 내용
심화	국민	1. 대한민국의 정체성과 헌법	대한민국의 정체성

01 한국의 국기와 국가는 무엇일까?

한국의 공식 국가명

한국의 공식• 국가명은 대한민국이다. 대한민국은 국민 모두가 주인이 되는 나라를 의미하며 대한민국이라는 국가명을 줄여서 한국이라고 한다. 한자로는 大韓民國, 영어로는 Republic of Korea라고 한다. 남한이나 South Korea라고 하는 경우도 있는데, 이것은 북한과 구별하여 부르는 명칭이다.

•공식
국가적이나 사회적으로 인정된 공적인 방식

▲ 태극기

한국의 국기

한국의 국기•를 태극기(太極旗)라고 부른다. 태극기는 흰색 바탕에 빨강과 파랑의 태극 모양이 중앙에 있고, 그 주변에 검은색의 4괘가 있다. 흰색은 밝음과 순수, 평화를 의미한다. 빨강은 존귀•를, 파랑은 희망을, 빨강과 파랑이 합쳐진 태극은 조화로운 우주를 나타낸다. 4괘는 각각 하늘(건), 땅(곤), 물 (감), 불(리)을 가리키며 자연의 조화•를 의미한다. 이를 통해 태극기는 평화•와 화합•을 강조하고 있음을 알 수 있다. 국경일이나 국가기념일에는 태극기를 집 대문이나 창문 등에 단다.

•국기
나라를 상징하는 깃발

•존귀
높고 귀함

•조화
서로 잘 어울림

•평화
갈등이 없이 평온함

•화합
화목하게 어울림

한국의 국가

나라마다 그 나라를 대표하는 노래인 국가•가 있다. 한국에서는 국가를 애국가라고 하는데, '나라를 사랑하는 마음을 담은 노래'라는 뜻이다. 1900년대 초에 만들어진 애국가는 4절로 구성되어 있다.

•국가
국가는 '나라'라는 의미와 '나라를 대표하는 노래'라는 두 가지 의미가 있다.

1절: 동해물과 백두산이 마르고 닳도록 하느님이 보우하사 우리나라 만세
2절: 남산 위에 저 소나무 철갑을 두른 듯 바람서리 불변함은 우리 기상일세
3절: 가을 하늘 공활한데 높고 구름 없이 밝은 달은 우리 가슴 일편단심일세
4절: 이 기상과 이 맘으로 충성을 다하여 괴로우나 즐거우나 나라 사랑하세
후렴(각 절마다): 무궁화 삼천리 화려강산 대한사람 대한으로 길이 보전하세

알아두면 좋아요 태극기는 언제 달까?

태극기는 매일 달아도 되는데 특히 다음과 같은 날에는 더 많이 볼 수 있다
3월 1일(삼일절) 일본의 지배에 저항하여 일어난 독립 만세 운동을 기념하는 날
6월 6일(현충일) 국가를 위해 자신의 목숨을 바친 분들을 기리는 날(조의를 표하는 날)
7월 17일(제헌절) 대한민국 최초의 헌법이 제정된 날을 기념하는 날
8월 15일(광복절) 일본의 지배에서 벗어나 독립한 것을 기념하는 날
10월 3일(개천절) 한국 최초의 국가인 고조선이 만들어진 것을 기념하는 날
10월 9일(한글날) 세종대왕이 훈민정음(한글)을 반포한 것을 기념하고, 한글의 연구·보급을 장려하기 위하여 정한 날

 경축일 및 평일

 조의(弔意)를 표하는 날

02 한국의 국화와 문자는 무엇일까?

• **권위**
사회적으로 인정을 받고 영향력을 끼칠 수 있는 힘

• **훈장**
국가나 사회에 공로(노력과 수고)가 큰 사람에게 국가에서 표창(널리 알려 칭찬)하기 위하여 주는 것

▲ 대한민국 문장

• **발음기관**
말의 소리를 내는 데 쓰이는 몸의 부분

• **훈민정음**
백성을 가르치는 바른 소리

• **해례본**
예를 들어서 해설한 책

• **문맹**
글을 읽거나 쓸 줄 모름

한국의 국화

한국을 상징하는 꽃은 무궁화이다. 무궁화는 '영원히 피고 또 피어서 지지 않는 꽃'이라는 뜻을 담고 있다. 실제로 무궁화는 보통 7월에서 10월 사이에 매일 꽃을 피우는데 나무 하나에서 약 2천여 개의 꽃 송이가 핀다. 무궁화는 오래전부터 나라를 상징하는 꽃으로 사랑받아 왔다. 무궁화와 태극기 모양을 기초로 하여 국가의 권위•를 상징하는 국가 문장이 만들어졌으며 나라의 중요한 문서, 훈장•, 대통령 표창장, 여권 등에 활용되고 있다.

▲ 무궁화

한국의 문자

대한민국 고유 문자인 한글은 1443년 조선의 세종대왕이 만들었다. 한글의 자음은 혀, 목, 입술 등 발음기관•의 모양을, 모음은 하늘(·), 땅(ㅡ), 사람(ㅣ)의 모양을 본떠 만들었다. 자음(14개)과 모음(10개) 모두 24개의 문자를 조합하여 모든 글자를 만들 수 있다. 글자를 만드는 원리가 간단하고 과학적

▲ 한글 자음과 모음으로 글을 구성할 수 있는 휴대폰 자판

이어서 한글은 배우기 쉽고 사용하기에 편리하다는 평가를 받고 있다.

세종대왕이 학자들과 함께 만든 책 『훈민정음• 해례본•』에는 한글을 만든 목적을 밝히고 있는데, 그것은 글을 읽을 줄 모르는 백성이 쉽게 배워 쓸 수 있는 글자를 만드는 것이다. 훈민정음 해례본이 만들어진 날을 기념하여 10월 9일을 한글날로 정해 기념하고 있다. 유네스코에서도 이 책을 세계기록유산으로 지정하였고 세계 곳곳에서 문맹•을 없애는 데 공이 큰 사람이나 단체에게 '세종대왕상'이라는 이름의 상을 주고 있다.

알아두면 좋아요 국경일, 기념식, 국제행사, 스포츠 경기는 어떻게 시작할까?

한국에서는 중요한 행사를 할 때 국기(태극기)에 대한 경례를 한다. 이 때 국기에 대한 맹세를 함께 하기도 한다.

국기에 대한 경례
차렷 자세에서 시선은 국기를 향하고, 오른손을 펴서 왼쪽 가슴에 댄다.

국기에 대한 맹세
나는 자랑스러운 태극기 앞에 자유롭고 정의로운 대한민국의 무궁한 영광을 위하여 충성을 다할 것을 굳게 다짐합니다.

주요 내용정리

01 한국의 국기와 국가는 무엇일까?

- 한국의 공식 국가명은 (   )이다.
- 한국의 국기인 (   )에는 (   )와 (   )의 의미가 담겨 있다.
- 한국의 국가는 (   )라고 불리는데 이것은 (   )를 사랑하는 마음을 담은 노래라는 의미를 가진다.

02 한국의 국화와 문자는 무엇일까?

- 한국을 상징하는 꽃은 (   )이다.
- 한국의 국가 문장은 (   )와 (   ) 모양을 기초로 하고 있다.
- 한국의 고유한 문자인 (   )은 1443년에 조선의 (   )이 만들었다.
- 한글의 자음과 모음은 사람의 (   )과 하늘, 땅, (   )의 모양을 본떠 만들어졌다.
- 한글은 (   ) 14개와 (   ) 10개 모두 24개의 문자로 구성되어 있다.

 ## 이야기 나누기

[여러 나라의 국기]

중국

베트남

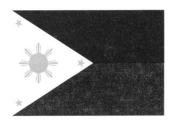
필리핀

몽골

캄보디아

태국

★ 자신의 고향 나라 국기의 의미나 특징을 소개해 봅시다.

2 사회 가족

 생각해 봅시다

다음은 한국의 다양한 가족의 모습입니다.

01 한국에서 많이 본 가족은 어떤 모습입니까?

02 현재 본인의 가족은 어떤 가족의 모습과 가장 비슷합니까?
(본인의 고향에 있는 가족, 한국에 있는 가족)

 학습목표

1. 한국 가족 형태의 변화와 가족 문화의 특징을 설명할 수 있다.
2. 한국 사회의 가족 및 친척 관계와 호칭을 설명할 수 있다.

 관련 단원 확인하기

영역		제목	관련 내용
기본	법	33. 가족과 법	부부로 인정받기 위한 절차, 부부의 권리와 의무
심화	역사	8. 사회변동	저출산 현상, 고령화 사회
심화	법	17. 가족문제와 법	가족과 친족, 이혼

01 한국의 가족은 어떤 특징을 가지고 있을까?

가족 형태의 변화

한국에서 결혼은 보통 30세 전후에 많이 하는 편인데, 최근 들어 30대 중후반 정도에 하는 경우가 늘어나 결혼하는 연령°이 점점 높아지고 있다. 과거에는 결혼 후에도 부모와 같이 사는 자녀가 많아 조부모, 부모, 자녀 등 여러 세대의 가족이 같이 모여 사는 확대가족 형태가 일반적이었다.

▲ 가구 유형별 비율(통계청, 2022)
핵가족과 1인 가구의 비율이 높다.

● 연령
나이

그러나 산업화°와 함께 큰 도시에 학교와 회사 등이 많이 생기면서 공부나 취업을 위해 부모와 떨어져 생활하는 자녀들이 증가하였다. 이와 함께 결혼한 자녀가 부모와 함께 사는 경우가 크게 줄면서, 부모와 미혼 자녀가 함께 사는 핵가족의 모습을 주로 볼 수 있다. 또한 공부나 일 등을 하는 과정에서 결혼을 하지 않거나, 결혼을 하더라도 자녀를 낳지 않고 살겠다는 사람들이 늘어나면서 1인 가구나 부부만 사는 비율이 증가하고 있다.

● 산업화
생산 활동의 분업화(일을 나누어서 함)와 기계화(기계사용)로 제조(제품 생산)와 서비스 산업의 비율이 높아지는 현상

가족 문화의 특징

한국인은 개인의 행복뿐만 아니라 가족 간의 유대관계°를 중요하게 생각한다. 그래서 명절, 조상의 제삿날°, 가족(부모)의 생일, 어버이날 등이 되면 멀리 떨어져 있던 가족들도 한자리에 모이는 경우가 많다.

전통적인 한국의 가족은 유교°, 효 사상° 등의 영향으로 가족 구성원 간의 서열이나 역할을 명확하게 나누었다. 그러나 사회 변동과 함께 가족 형태와 가치관이 달라지면서 가족 구성원의 역할과 가족 문화에도 변화가 생겼다. 예를 들어, 가족의 중요한 일을 남자 어른 혼자 결정하지 않고 가족 구성원이 함께 의논하여 결정하거나, 집안일이나 육아에 부부가 함께 참여하는 모습 등이 늘어나고 있다. 또한, 명절이나 생일에 가족이 한 집에 모이는 대신 가족 여행을 가는 경우도 많아지고 있다.

● 유대관계
둘 이상을 서로 연결하거나 결합하는 관계

● 제삿날
조상이 돌아가신 날을 기억하며 음식을 차려 조상에게 드리는 날

● 유교
공자에게서 비롯된 중국의 사상으로 중국 · 한국 · 일본 등에 많은 영향을 미침

● 효 사상
자식이 부모를 잘 섬기는 것을 중요하게 생각하는 것

알아두면 좋아요 1인 가구 증가로 어떤 변화가 나타나고 있을까?

요즘 '1인분' 반찬, '한 끼' 같은 소포장 상품, 소형가전 등 1인 가구를 겨냥한 제품이 계속 등장하고 있다. 결혼 시기가 늦춰지고 이혼율 증가, 고령화 현상 등이 나타나면서 1인 가구의 비중이 30%가 넘었는데 이로 인해 주택, 식품, 가전제품 등 산업 전반에 큰 변화가 일어나고 있다. 작은 크기의 집을 찾는 사람이 늘고 있고 대형마트나 편의점에서는 혼자서 간단히 먹을 수 있는 간편식 매출이 급증하였다. 작은 크기의 가전제품도 많아졌을 뿐 아니라, 가전제품 사는 것 자체를 번거로워 하는 1인 가구를 위해 가전제품을 빌려주는 서비스도 늘어나고 있다.

02 한국의 가족과 친척은 서로를 어떻게 부를까?

가족 관계 호칭

•호칭
서로 부름

한국에서는 가족 관계에서 서로를 부르는 호칭*이 있다. 부부 간에는 주로 '여보', '당신'이라고 부르거나 아이가 있을 경우 아이의 이름을 사용하여 '○○아빠', '○○엄마'라고 부르기도 한다. 배우자의 부모님은 '아버님', '어머님'이라고 부르는데, 다른 사람 앞에서 배우자의 부모님을 지칭*할 때는 아내는 남편의 부모님을 '시아버지', '시어머니'라고 하고 남편은 아내의 부모님을 '장인어른', '장모님'이라고 부른다. 남편의 부모는 아직 아이를 낳지 않은 며느리를 보통 '(새)아가'라고 부른다. 아이를 낳고 나면 며느리를 '어멈아', 아들을 '애비야'라고도 부른다. 아내의 부모는 사위를 부를 때 사위의 성을 앞에 붙여서 '○서방'이라고 부른다. 예를 들어, 사위가 박 씨이면, '박서방'이라고 한다. 최근에는 양성평등*의 정신을 더욱 잘 실현하기 위해 아내의 가족과 남편의 가족에 대한 호칭 구분을 없애자는 제안이 나오고 있다.

•지칭
어떤 대상을 가리켜 말함

•양성평등
여성과 남성을 차별하지 않고 동등하게 대우함

친척 관계 촌수

한국에서는 가족과 친척 관계를 '촌수'로 표시한다. 남편과 아내는 동일한 위치에 있다고 보기 때문에 촌수를 따지지 않는다. 부모와 자녀는 1촌, 형제자매는 2촌이다. 내가 결혼을 해서 자녀를 낳았다면, 나의 남동생과 내 자녀는 3촌이 된다. 나의 남동생의 자녀와 내 자녀는 4촌이 된다. 일반적으로 남편이나 아내의 형제자매에게서 태어난 자녀와 내 자녀의 관계를 '사촌'이라고 부른다. 남편의 남자 형제 자녀와는 '친사촌', 남편의 여자 형제 자녀와는 '고종사촌', 아내의 남자 형제 자녀와는 '외사촌', 아내의 여자 형제 자녀와는 '이종사촌'이라고 부른다.

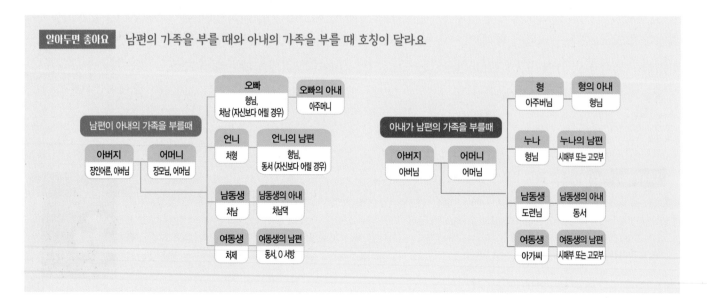

알아두면 좋아요 남편의 가족을 부를 때와 아내의 가족을 부를 때 호칭이 달라요

남편이 아내의 가족을 부를때		
오빠 형님, 처남 (자신보다 어릴 경우)	오빠의 아내 아주머니	
언니 처형	언니의 남편 형님, 동서 (자신보다 어릴 경우)	
아버지 장인어른, 아버님	어머니 장모님, 어머니	
남동생 처남	남동생의 아내 처남댁	
여동생 처제	여동생의 남편 동서, ○ 서방	

아내가 남편의 가족을 부를때		
형 아주버님	형의 아내 형님	
누나 형님	누나의 남편 시매부 또는 고모부	
아버지 아버님	어머니 어머니	
남동생 도련님	남동생의 아내 동서	
여동생 아가씨	여동생의 남편 시매부 또는 고모부	

주요 내용정리

01 한국의 가족은 어떤 특징을 가지고 있을까?

- 과거에는 결혼 후에도 부모와 같이 사는 경우가 많아
  여러 세대의 가족이 같이 모여 사는 (   )형태가 많았다.
- (   ) 이후로 (   )나 (   )을 위해 부모와 떨어져 생활하는 자녀들이 많아졌으며,
  결혼한 이후에 부모와 함께 사는 경우도 크게 줄어 요즘은 대부분 (   )형태가 많다.

02 한국의 가족과 친척은 서로를 어떻게 부를까?

- 한국에서는 가족과 친척을 (   )로 표시한다.
- 남편과 아내는 촌수를 (   ).
- 부모와 자녀 관계는 (   ), 형제·자매 관계는 (   ) 이다.
- 형제자매의 자녀와 내 자녀의 관계는 (   ) 이다.

 ## 이야기 나누기

[한국의 가족에서 '우리'와 '식구'의 의미는?]

'우리'는 '나와 당신'을 함께 가리키는 표현으로 나와 이야기를 나누는 상대방을 그만큼 가깝게 생각한다는 의미가 들어 있다.

그래서 한국 사람들은 자신의 가족을 다른 사람에게 이야기할 때 '우리 엄마', '우리 남편', '우리 애들'과 같이 '우리'라는 표현을 많이 사용한다.

또한 가족 대신에 식구라는 표현을 사용하기도 하는데 식구는 한 상에서 같이 밥을 먹는 사이라는 뜻이다. 그래서 한국

사람들은 종종 "언제 밥 한번 같이 먹자."라는 말을 하는데, 이는 가족처럼 친밀하게 지내고 싶다는 표현이기도 하다.

★ 위의 사례처럼 자신의 고향에서 가족과 관련된 특색 있는 표현과 그 의미를 소개해 봅시다.

3 사회 일터

 생각해 봅시다

다음은 한국의 일터와 관련된 다양한 모습입니다.

01 한국 일터와 관련된 여러 가지 모습 중에서 본인의 고향과 비슷한 점, 다른 점은 무엇입니까?

02 본인은 한국의 어떤 직장에서 일을 해 보고 싶습니까? 그 이유는 무엇입니까?

 학습목표

1. 한국 사회의 직장 생활 특징을 설명할 수 있다.
2. 한국 사회의 직장 문화를 이해하고 직장 관련 어려움에 대한 해결 방안을 탐색할 수 있다.

 관련 단원 확인하기

영역		제목	관련 내용
기본	경제	29. 취업하기	한국의 일자리 현황, 취업하기 위한 방법
심화	경제	15. 기업과 근로자	대한민국의 여러 기업들, 대한민국의 근로 조건, 근로자의 권리

01 한국인은 어떤 일터에서 일할까?

한국인들이 선호하는 일터

한국에서는 15세 이상부터 일을 하는 것이 가능하다. 그러나 일반적으로는 고등학교 졸업 후 20대 초반이나, 대학교 졸업 후 20대 중후반쯤에 일을 시작하는 편이다. 최근에는 취업난●으로 인해 일을 시작하는 나이가 더 늦어지는 경우도 많다. 취업 후에는 대체로 60세 전후까지 직장 생활을 한다. 요즘은 평균 수명이 길어져서 은퇴● 이후에도 경제적 이유나 자아실현●, 사회 공헌● 등을 위해 새로운 직업을 갖거나 창업을 준비하는 사람들이 많아졌다. 한국에서 취업을 준비하는 사람들 중에는 안정적인 직업을 선호해 공무원이 되거나 공기업● 에서 일하는 것을 희망하는 경우가 많다. 이러한 직장은 다른 곳에 비해 근무 기간이나 근무 환경이 안정적이지만 뽑는 인원수가 많지 않아 경쟁률이 높은 편이다. 대기업에서 일하기를 원하는 사람도 있다. 대기업은 임금●이 높고 직원에 대한 복지 혜택도 많아서 인기가 높다. 그 외에 다소 규모가 작은 중소기업에 취직하거나 일정한 소속이 없이 자유 계약으로 일하는 사람들, 직접 회사나 가게를 만들어 사업을 하는 사람들도 있다.

● **취업난**
일자리를 구하기 어려움

● **은퇴**
맡은 일에서 물러남

● **자아실현**
개인의 능력을 발휘하고 가치를 이루어 냄

● **사회 공헌**
사회의 발전에 도움을 줌

● **공기업**
국가나 지방자치단체가 사회 공공의 복리를 증진하기 위하여 경영하는 기업

● **임금**
어떤 직장에서 계속 일하는 사람이 일의 대가로 받는 돈

여성의 경제 활동

과거에는 직장인 대부분이 남성이었다. 그러나 점차 남녀의 대학 진학률이 비슷해지고 여성의 사회 진출이 활발해지면서 일하는 남녀의 비율 차이가 크게 줄어들었다. 경제 활동을 하는 여성이 많아지면서 직업별 남녀 간 불균형도 조금씩 완화되고 있다.

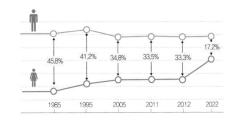

45.8% 41.2% 34.8% 33.5% 33.3% 17.2%
1985 1995 2005 2011 2012 2022

▲ 남녀의 경제 활동 참가율(통계청, 2022)(단위: %)
남자와 여자의 경제 활동 비율 격차가 줄어들고 있다.

● **기혼**
이미 결혼함

● **경력 단절**
공부나 직장을 그만두고 나서 새로운 직장에 들어가기까지 경력이 비어있는 상태

● **정책**
공공문제를 해결하기 위해 정부가 결정한 일의 계획

남편과 아내 모두가 일을 하는 맞벌이 부부도 증가하고 있으나(맞벌이 가구 비율 46.3%, 통계청, 2021) 기혼● 여성 중 상당수는 출산과 양육 문제로 직장을 그만두기도 하며, 이로 인해 경력 단절●이 발생한다. 자녀를 어느 정도 키운 후에 다시 일하기 원하는 여성들을 위해 재취업과 창업을 지원하는 교육 및 정책●이 시행되고 있다.

알아두면 좋아요 한국에서 특별히 많이 볼 수 있는 직업은?

차의 주인이 일정 금액을 내고 요청하면 차를 대신 운전해주는 사람을 대리운전기사라고 하는데 한국 특유의 회식문화로 인해 대리 운전 전문 회사가 생겨나기 시작했다. 주로 밤 시간에 일하고, 운전면허가 있으면 일할 수 있어 본인의 직업 외에 겸업하는 사람들도 많다. 한편, 1인 가구와 맞벌이 가구가 증가하면서 인터넷으로 물건을 주문하면 새벽에 배송해주는 산업도 크게 성장하고 있다. 이에 따라 새벽배송 일에 종사하는 사람들의 수도 많아졌다.

02 한국인의 직장 생활은 어떤 모습일까?

직장 근무 시간과 근무 유형

• 관공서
국가 또는 지방자치단체의 사무를 처리하는 기관

한국의 관공서•나 회사는 일반적으로 오전 9시부터 오후 6시까지 일한다. 낮 12시 전후로 1시간 정도의 점심시간이 있으므로 하루에 8시간 정도 근무한다. 보통 오후 6시가 되면 퇴근을 하는데, 해야 할 일이 남았을 경우에는 직장에 남아 시간 외 근무를 하기도 한다. 그래도 일주일 동안의 총 근무 시간은 52시간 이내여야 한다(근로기준법 시행 2021. 11. 19. 기준).

• 탄력적
상황에 따라 알맞게 대처하는 것

근무 시작 시간과 종료 시간이 명확하게 정해진 정규 근무 외에 일정한 기간 동안 근로해야 할 총 근로 시간만 정하고 시간을 효율적으로 활용하도록 하는 탄력적• 근로 시간제를 운영하는 회사도 있다.

• 교대
어떤 일을 여럿이 나누어서 차례에 따라 맡아 함

대부분의 직장에서는 월요일에서 금요일까지 5일을 일하는 '주 5일제'가 적용되지만 일터의 특성상 주말에 일을 해야 하는 경우는 평일에 쉬기도 한다. 24시간 운영하는 찜질방, 편의점, PC방이나 경찰서, 소방서, 병원, 항만, 공항 등 24시간 내내 서비스가 제공되어야 하는 곳에서 일하는 경우는 직원들이 서로 차례를 바꾸어 교대• 근무를 한다.

직장 문화

• 추구
목적을 이룰 때까지 뒤좇아 구함

• 경향
현상이나 행동이 어떤 방향으로 기울어짐

한국에서는 근무를 마친 후에 종종 회사 직원들끼리 회식을 한다. 회사 직원들끼리 친밀한 관계를 형성하기 위해서 또는 축하나 위로를 받아야 할 직장 동료가 있을 때 회식을 하는 경우가 많다. 회식하는 날은 식사와 이야기가 밤늦게까지 이어지기도 한다.

▲ 직장 동료들과 함께 차를 마시거나 영화를 보며 회식을 하는 문화가 많아지고 있다.

• 워라밸
일과 삶의 균형이라는 뜻으로 "Work and Life Balance"의 준말

최근에는 일과 삶의 균형을 추구•하는 문화, 개인의 의사를 존중하는 문화가 확산되면서 회식의 빈도가 줄어드는 경향•이 있다. 그리고 회식을 하더라도 술이나 식사 대신 직장 동료들과 함께 영화나 공연, 스포츠를 즐기는 등 모두가 참여해서 즐길 수 있는 방식이 늘어나고 있다.

알아두면 좋아요 한국 직장인들은 일 년에 휴가를 며칠 정도 사용할까?

한국 직장인들의 유급휴가 사용 일수가 5년새 2배로 늘어난 것으로 조사됐다. 2020년은 '코로나19'의 영향으로 재택근무와 무급휴직 상황이 발생하면서 전년도인 2019년(15일)보다 약 3일 가량 줄었으나 2015년 6일, 2016년 8일, 2017년 10일, 2018년 14일, 2019년 15일로 5년 새 2배 이상 늘었다. 이러한 결과는 일과 삶의 균형을 추구하는 워라밸• 문화 확산, 주 52시간 근로제 시행, 그리고 정부와 기업의 휴가 권장 분위기가 더해지면서 나타난 것으로 보인다.
(익스피디아, 세계 유급휴가 사용 현황 조사 2020, 헤럴드 경제 2021.02.03. 기사)

주요 내용정리

01 한국인은 어떤 일터에서 일할까?

• 취업을 준비하는 사람들 중에 안정적인 직업을 희망하는 사람은 (   )이 되거나 (   )에서 일하는 것을 선호하고, 임금이 높고 복지 혜택이 많은 (   )에 취직하기를 원하는 사람도 많다.

• (   )의 사회 진출이 활발해지면서 직업별 남녀 간 불균형도 조금씩 완화되고 있다.

• 출산과 양육 등의 문제로 직장을 그만 두었다가 다시 일하기 원하는 여성들의 (   )과 창업을 지원하는 교육과 정책이 시행되고 있다.

02 한국인의 직장 생활은 어떤 모습일까?

• 일반적으로 한국의 직장에서는 월요일부터 금요일까지 하루에 8시간씩 주 (   )일 근무를 하고 필요한 경우에 한하여 일주일에 최대 (   )시간까지 일할 수 있다(근로기준법 시행 2021. 11. 19. 기준).

• 서비스가 24시간 제공되어야 하는 곳에서 일하는 경우는 직원들이 서로 차례를 바꾸어 (   ) 근무를 한다.

• 동료들끼리 친밀한 관계를 형성하기 위해서 또는 축하나 위로를 받아야 할 직장 동료가 있을 때 근무를 마친 후 회사 직원들끼리 (   )을 한다.

이야기 나누기

[직장인 80% 이상 "회사생활에서는 '일'보다 '사람'이 더 중요"]

직장인 대상으로 '일과 직장 내 인간관계'에 대해 조사를 실시한 결과 응답자의 81%는 '일과 사람' 중 퇴사(회사를 그만두는 것)에 더 영향을 끼치는 것은 '사람'이라고 답했다. 또 업무 관련 스트레스(28.2%)보다 인간관계 스트레스(71.8%)가 훨씬 심한 것으로 조사됐다.

갈등을 해결하는 방법으로는 '가급적 갈등이 생기지 않도록 피한다'(59.6%, 복수응답)는 답변이 가장 많았다. 또한 '혼자 속으로만 참는다'(42.2%), '이직이나 퇴사를 준비한다'(35.5%) 등의 소극적인 대응이 주를 이루었는데, 이는 갈등의 대상이 주로 자신들보다 높은 지위에 있기 때문인 것으로 나타났다.

[출처] 사람인, 일과 직장 내 인간관계조사(2019); 동아경제(2019.03.02)

★ 한국에서 직장 생활을 하며 겪었던 인간관계 중 도움을 받았거나 힘들었던 경험을 이야기해 봅시다.

4 사회 교통과 통신

 생각해 봅시다

다음은 한국에서 대중교통수단을 이용할 때 볼 수 있는 모습입니다.

환승(단말기)

지하철 앱

01 사진에 제시된 기기나 서비스를 이용한 경험이 있습니까? 그 장점은 무엇입니까?

대중교통안
무선인터넷 사용

버스도착 안내

02 평소에 자주 이용하는 교통수단은 어떤 것이고 그 이유는 무엇입니까?

 학습목표

1. 한국에서 사람들이 많이 이용하는 교통수단과 이용 방법을 설명할 수 있다.
2. 한국에서 많이 사용하는 통신수단과 사용 방법을 설명할 수 있다.

 관련 단원 확인하기

영역		제목	관련 내용
기본	지리	46. 수도권 47. 경상 지역 48. 전라 지역 49. 충청 지역 50. 강원, 제주 지역	지역별 특징, 관광 명소와 축제

01 한국에서 많이 이용하는 교통수단은 무엇일까?

교통수단의 종류

한국에는 다양한 대중교통수단이 발달해 있다. 가까운 곳으로 이동할 때는 주로 버스, 지하철, 택시 등을 이용하는데 이용 요금은 현금이나 교통카드로 지불한다. 일정한 금액을 교통카드에 충전해서 사용하거나 신용카드 또는 휴대 전화에 교통카드 기능을 포함해서 사용하면 요금을 할인받을 수 있다. 인터넷이나 휴대 전화 앱으로 실시간 교통정보를 확인하여 목적지까지 최단 시간이나 최소 환승으로 갈 수 있는 다양한 방법을 알 수 있다.

먼 거리를 이동할 때는 기차, 고속버스*나 시외버스*, 배, 비행기 등을 이용한다. 기차는 안전하고 빠른 교통수단으로 고속철도(KTX·SRT), ITX - 청춘, ITX - 새마을, 무궁화호 등이 있다. 특히 고속철도는 빠른 속도로 전국을 2시간대 생활권으로 연결시키는 교통수단이다. 물론 대중교통수단 외에 자가용을 이용하는 사람들도 많지만, 대중교통을 잘 활용하면 적은 비용으로 편리하게 이동할 수 있다.

● **고속버스**
고속도로에서 고속으로 주행하기에 알맞도록 제작된 대형 버스

● **시외버스**
도시 밖 특정 지역까지 운행하는 버스

대중교통 이용을 장려*하는 제도

한국에서는 대중교통 이용을 권장*하기 위해 환승 할인 제도, 버스 도착 안내 서비스, 버스 전용 차로제와 같은 제도를 시행하고 있다. 환승 할인 제도란 다른 교통수단으로 갈아탈 때 요금을 할인해 주는 제도이다. 이동 중에 교통수단을 변경하더라도 전체 이용 거리에 따라 요금을 내도록 하여 대중교통을 이용하는 사람들의 교통비 부담을 덜어준다.

▲ 버스 전용 차로제
도로의 중앙차선을 버스만 이용하게 하여 복잡한 출퇴근시간에도 버스는 원활히 통행할 수 있다.

● **장려**
좋은 일에 힘쓰도록 북돋아 줌

● **권장**
바람직한 일을 하도록 권하고 격려함

● **전광판**
그림이나 문자가 나타나도록 만든 판

● **혼잡**
여럿이 한데 뒤섞이어 어수선함

버스 도착 안내 서비스는 버스 정류장의 전광판*을 통해 버스 도착 시각과 혼잡* 정도를 미리 알려 주어서 버스를 보다 편리하게 이용할 수 있도록 한다. 버스 전용 차로제는 도로의 차로 중 버스만 이용할 수 있는 전용 차로를 정해 버스가 원활히 통행할 수 있도록 하는 제도이다. 시내에서는 도로의 중앙 부분 또는 가장 바깥쪽 도로를 버스 전용차로로 하는 경우가 많고, 고속도로에서는 1차로를 버스 전용 차로로 운영하고 있다.

> **알아두면 좋아요** 누구나, 언제나 이용할 수 있는 교통수단, 공공 자전거
>
> 주민들의 편의를 도모하고, 교통체증, 대기오염 문제를 해결하기 위해 각 지방자치단체에서는 자전거를 누구나, 언제나, 어디서나 쉽고 편리하게 이용할 수 있는 무인 대여 시스템을 운영하고 있다. 공공 자전거의 이름은 '따릉이'(서울), '타슈'(대전), '누비자'(창원), '온누리'(순천), '타랑께'(광주), '어울링'(세종), '여수랑'(여수) 등으로 다양하다. 누리집이나 앱으로 예약해서 이용하거나 대여소에 가서 직접 이용권을 구매한 뒤 바로 이용할 수 있다.

02 한국에서 많이 사용하는 통신수단은 무엇일까?

통신수단의 종류와 이용

한국에서는 주로 우편, 전화, 인터넷 등을 통해 멀리 떨어져 있는 사람과 정보를 주고받는다. 우체국을 통해 편지나 물건을 국내나 해외에 보낼 수 있고, 우체국 외에도 택배업체나 편의점을 통해 택배 서비스를 이용할 수 있다. 택배보다 가격은 비싸지만 오토바이나 지하철을 이용하여 당일 배송을 해 주는 퀵서비스도 발달하였다. 멀리 떨어져 있는 지역에 빠르게 물건을 배송해야 할 경우에는 KTX 특송*이나 고속버스 소화물* 서비스를 이용할 수 있다.

▲ 편의점에서도 택배서비스를 신청할 수 있다.

전화는 집이나 사무실에 연결된 유선 전화와 사람들이 가지고 다니는 휴대 전화가 있다. 한국에서는 대다수의 사람들이 휴대 전화를 이용하고 있어서 빠르게 연락하는 것이 가능하다. 요즘에는 스마트폰이 널리 보급*되면서 음성 통화나 영상 통화는 물론 사진, 동영상 등도 자유롭게 주고받을 수 있고 다양한 정보를 신속하게 검색할 수 있게 되었다.

인터넷을 통한 정보 교환

인터넷은 전 세계의 컴퓨터가 서로 연결되어 정보를 교환할 수 있는 거대한 통신망*으로 한국의 무선* 인터넷(5G, LTE), 공공 와이파이(WiFi) 속도는 세계 최고 수준이다. 공공 기관이나 개별 가정에 인터넷이 잘 보급되어 있는 편이며 버스나 지하철, 사람들이 많이 모이는 장소에서도 와이파이에 쉽게 접근할 수 있다. 개인용 컴퓨터 외에도 스마트폰이나 태블릿 PC 등을 사용하는 사람들이 많아지면서 언제 어디서나 편리하게 연락을 주고받거나 필요한 정보를 얻기 쉬워졌다.

한편, 최근에는 유튜브 등과 같은 온라인 동영상 채널 플랫폼*이 활성화*되면서 방송을 통해 자아실현도 하고 상당한 수입도 올리는 1인 방송 크리에이터에 대한 관심이 높다. 1인 방송은 주로 현재 사회의 관심을 받고 있는 쟁점*을 해석하고 정리하거나, 특정 분야에 관한 재미있고 유용한 정보를 알려 주는 등 다양한 볼거리를 제공하고 있다.

• 특송
빠른 시간 안에 물건을 배달함

• 소화물
열차나 버스 등을 통해 운반하는 대체로 작고 가벼운 물품

• 보급
많은 사람들에게 골고루 미치게 하여 누리게 함

• 통신망
서로 연결시켜 주는 조직이나 체계

• 무선
전선을 사용하지 않고 전자기파를 이용하여 주고받는 통신 방식

• 플랫폼
누구나 다양하고 방대한 정보를 쉽게 활용할 수 있도록 제공하는 기반 서비스

• 활성화
기능이나 활동이 활발함

• 쟁점
서로 다투는 중심이 되는 점

알아두면 좋아요 당신의 문자는 안전합니까? (보이스 피싱과 스미싱, 피해 발생 시 대응 방법)

피싱(Phishing)이란 개인 정보(Private Data)를 낚는다(Fishing)라는 의미를 가진 말로 전화, 문자, 메신저, 가짜 사이트 등 통신수단을 이용하여 개인 정보나 금융 정보를 알아낸 후 현금을 빼 가는 것을 말한다. 이 중 전화를 이용한 것은 보이스 피싱(voice phishing)이라고 하며, 문자메시지(SMS)를 통해 악성 앱을 설치하여 현금을 빼 가는 것은 스미싱(smishing)이라고 한다. 악성 앱 설치가 의심되면 먼저 모바일 백신으로 악성 앱을 삭제하고 이동통신사에 모바일 결제 내역이 있는지 확인해야 하며 한국인터넷진흥원(KISA) 개인정보침해 신고센터(국번 없이 118)에 신고한다.

주요 내용정리

01 한국에서 많이 이용하는 교통수단은 무엇일까?

- 한국인들은 대중교통수단으로 주로 버스, 지하철, 택시를 이용하는데
  이용 요금은 (   ) 이나 (   )로 지불한다.
- 대중교통 이용을 권장하기 위해 (   ), 버스 도착 안내 서비스,
  (   )와 같은 제도를 시행하고 있다.
- (   )란 이동 중 다른 교통수단으로 변경하더라도 전체 (   )에 따라 요금을
  내도록 하여 교통비 부담을 덜어주는 제도이다.
- (   )는 도로의 차로 중 버스만 이용할 수 있는 전용 차로를 정해 버스가 원활히
  통행할 수 있도록 하는 제도이다.

02 한국에서 많이 사용하는 통신수단은 무엇일까?

- (   )을 통해 편지나 물건을 국내뿐만 아니라 외국으로 보낼 수 있는데, 우체국 외에도 택배
  업체나 편의점을 통해 (   ) 서비스를 이용할 수 있다.
- 스마트폰이 널리 보급되면서 음성 통화나 영상 통화는 물론 사진, 동영상 등도 자유롭게 주고받을
  수 있고 다양한 (   )를 신속하고 편리하게 검색할 수 있게 되었다.
- 개인용 컴퓨터 외에도 스마트 폰이나 태블릿 PC 등을 사용하는 사람들이 많아지면서 언제 어디서
  나 편리하게 연락을 주고받거나 필요한 (   )를 얻기 쉬워졌다.

 ## 이야기 나누기

[지금은 1인 미디어 전성시대]

 수많은 장르의 1인 방송 중 어떤 콘텐츠가 시청자들의 클릭을 유도했을까? 동영상 플랫폼인 유튜브에서 가장 많이 조회된 방송 콘텐츠 유형은 8,198만 회를 기록한 '커버' 영상이었다(2018년 5월 기준). 커버 영상이란 유명 가수의 노래나 춤을 모방하거나 재해석한 콘텐츠이다. 2위는 바람이 부는 소리, 연필로 글씨를 쓰는 소리, 바스락거리는 소리 등으로 뇌를 자극해 심리적인 안정을 유도하는 'ASMR' 영상이 기록했다. 3위는 'HOW TO' 영상이다. 대인관계, 업무, 게임, 연애, DIY 등 여러 분야와 관련된 '방법'을 알려준다. 4위는 'OOTD' 영상이다. 'Outfit Of The Day(오늘의 의상)'의 준말로 그날 그날 자신이 입은 패션을 소개하는 영상이다. 그 다음은 '먹방', '뷰티' 영상 순으로 인기를 끌었다.

[출처] 스포츠경향(2019.05.15)

★ 본인이 시청한 1인 미디어 중 도움이 되었거나 좋았던 방송을 이야기해 봅시다.
　(또 본인이 직접 만들어 보고 싶은 방송 분야는 무엇인지 생각해 봅시다.)

5  사회 주거

 생각해 봅시다

다음은 한국에서 볼 수 있는 집의 모습입니다.

01 한국에서 많이 본 집의 모습은 어떤 것 입니까?

02 지금 본인이 살고 있는 집은 어떤 점이 좋고, 어떤 점이 불편합니까?

 학습목표

1. 한국에서 많이 볼 수 있는 집의 형태와 주거 문화의 특징을 설명할 수 있다.
2. 한국인의 거주 형태와 집 구하는 방법을 설명할 수 있다.

 관련 단원 확인하기

영역		제목	관련 내용
기본	법	34. 재산과 법	부동산과 등기부 등본, 부동산 거래 과정

01 한국인이 많이 살고 있는 집의 형태는 무엇일까?

집의 형태

한국인이 거주하는 집의 형태는 크게 단독 주택(일반 주택, 다가구 주택 등)과 공동 주택(다세대 주택, 연립 주택, 아파트 등)으로 나눌 수 있다. 단독 주택은 보통 한 가구가 독립적으로 생활할 수 있도록 집을 한 채씩 각각 지은 형태를 말한다. 단독 주택에는 여러 가구가 각각의 독립적인 공간을 차지하며 살 수 있도록 지은 다가구 주택도 포함된다. 다가구 주택은 3층 이하의 건물이며 전체에 대한 소유권은 집주인이 가지고 있고 나머지 가구는 거기에 세•를 들어 산다.

공동 주택은 한 건물에 여러 가구가 각각 독립된 생활을 할 수 있게 만든 집의 형태를 말한다. 다세대 주택, 연립 주택, 아파트 등이 있다. 다세대 주택은 다가구 주택과 달리 건물의 부분별로 주인이 다르다. 연립 주택은 4층 이하의 주택으로, 종종 지하 1층에도 주거공간이 있는 경우가 있다. 연립 주택은 다세대 주택보다 건물의 총 면적이 더 넓다. 아파트는 5층 이상의 공동 주택이며, 수백 가구에서 수 천 가구까지 대규모로 지어지는 경우가 많다.

단독 주택(일반 주택)

단독 주택(다가구 주택)

공동 주택(다세대 주택)

주거 문화의 변화

한국의 주거 형태는 빠르게 변화하고 있다. 과거에는 단독 주택이 대부분이었으나 도시에 인구가 집중되면서 단독 주택보다 공동 주택에 살고 있는 가구 수가 많아졌다. 특히 아파트는 대체로 교통이 편리한 곳에 지어지고 놀이터, 체력 단련실 등 여러 가지 편의 시설이 갖추어져 있어서 많은 사람들이 아파트에서 사는 것을 선호한다. 그러나 층간 소음•으로 인해 이웃 간의 갈등이 심해지는 경우도 있다. 최근에는 1인 가구, 2인 가구가 늘어나면서 원룸이나 소형 주택에 대한 수요가 늘고 있다. 은퇴를 맞아 노년을 준비하는 사람들이나 쾌적•한 자연 환경에 살기 원하는 사람들은 대도시 주변의 한적•한 지역에 전원 주택•을 짓고 사는 경우도 있다.

• 세
다른 사람의 건물 등을 빌려 쓰는 대가로 내는 돈

• 층간 소음
건물의 한 층에서 발생한 소리가 다른 층에 전달되어 피해를 주는 것

• 쾌적
기분이 상쾌하고 즐거움

• 한적
한가하고 고요함

• 전원 주택
도시에서 조금 떨어져 있어서 자연의 분위기를 느낄 수 있도록 지은 집

알아두면 좋아요 **공공 임대 주택이란?**

대도시는 집값이 비싸기 때문에 서민들이 집을 구하기 어렵다. 그래서 정부에서는 아파트와 같은 공동 주택을 지어 경제적으로 어려운 사람들이 싼 값에 집을 사거나 빌릴 수 있도록 하고 있다. 기초생활수급자 등 사회의 보호가 필요한 계층을 위한 공공 임대 주택뿐만 아니라 대학생, 신혼부부, 사회초년생(일을 시작한 지 얼마 되지 않은 사람) 등 젊은 층을 위한 임대 주택(행복 주택), 소득이 낮은 독거노인(혼자 사는 노인)을 위한 임대 주택(공공 실버 주택), 다문화 가족, 한부모 가족을 위한 임대 주택 등 다양한 사람들의 주거 안정을 지원하고 있다.

02 한국에서는 집을 어떻게 구할까?

거주 형태와 집 구하는 방법

• **세입자**
세를 내고 남의 집이나 방 따위를 빌려 쓰는 사람

• **파기**
계약이나 약속 등을 깨뜨려 무효로 하는 것

• **확정 일자**
집을 계약한 날짜에 대해 법원이나 행정복지센터(주민센터) 등이 사실임을 증명해 준 날짜

• **중개**
두 사람 사이에서 일을 맡아 잘 진행되도록 함

• **부동산 중개 업소**
다른 사람을 위하여 부동산 거래를 대리하거나 중개하고 수수료를 받는 영업소

한국에서 집에 거주하는 형태는 자가, 전세, 월세로 나눌 수 있다. 자가는 자기가 소유한 집에 살고 있는 것을 말한다. 전세는 집주인에게 일정한 돈을 보증금으로 맡기고 계약 기간 동안 집이나 방을 빌려 쓰는 방식으로 한국에서만 널리 활용된다. 전세 계약은 보통 2년 단위로 하며, 집주인은 세입자•가 원하지 않는 한 2년 이내에는 계약을 파기•할 수 없도록 법률로 규정되어 있다. 계약 기간이 끝나고 보증금을 안전하게 돌려받기 위해서는 이사 전후에 행정복지센터에 가서 확정 일자•를 받아 두는 것이 좋다. 월세는 집주인에게 매달 일정한 돈을 내고 집이나 방을 빌려 쓰는 방식이다. 월세의 경우도 어느 정도의 보증금을 내야 하는 경우가 많은데 그 금액은 전세에 비해 적다. 최근에는 전세와 월세를 혼합한 반전세라는 방식도 많아지고 있는데 반전세의 보증금은 전세보다는 적고 월세보다는 많은 편이다.

집을 사거나 전세 또는 월세를 구할 때는 부동산 중개•업소•(공인 중개사)를 통해 알아보는 것이 안전하다. 공인 중개사는 집 계약을 할 때 계약자가 반드시 확인해야 할 사항들을 대신 확인해 주고 계약에 필요한 서류 준비에 도움을 주기 때문에 안전하고 편리하게 부동산을 거래할 수 있다.

주거 선택 기준

• **포장 이사**
이삿짐 업체에서 이삿짐을 포장한 뒤 목적지까지 날라 주는 서비스

한국에서 어디에 거주할 것인가와 관련하여 중요하게 여기는 것으로는 교통, 교육 여건, 주거 환경, 편의 시설 등이 있다. 출퇴근하기 편한지, 다른 지역으로 이동하기 편한지를 고려하는 사람들은 지하철역 주변이나 교통이 편리한 곳을 선호한다. 자녀 교육을 위한 주변의 여건을 중시하는 사람들은 교육 시설이 발달해 있는 곳에 집을 구한다. 현재의 경제적 상황이나 미래의 계획 등을 고려하여 집을 살 것인지, 전세나 월세 등으로 빌려 쓸 것인지 등을 살펴보고 자신에게 적합한 방식을 선택하는 것이 좋다.

▲ 포장 이사• 모습

알아두면 좋아요 부동산에 갈 시간이 없다면? 온라인으로 알아보세요

거주하거나 구매할 집을 찾고자 할 때 부동산을 직접 방문하지 않고도 온라인으로도 알아볼 수 있다. 부동산 사이트에서 원하는 지역을 선택한 후, 집의 형태(아파트, 빌라, 주택, 오피스텔, 상가 등), 거래 방식(매매, 전세, 월세, 단기 임대), 가격대 등에 따라 검색해 볼 수 있다. 다만, 온라인 사이트에서 매물(팔려고 내놓은 물건)을 보고 부동산을 방문했는데 방문 직전에 거래가 완료됐다고 하면서 다른 매물을 권유하는 경우도 많으므로 주의해야 한다. 또한 계약하기 전에 주택에 문제가 있는지, 계약을 하러 나온 사람이 진짜 집주인인지 꼭 확인해야 한다.

주요 내용정리

01 **한국인이 많이 살고 있는 집의 형태는 무엇일까?**

- 한국인들이 살고 있는 주택은 크게 ( )과 ( )으로 나뉜다.
- 단독 주택에는 일반 주택, ( ) 등이 있고 공동 주택에는 다세대 주택, 연립 주택, ( )
  등이 포함된다.
- 공동 주택에 살고 있는 가구 수가 많아지면서 ( )으로 인해 이웃 간의 갈등이 심해지는
  경우도 있다.

02 **한국에서는 집을 어떻게 구할까?**

- 한국에서 집에 거주하는 형태는 자가, ( ), 월세가 있는데
  이 중 ( )는 한국에서만 널리 활용되는 방식이다.
- 집을 사거나 전세 또는 월세를 구할 때는 ( )를 통해 알아보고 계약서를 작성하는
  것이 안전하다.
- 한국인들이 주거 선택에서 중요하게 여기는 것으로는 편리한 ( ), 교육 여건, 주변 환경의
  쾌적함, 편의 시설 등이 있다.

 ## 이야기 나누기

[여러 나라의 다양한 이사 문화]

한국에서는 이사를 하고 나면 친척이나 친지들을 초대해 '집들이'라는 간단한 잔치를 베풀기도 하고 예전에는 '이사떡'이라 하여 붉은 팥고물을 묻힌 시루떡을 이웃과 나누어 먹기도 하였다. 집들이에 초대 받은 사람들은 보통 세제나 화장지를 선물로 사 들고 간다.

미국에서는 'House warming'이라고 하여 이사를 하거나 집을 새로 지었을 경우 친구나 가족들을 초청하여 파티를 연다.

중국에서는 이사를 간 후에 폭죽을 터트리는 풍습이 있다. 짧게는 몇 초에서 길게는 몇 분까지 요란한 소리의 폭죽을 터트리는데 이는 이웃에게 우리 가족이 이사를 왔다고 알리는 의미이다. 또한 나쁜 것들이 요란한 소리를 듣고서 다가오지 못하게 하기 위한 목적도 있다. 중국에도 친구나 다른 가족을 초대하여 집들이 하는 문화가 있다.

러시아에서는 고양이가 행운을 가져다주는 존재라고 생각한다. 그래서 이사를 하게 되면 고양이를 데리고 들어가거나 고양이를 집안에 먼저 들여보내 그 집안의 기운을 살펴보기도 한다.

★ 자신의 고향 나라의 이사 문화를 한국의 이사 문화와 비교하여 이야기 해 봅시다.

6 도시와 농촌

 생각해 봅시다

다음은 한국의 도시와 농촌의 모습입니다.

01 두 사진을 통해 알 수 있는 도시와 농촌의 차이점은 무엇입니까?

02 본인은 도시와 농촌 중 어느 쪽 풍경에 더 익숙합니까? 그 이유는 무엇입니까?

 학습목표

1. 한국 도시의 특징과 변화를 설명할 수 있다.
2. 한국 농촌의 특징과 변화를 설명할 수 있다.

 관련 단원 확인하기

영역		제목	관련 내용
기본	경제	26. 경제 성장	대한민국 경제 성장과정
심화	역사	8. 사회변동	저출산 현상, 고령화 사회

01 한국 도시는 어떤 특징이 있을까?

도시의 특징과 변화

한국의 도시화◦는 1960년대 이후 산업화◦가 이루어 지면서 본격적으로 시작되었다. 1970년대부터는 인구의 절반 이상이 도시에서 살게 되었고, 현재는 총인구 중 90%가 넘는 사람이 도시에 거주하고 있다. 도시에는 기업체, 대학, 공공 기관, 의료 시설, 문화 시설 등이 많아 생활이 편리하다.

▲ 도시화율◦ (단위: %)

서울, 인천, 경기 등 수도권은 국토◦ 면적의 약 12% 정도에 불과하지만 총인구의 약 50%가 살고 있는 대표적인 도시화 지역이다. 부산, 대구, 광주, 대전, 울산 등과 같은 지방의 광역시 에도 많은 사람이 살고 있다.

대도시에 집중된 기능을 분산◦시키기 위해 특히 서울 주변에는 위성 도시◦들이 많이 만들어 졌다. 주거 기능을 담당하는 분당이나 일산, 행정 기능을 담당하는 과천, 공업 지역이 많은 안산이나 부천, 군사 시설이 있는 동두천, 오산 등이 그 예이다. 최근에는 보다 깨끗하고 쾌적한 환경을 찾아 대도시 주변 지역으로 이동하는 역도시화 현상도 나타나고 있다.

도시 문제와 대책

많은 도시에서 도시 문제가 발생한다. 교통, 환경, 주택 문제 등이 대표적인 예이다. 교통 혼잡, 대중교통 부족, 주차 시설 부족 등과 같은 교통 문제를 해결하기 위해 대중교통수단 확충◦, 대중교통 환승 할인, 버스 전용 차로제, 혼잡 통행료◦ 등을 실시하고 있다. 대기 오염, 수질 오염 등과 같은 환경 문제를 해결하기 위해서 에너지 절약, 쓰레기 분리수거, 일회용품 규제 등의 노력을 기울이고 있다. 한편, 주택 부족이나 낡은 주택 문제를 해결하기 위해 공공 임대 주택 보급, 신도시 건설, 도시 재개발 사업 등을 실시하고 있다.

•도시화
도시의 생활 양식이 도시 외 지역으로 확대되는 현상

•산업화
공업 등과 같은 생산 활동이 크게 확대되는 현상

•도시화율
전체 인구 중 도시에 사는 인구 의 비율

•국토
한 나라의 통치권이 미치는 지역

•분산
나누어 각각 흩어지게 함

•위성 도시
대도시의 주변에 있는 중소 규모의 도시

•확충
늘리고 넓혀 충실하게 함

•혼잡 통행료
교통 혼잡 지역을 통행하는 자가용을 대상으로 통행료를 받는 제도

알아두면 좋아요 **도시 재생 사업으로 확 달라진 우리 마을 (부산 영도 깡깡이 마을)**

부산시 영도구의 깡깡이 마을은 우리나라 최초의 조선소가 세워져 번영을 누렸던 곳이다. 지금은 다소 발전이 뒤쳐졌지만 기존의 역사적 시설들을 새롭게 정비하면서 최근 관광객의 방문이 증가하고 있다. 도시 재생 사업은 도시 안의 쇠퇴한 지역 에 새로운 기능을 도입하여 지역을 다시 일으키는 사업이다. 이를 통해 낙후되었던 지역에 관광객이 늘고 일자리가 많아지 는 등 활기를 찾는 긍정적인 효과가 나타나고 있다.

▲ 부산 도시 재생 지역 중 하나인 부산 영도의 깡깡이 마을

02 한국 농촌은 어떤 특징이 있을까?

농촌의 특징과 변화

농촌은 대체로 함께 농사를 지으며 같은 마을에서 오랫동안 살아온 사람들이 많아 사람 간의 관계가 친밀한 편이다. 농촌에는 회의를 하거나 모여서 쉬는 공간인 마을 회관, 농산물을 안전하게 오랜 기간 보관할 수 있는 농산물 지장 창고, 수확한 벼를 찧는* 정미소, 주변의 하천에서 물을 끌어와 농지에 물을 공급해 주는 인공 수로 등의 시설이 있다.

1960년대까지만 해도 한국에는 농촌 인구가 도시 인구보다 더 많았다. 그러나 공부, 취업, 결혼 등을 위해 촌락*을 떠나 도시로 이동하는 현상이 증가하면서 농촌의 인구는 크게 줄어들었다. 2022년 통계청 조사에 따르면 농가 인구는 약 217만 명으로 전체 인구의 4%를 조금 넘는 수준이다. 농촌은 새로운 변화를 맞이하고 있다. 농산물 직거래* 장터나 사이트를 통해 농산물을 도시에 직접 판매하면서 농촌의 생산자와 도시의 소비자 모두에게 이익을 주고 있다. 또한, 주말 농장이나 농촌 체험 프로그램을 운영하거나 자연환경, 특산물 등을 이용하여 지역의 전통과 문화를 알리는 축제를 열고 이를 관광업으로 발전시키기도 한다.

● **찧다**
곡식의 껍질을 벗기거나 가루로 만들려고 내리침

● **촌락**
주로 시골에서 여러 집이 모여 사는 곳

● **직거래**
물건을 파는 사람과 사는 사람이 중간 상인을 거치지 않고 직접 거래함

▶ 농촌 노인인구 변화

농가인구
2,314 2,215 2,166
2020 2021 2022
2,166 천 명
(-4.4%)

고령인구 비율(65세 이상)
42.5 44.7 46.8
2017 2018 2022
46.8
(2.2% p)

(통계청, 2022)

농촌 문제와 대책

▲ 딸기 수확 로봇
일손 부족 문제를 해결하기 위해 여러 기술이 개발되고 있다.

농촌에도 해결해야 할 문제가 있다. 우선 농촌 인구의 고령화로 인한 일손 부족을 꼽을 수 있다. 2022년 통계청 조사에 따르면, 농촌에는 만 65세 이상 인구가 약 47%를 차지할 정도로 노인이 많다. 이를 해결하기 위해 농촌 지역의 지방자치단체에서는 귀농*을 하려는 사람에게 많은 지원을 하고 있다. 또한 새로운 기술이나 품종 개발, 농업의 기계화, 자동화 등을 통해 농촌의 생산성*을 높이는 노력도 계속하고 있다. 한편, 농촌은 문화 시설, 의료 시설, 정보화 등의 측면에서 도시에 비해 부족한 측면이 있다. 이를 해결하기 위해 폐교, 마을 회관 등을 문화 시설로 개조*하기도 하고 병·의원 등과 같은 편의 시설을 늘리고 있다. 또한 인터넷 등과 같은 정보화 교육을 실시하기도 한다.

● **귀농**
도시에서 다른 일을 하던 사람이 농촌으로 돌아감

● **생산성**
효율적으로 생산할 수 있는 정도

● **개조**
고쳐서 다시 만듦

알아두면 좋아요 한국의 농촌을 체험해 볼까?

농촌 생활을 체험을 할 수 있는 농촌 체험 마을이 많이 조성되고 있다. 농사 체험, 특산물이나 농작물 수확 체험, 수확한 작물을 활용한 음식 만들기, 고추장 만들기, 두부 만들기, 메기 잡기, 야외 사육 체험, 원두막 만들기, 도자기 만들기 등 다양한 농촌 문화를 체험할 수 있다. 농어촌 정보 포털 서비스(농어촌 알리미, https://www.alimi.or.kr)를 통해 전국에서 운영 중인 농촌 체험 마을 정보를 얻을 수 있다.

주요 내용정리

01 한국 도시는 어떤 특징이 있을까?

- 한국의 도시화는 1960년대 이후 (   )가 이루어지면서 시작되었으며 현재는 총인구 중 약 90%가 (   )에 거주하고 있다.
- 도시에는 기업체, 대학, 공공 기관, 의료 시설, 문화 시설 등이 많아 생활이 편리하다. 특히 대도시에 이러한 기능이 집중되어 있는데 이를 분산시키기 위해 (   )가 만들어졌다.
- 도시에서는 (   ) 문제, (   ) 문제, 주택 문제 등과 같은 도시 문제가 발생한다. 이를 해결하기 위해 대중교통 이용 장려, 에너지 절약, 신도시 건설과 같은 다양한 노력을 기울이고 있다.

02 한국 농촌은 어떤 특징이 있을까?

- 농촌은 (   ) 장터나 사이트 운영, 주말 농장이나 농촌 체험 프로그램 운영, 자연환경이나 특산물을 이용한 (   ) 개최 등을 통해 농촌은 변화하려는 노력을 계속하고 있다.
- 농촌에는 주로 (   )이 많고 젊은 사람들이 많지 않아서 일손이 부족하다. 이를 해결하기 위해 귀농 지원, 농업의 기계화, 자동화 등의 노력이 이루어지고 있다.

 ## 이야기 나누기

[외국인 계절 근로자 최장 '8개월' 고용]

외국인 계절 근로자 제도는 농번기 일손 부족을 완화하고자 외국인 근로자들이 단기간 지정된 농가에서 일할 수 있도록 한 것이다. 계절 근로자는 한국에 거주하는 결혼이민자의 4촌 이내 가족 또는 우리 지방자치단체와 업무협약(MOU)을 체결한 국가의 지자체가 선정한 사람 중에서 뽑는다. 체류할 수 있는 기간은 5개월이었으나 2023년 '외국인 계절 근로제 개선방안'에 따라 최대 8개월로 확대되었다. 또한 기존에는 결혼이민자 가족의 경우 해당 농가와 고용관계가 아닌 가족이라는 이유로 산재보험 가입을 허용하지 않았으나 근로계약서를 통해 고용관계가 인정되면 결혼이민자의 가족도 산재보험에 가입할 수 있게 되었다.

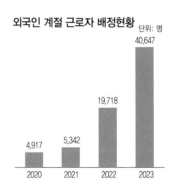

외국인 계절 근로자 배정현황 단위: 명

2020	2021	2022	2023
4,917	5,342	19,718	40,647

★ 계절 근로자 제도의 좋은 점과 보완되어야 할 점에 대해 이야기해 봅시다.

7 사회 복지

 생각해 봅시다

다음은 한국에서 생활하면서 겪을 수 있는 상황을 나타낸 것입니다

01 자신의 고향 나라에서는 이런 경우 어떻게 대응합니까?

02 본인은 한국에서 이와 같은 상황에 대비하여 무엇을 준비하고 있습니까?

 학습목표

1. 최소한의 인간다운 삶을 보장하는 한국의 사회 복지 제도를 설명할 수 있다.
2. 외국인 대상 복지 서비스를 이해하고 이용할 수 있다.

 관련 단원 확인하기

영역		제목	관련 내용
심화	국민	4. 대한민국 국민을 위한 복지	사회보험, 공공부조

01 한국의 사회 복지 제도에는 어떤 것들이 있을까?

사회보험

한국에서는 국민이 최소한의 인간다운 삶을 누릴 수 있도록 다양한 사회 복지 제도를 마련해 두고 있다. 한국의 사회 복지 제도는 크게 사회보험과 공공부조로 나눌 수 있다.

사회보험은 미래의 위험에 대비하여 법에 따라 국민들이 가입하도록 하고 있는 제도이다. 여기에는 건강보험, 고용보험, 국민연금, 산업재해보상보험이 있다.

▶ 국민연금공단
국민연금 업무를 담당하는 기관
문의:1355, www.nps.or.kr

건강보험	아파서 병원에 갈 때 의료비의 일부를 지원 받을 수 있다.
고용보험	회사에서 해고되었을 때 일정 기간 금전적 지원을 받을 수 있다.
국민연금	나이가 들어 더 이상 돈을 벌기 어려울 때 매달 일정 금액을 생활비로 지급 받을 수 있다.
산업재해 보상보험	회사에서 일하다가 사고로 다쳤을 때 병원비 등 피해에 대해 보상을 받을 수 있다.

공공부조

공공부조는 생활이 어려운 사람들의 기본적인 생활 수준을 보장해주기 위해 국가나 지방자치단체에서 생활비, 교육비, 의료비 등을 지원해 주는 제도이다. 소득이 최저 생계비*보다 적은 저소득층*은 국민 기초생활보장 제도를 통해 생활비를 지원 받을 수 있다.

갑작스럽게 어려운 일을 당해 생계* 유지가 곤란한 저소득층 가구를 지원하는 긴급* 복지 지원 제도도 있다. 예를 들어 돈을 주로 벌어오는 사람이 크게 다치거나 큰 병을 앓게 되어 일을 할 수 없게 된 경우, 화재 등으로 인해 살고 있던 집이나 건물에서 생활하기 어려운 경우 등이 발생하면 지방자치단체의 담당 부서나 보건복지부 콜센터로 전화하여 도움을 받을 수 있다.

▲ 복지로 누리집에서 복지 관련 정보를 얻을 수 있다.
(http://www.bokjiro.go.kr/)

● 최저 생계비
생활에 필요한 최소한의 비용

● 저소득층
소득이 낮아 경제적 지원이 필요한 사람들

● 생계
살아 나가는 형편

● 긴급
중요하고 급함

▶ 보건복지부
상담센터(☎ 129)
본인과 가족에게 필요한 복지 정보와 상담을 원할 때는 129로 전화하면 된다.
특히 보건복지부에서는 각종 의료보장제도에 의해 의료혜택을 받을 수 없는 국내에 거주하는 외국인에게도 심의를 통해 의료비를 지원하고 있다.

알아두면 좋아요 태풍, 지진, 전염병 등의 재난상황에서도 도움을 받을 수 있는 방법이 있을까?

태풍, 지진, 전염병 확산 등 재난상황에서 정부나 지방자치단체 등이 한시적으로 지급하는 재난관련 지원금이 있다. 대표적으로 한국에서는 2020년 코로나바이러스 감염증-19가 확산됨에 따라 재난 피해자의 지원과 경기 활성화를 위한 방법으로 재난관련 지원금이 지급되었다. 정부의 긴급재난지원금은 기초생활수급자 등 취약가정에는 별도 신청과정 없이 현금으로 지급되었으며, 나머지 가구는 신청을 받아 카드 포인트, 소비쿠폰, 지역사랑 상품권 등으로 지급되었다.

02 다문화 가족 및 외국인을 위한 기관과 지원 서비스에는 어떤 것들이 있을까?

외국인 대상 지원 서비스

사회 복지 제도 중 공공부조는 원칙적으로 한국 국민에게만 적용된다. 그러나 한국에 살고 있는 외국인 중 대한민국 국민과 혼인한 사람, 대한민국 국적을 가진 부모나 자녀를 돌보고 있는 사람, 법에 따라 난민으로 인정된 사람 등은 소득이 최저 생계비보다 적은 경우 최저 생계비, 의료비, 긴급 복지 등을 지원받을 수 있다. 이외에도 한국 생활에 잘 적응하고 한국에서 주체적으로 살아갈 수 있도록 무료로 한국어와 한국 문화를 배울 수 있는 프로그램도 운영되고 있다. 또한 임신을 한 상태이거나 출산을 앞둔 여성 결혼 이민자는 자신과 신생아°의 건강 관리 서비스를 받을 수 있다.

생계급여 대상자선정 기준(월 소득액)	
1인가구	713,102
2인가구	1,178,435
3인가구	1,508,690
4인가구	1,833,572

(보건복지부, 2024)

● 신생아
갓 태어난 아기

다문화 가족·외국인 지원 기관

다문화 가족과 외국인을 지원하는 기관으로는 법무부의 외국인 종합 안내 센터, 여성가족부의 다누리 콜센터, 다문화 가족 지원 센터, 고용노동부의 외국인 근로자 지원센터 등이 있다.

외국인 종합 안내센터(1345)는 신분증 관련 업무, 체류 허가 관련 업무, 국적 관련 업무 등 한국에 거주하는 외국인의 출입국 행정 민원 상담과 정보를 다국어°로 지원한다. 다누리콜센터(1577-1366)는 국내에 거주하는 다문화 가족·이주° 여성에게 필요한 한국 생활 정보를 제공하고, 위기 상담 및 긴급 지원 등 전문 상담원과 자국 언어로 통화할 수 있도록 지원한다. 다문화 가족 지원센터는 다문화 가족의 한국 사회 적응을 돕는 교육, 자녀 언어발달 지원 서비스 등을 제공한다. 외국인 근로자 지원센터는 외국인 근로자들을 대상으로 한국어 교육을 실시하고, 외국인 근로자의 권익° 보호를 지원한다.

▲ 외국인 종합 안내센터
(법무부, 1345)

● 다국어
여러 나라의 언어

● 이주
다른 나라나 지역으로 옮겨 가서 사는 것

● 권익
권리와 이익

알아두면 좋아요 자신의 고향 나라 언어로 법률 상담을 받을 수 있는 방법은?

재외 동포 A씨는 회사에 다니며 나이가 많은 홀어머니를 모시고 있었다. 수개월 간 약 500만원의 임금이 밀렸지만 사장으로부터 돈을 받지 못해 A씨는 생활에 어려움을 겪던 중 외국인 종합 안내센터(1345 콜센터)가 제공하는 '마을변호사-외국인' 간 무료 통역 서비스를 통해 법률 자문을 받았다. 그 결과 그동안 밀린 임금을 모두 받을 수 있었다.

외국인 종합 안내센터(1345)에서는 법무부가 지정한 변호사가 1345센터 상담사의 통역 지원을 받아 언어 장벽과 정보 부족으로 법률 서비스를 이용하기 어려운 외국인에게 법률 상담을 제공하고 있다. ▶ 상담시간: 평일 09:00 ~ 22:00 (1345-④마을변호사 법률 상담)

주요 내용정리

01 **한국의 사회 복지 제도에는 어떤 것들이 있을까?**

- 미래의 위험에 대비하여 법에 따라 국민들이 가입하도록 하고 있는 사회보험에는 (   ), (   ), (   ), (   )이 있다.
- (   )는 소득이 최저 생계비보다 적은 저소득층의 기본적인 생활 수준을 보장해주기 위해 국가나 지방자치단체에서 생활비와 교육비, 의료비 등을 지원해주는 제도이다.
- (   ) 지원 제도는 갑작스럽게 어려운 일을 당해 생계 유지가 곤란한 저소득층 가구를 지원하는 제도이다.

02 **다문화 가족·외국인 지원 서비스와 기관에는 어떤 것들이 있을까?**

- 한국에 체류하고 있는 외국인 중 대한민국 국민과 (   )한 사람, 대한민국 (   )을 가진 부모나 자녀를 돌보고 있는 사람, 법에 따라 (   )으로 인정된 사람 등은 최저 (   ) 지원, 의료비 지원, 긴급 복지 지원을 받을 수 있다.
- 외국인이 한국에 잘 적응하고 주체적으로 살아갈 수 있도록 무료로 (   )와 한국 (   ) 교육, 임신 및 출산 지원 서비스, 상담 서비스 등을 제공하고 있다.
- 다문화 가족과 외국인을 지원하는 기관으로는 (   ) 종합 안내센터, 다누리 콜센터, 다문화 가족 지원센터, 외국인 근로자 지원센터 등이 있다.

이야기 나누기

[네팔 출신 1호 의사의 꿈]

네팔 출신 한국인 1호 의사인 정제한씨는 가족 외에도 챙겨야 할 수많은 형제가 있다. 바로 국내에 체류 중인 이주 노동자들이다. 정제한씨는 한국말이 서툴러 자신의 의견을 제대로 표현하지 못하는 이주 노동 자들을 돕기 위해 여러 노력을 기울이고 있다.

정제한씨는 대구 지역 법사랑 위원회의 외국인 위원이 되어 이주민의 목소리를 대신 전해 주기도 한다. 또한, 동료 의사들과 함께 모바일 커뮤니티를 열어 한국에서 어려움을 겪는 네팔인들과 이주 노동자들을 돕고 있다.

[출처] 다문화 가족과 함께 만드는 정보 매거진 레인보우 웹진, 2016 가을 호, 여성가족부

★ 본인이 한국에서 지원받은 복지 제도나 서비스, 본인에게 도움을 주었던 사람이나 기관에 대해 이야기해 봅시다.

의료와 안전

 생각해 봅시다

다음은 우리가 일상생활에서 갑자기 겪을 수 있는 상황입니다.

01 각 상황이 발생하면 자신의 고향 나라에서는 어떻게 대처합니까?

02 각 상황에 적절히 대처하기 위해 알고 싶은 점이나 궁금한 점은 무엇입니까?

 학습목표

1. 한국의 의료 기관 종류와 이용 방법을 설명할 수 있다.
2. 안전한 생활을 위한 생활 수칙과 대처 요령을 알고 실천할 수 있다.

 관련 단원 확인하기

영역		제목	관련 내용
심화	국민	4. 대한민국 국민을 위한 복지	사회보험

01 한국에서 의료 기관은 어떻게 이용할까?

의료 기관의 종류와 이용 방법

의료 기관의 종류에는 동네 의원, 보건소, 종합 병원 등이 있다. 감기에 걸렸거나 소화가 잘 안 되는 등 병이 심하지 않은 경우에는 동네 의원에 가서 진료를 받는다. 보건소는 지역 주민의 건강과 질병 예방 및 관리를 위해 국가가 운영하는 공공 보건 기관이다. 예방 접종이나 각종 질병 검사 등을 할 수 있으며 일반 병원보다 진료비가 싸다. 동네 의원을 통해 치료를 받았는데도 병이 잘 낫지 않거나 보다 정밀*한 검사를 필요로 하는 경우에는 동네 의원이나 보건소에서 진료 의뢰서를 받아 종합 병원에 가서 진료를 받을 수 있다.

서양 의학 이외에 한국의 전통 의학을 활용한 한의원이나 한방 병원도 이용할 수 있다. 여기서는 침*을 맞거나 뜸*을 뜨거나 약초* 등을 달여서 만든 한약을 지을 수 있다.

갑자기 크게 아프거나 다쳤는데 직접 병원에 가기 어려운 경우에는 119에 전화할 수 있다. 그러면 119 대원이 찾아와 기본적인 응급 처치*를 한 후 응급차로 가까운 병원의 응급실에 데려다 준다.

건강보험 제도

한국은 소득 및 재산 등에 따라 매달 일정 금액의 보험료를 납부하는 건강 보험 제도를 실시하고 있다. 건강보험에 가입하면 질병 관련 검사, 치료, 아이 출산 등과 같이 병원이나 약국을 이용할 때 국민건강보험공단에서 진료비의 일부를 부담해 주기 때문에 적은 비용으로 의료 기관을 이용할 수 있다. 그리고 직장에 다니는 사람들은 일반적으로 2년에 한 번씩 무료 건강 검진을 받을 수 있다. 모든 국민은 건강보험에 가입해야 하는데 직장 가입자와 지역 가입자로 구분된다. 직장 가입자나 지역 가입자의 가족은 일정한 조건이 되면 피부양자*로서 가입자와 동일하게 건강보험 혜택을 받을 수 있다.

▲ 건강보험증: 건강보험증이나 신분증을 가지고 의료기관에 방문하면 보험 혜택을 받을 수 있다.

어휘 설명 (우측 여백)

- **정밀하다**
빈틈이 없고 자세하다

- **침**
바늘처럼 생긴 가늘고 긴 의료 기구

- **뜸**
약물을 태우거나 태운 김을 쏘여 자극을 줌으로써 질병을 치료하는 방법

- **약초**
약으로 쓰는 풀

- **응급 처치**
위급한 상황에 있는 환자에게 당장 필요한 치료를 하는 것

▶ 긴급 신고 전화

화재 구조 응급 환자 긴급 인명 사고	119	사이버 테러	118
범죄	112	감염병 신고	1339
해양 긴급	119	전기 고장	123
마약 범죄	1301	종합민원 콜센터	110

- **피부양자**
다른 사람에게서 부양을 받는 사람

알아두면 좋아요 외국인도 건강보험에 가입할 수 있을까?

외국인 등록을 한 사람 중 건강보험이 적용되는 사업장에 근무하거나 공무원으로 채용된 사람은 직장 가입자가 된다. 배우자가 직장 가입자에 해당하는 경우 배우자의 건강보험에 피부양자로 등록하면 되는데(배우자 외에도 미성년 자녀, 부모 등도 등록 가능) 피부양자 확인에 필요한 서류를 국민건강보험공단에 내면 된다. (필요한 서류 : 피부양자 자격 취득 신고서, 외국인 등록증 사본, 가족 관계 증명서). 단, 건강보험 직장가입자의 배우자나 미성년 자녀는 바로 피부양자로 등록할 수 있으나 부모나 형제 자매 등은 국내에 6개월 이상 체류해야 피부양자로 등록할 수 있다. 외국인 등록을 한 사람 중 직장 가입자와 피부양자에 해당되지 않으면서 6개월 이상 거주한 사람은 지역 건강보험에 가입을 해야 한다. 2019년 7월 16일부터 한국에 6개월 이상 체류하면 지역 가입자에 해당되어 자동으로 건강보험에 가입되고 건강보험료를 납부하게 된다.

02 안전한 생활을 위해서는 어떻게 해야 할까?

● **재난**
뜻밖에 일어난 재앙과 고난

● **대비**
앞으로 일어날지 모르는 어떠한 일에 적절히 행동하기 위하여 미리 준비함

● **원전**
원자력발전소, 핵분열이나 핵융합 같은 원자력 에너지를 이용하여 전기를 생산해내는 발전소이다

● **안전사고**
안전 교육의 부족, 또는 부주의로 일어나는 사고

● **매뉴얼**
직무를 수행하는 데 필요한 작업상의 지식이나 작업진행 방법 등에 관한 기본적인 사항을 체계적으로 정리한 것

● **대응**
어떤 일이나 사태에 맞추어 태도나 행동을 취함

● **긴급신고전화**
범죄 112 재난 119
민원 110 감염병 1339

● **해롭다**
나쁜 점이 있다

안전한 생활을 위한 방법

한국은 국가 재난 관리를 담당하는 행정안전부를 중심으로 중앙 부처·지방 자치 단체·공공 기관이 다양한 재난●에 대비●하고 있다. 매년 중앙부처, 지자체, 공공기관 등이 합동으로「재난 대응 안전 한국 훈련」을 실시하고 있으며, 학교, 유치원 등과 같은 교육 기관에서도 지진 대피, 화재 대피 훈련 등 재난 대비 훈련을 의무적으로 실시해야 한다. 이를 통해 화재, 전염병, 해로운 화학 물질 유출, 원전● 안전사고● 등에 대한 대응 매뉴얼●을 직접 실천하는 기회를 가지고 있다.

일상생활에서 각 개인이 재난에 대비하고 대응●하는 노력도 중요하다. 긴급한 재난이나 큰 사고가 발생했을 때는 긴급신고전화● 등을 통해 현재 자신의 위치와 사고 상황을 자세히 설명해야 한다. 그리고 평소에도 자신의 주변에서 안전을 해칠 수 있는 시설, 오염물질, 전염병 원인 등이 있는지 살피고 그러한 것을 발견할 경우에는 관계 당국에 신고해야 한다. 예를 들어, 잘못된 표지판을 발견할 경우 국민신문고 누리집 안에 있는 '안전신문고'를 통해 신고하거나 건의하여 미리 사고를 예방할 수 있다.

▶ 지진 발생 시 대피요령

안전한 직장 생활을 위한 방법

직장 안전사고 예방을 위해서는 평소에 작업장과 주변 통로를 자주 청소하고 정리 정돈을 잘해 두는 것이 좋다. 작업할 때는 작업복, 안전모, 안전화 등 보호 장비를 반드시 착용해야 한다. 해로운● 물질은 종류별로 정해진 장소와 용기에 구분해서 보관한다. 평상시에는 비상구와 구급상자, 소화기 설치 위치를 확인하며 안전·보건 표지의 의미도 미리 알아두도록 한다.

알아두면 좋아요 **똑똑한 CCTV로 대한민국의 안전을 높입니다**

혹시 누군가가 어린이에게 몰래 다가가 어린이의 안전을 해치고 달아나거나 사람이 없는 밤 시간에 자동차 사고를 내고 아무런 조치도 없이 그냥 가버리는 상황이 발생하면 어떻게 해야 할까? 잘못을 하고도 달아난 사람은 아무도 못 봤을 거라고 생각할 수 있지만, 한국에는 생활 주변 곳곳에 CCTV가 설치되어 있어 다른 사람의 안전을 해치는 행위를 하는 사람을 찾아낼 수 있다. 사람의 얼굴은 물론 소지품, 행동 패턴, 차량 번호 등을 지능적으로 포착해서 분석하게 되면 누가 잘못을 했고 누가 피해를 입었는지 알 수 있다. 한국 정부와 각 지방의 시, 군, 구에서 설치한 스마트 CCTV 시스템은 단지 범죄자 추적만이 아니라 안전을 해치는 행위를 사전에 발견하여 예방하는 데도 기여할 수 있다.

주요 내용정리

01 한국에서 의료 기관은 어떻게 이용할까?

- 의료 기관의 종류에는 (　　　　　), 보건소, (　　　　　) 등이 있다.
- (　　　　)는 지역 주민의 건강과 질병 예방 및 관리를 위해 국가가 운영하는 공공 보건 기관이다.
- (　　　　　)에 가입하면 비교적 적은 비용으로 의료 기관을 이용할 수 있다.

02 안전한 생활을 위해서는 어떻게 해야 할까?

- 국가 재난 관리를 담당하는 (　　　　　　)를 중심으로 지진 대피, 화재 대피, 비상 대비 등 다양한 재난에 대비한 훈련을 실시하고 있다.
- 긴급한 재난이나 큰 사고가 발생했을 때는 (　　　　　) 등을 통해 현재 자신의 위치와 사고 상황을 자세히 설명해야 한다.
- 작업할 때는 (　　　), (　　　), 안전화 등 (　　　　　)를 반드시 착용한다.
- 평상시에는 (　　　)와 구급상자, (　　　　) 설치 위치를 확인하며 안전·보건 표지의 의미도 미리 알아두도록 한다.

이야기 나누기

[늘고 있는 외국인노동자 산재…언어 소통이 가장 큰 걸림돌]

고용노동부에 따르면 최근 중대산업재해 사고사망자 가운데 외국인노동자 비중은 2021년 11.6%에서 2022년 12.7%, 2023년 13.4%로 높아지는 추세다. 특히 근무기간 1개월 이내 사고 비율은 내국인은 16.1%인 반면 외국인노동자는 26.8%(이 중 81.8%는 건설업종)로 상대적으로 높게 나타났다. 사고 발생이 상대적으로 많은 이유 중 하나는 언어나 문화적 차이를 충분히 고려하지 않은 채 사업장 안전 교육이 이루어지기 때문인 것으로 보인다. 이에 대한 대책이 필요하다.

[출처] 브릿지경제(2023. 11. 05)

★ 본인이 직장에서 받았던 안전 교육의 내용이나 방법에 대해 이야기해 봅시다. 또는 가정이나 직장에 꼭 필요하다고 생각하는 안전 교육 내용을 이야기해 봅시다.

대단원 정리

키워드로 보는
한국 사회

Q U I Z 한국의 상징과 관련 있는 정답 단어 3개를 조합하여 아래 퀴즈의 정답을 찾아보세요.

퀴즈: 세계에서 가장 큰 야외 벽화는?

한국상징	정답단어	한국상징	정답단어
주택	부산	애국가	사일로
복지	목포	공공부조	이화
무궁화	인천	교통수단	재생
농촌	서울	건강보험	디자인
사회보험	수원	태극기	벽화
인터넷	대구	통신수단	조각

🪙 단원 종합 평가

01 〈보기〉에서 설명하는 것은 무엇인가?

| 〈보기〉 |
- 조선의 세종대왕이 만들었다.
- 매년 10월 9일에 기념 행사를 개최하고 있다.
- 사람의 발음 기관과 하늘, 땅, 사람 모양을 본떠 만들었다.

① 한글　　　　② 태극기　　　　③ 애국가　　　　④ 국가 문장

02 한국 사회에 관한 설명으로 옳은 것을 〈보기〉에서 모두 고른 것은?

| 〈보기〉 |
ㄱ. 직업별 남녀 간 불균형이 뚜렷해지고 있다.
ㄴ. 여성의 사회 진출이 과거에 비해 활발해졌다.
ㄷ. 과거에는 확대가족이 많았으나 요즘은 핵가족 형태가 많다.
ㄹ. 아내의 가족과 남편의 가족에 대한 호칭 구분이 명확해지고 있다.

① ㄱ, ㄷ　　　　② ㄱ, ㄹ　　　　③ ㄴ, ㄷ　　　　④ ㄴ, ㄹ

03 다음 중 대중교통 이용 장려 제도와 관련이 깊은 것은?

① 인터넷　　　　② 사회보험　　　　③ 환승 제도　　　　④ 도시 재생

04 다음 중 공동 주택에 속하지 않는 것은?

① 아파트　　　　② 연립주택　　　　③ 다세대 주택　　　　④ 다가구 주택

05 안전한 생활을 위한 방법으로 옳지 않은 것은?

① 작업할 때는 보호 장비를 반드시 착용한다.
② 긴급한 사고가 발생했을 때는 빨리 118에 전화한다.
③ 정부 차원에서 매년 실시하는 재난 대비 훈련에 참여한다.
④ 평상시 비상구와 구급 상자, 소화기 설치 위치를 확인해 둔다.

06 〈보기〉의 ㉠, ㉡에서 설명하는 복지 제도로 옳은 것은?

| 〈보기〉 |
㉠ 아파서 병원에 갈 때 의료비의 일부를 지원 받을 수 있다.
㉡ 나이가 들어 더 이상 돈을 벌기 어려울 때 매달 일정 금액을 생활비로 지급받을 수 있다.

	㉠	㉡		㉠	㉡
①	병원보험	긴급복지	②	의료급여	노후자금
③	고용보험	공공부조	④	건강보험	국민연금

5대 국경일의 유래와 의미

국경일: 나라의 경사스러운 날을 기념하기 위하여 법률로써 지정한 날

국경일은 1949년 10월 1일 법률 제53호 <국경일에 관한 법률>에 의하여 지정되었다. 이 법률에 의해 삼일절, 제헌절, 광복절, 개천절이 국경일로 지정되어 네 개의 국경일을 4대 국경일이라고 불렀으며, 2006년부터는 한글날도 국경일에 포함되어 5대 국경일이 되었다. 국경일에는 태극기를 계양한다.

• 3월 1일(삼일절): 일본의 지배에 저항하여 일어난 독립 만세 운동을 기념하는 날

1919년 3월 1일 민족 대표 33인의 독립 선언서 낭독으로 시작된 독립 만세 운동은 당시 한국을 지배하고 있는 일제의 압박에 항거하기 위해 전 세계에 민족의 자주 독립을 선언하고 독립 만세를 외친 민족 운동이었다. 이러한 한국의 자주 독립 정신을 기념하기 위하여 정부는 1949년에 3월 1일을 국경일로 정하였다.

대한민국헌법 제1장 제1조
① 대한민국은 민주공화국이다.
② 대한민국의 주권은 국민에게 있고, 모든 권력은 국민으로부터 나온다.

• 7월 17일(제헌절): 대한민국 최초의 헌법이 제정된 날을 기념하는 날

자유 민주주의를 기본으로 한 대한민국 헌법의 제정(1948년 7월 12일)과 공포(국민에게 알림, 1948년 7월 17일)를 축하하고, 준법정신을 높일 목적으로 제정된 국경일이다. 국경일들은 모두 공휴일(공적으로 쉬기로 정해진 날)로 되어 왔으나, 2008년부터는 국경일의 지위는 유지하지만 공휴일에서는 제외되었다.

광복으로 서울 서대문형무소를 나서는
독립지사들의 환호하는 모습.
한국학중앙연구원

• 8월 15일(광복절): 일본의 지배에서 벗어나 독립한 것을 기념하는 날

1945년 8월 15일 일본의 항복으로 제2차 세계 대전이 종식되어 한국이 독립하였고, 1948년 8월 15일 대한민국 정부가 수립되었다. 대한민국 정부는 일본의 지배로부터 벗어난 날과 독립국으로서 정부가 수립된 날을 기념하기 위해 매년 8월 15일을 광복절이라 하고 국경일로 지정하였다. '광복'이란 '빛을 되찾다'는 뜻으로서 잃었던 국권의 회복을 의미한다.

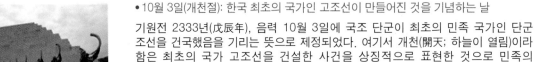

단군릉, 개천절 기념행사
한국학중앙연구원

• 10월 3일(개천절): 한국 최초의 국가인 고조선이 만들어진 것을 기념하는 날

기원전 2333년(戊辰年), 음력 10월 3일에 국조 단군이 최초의 민족 국가인 단군 조선을 건국했음을 기리는 뜻으로 제정되었다. 여기서 개천(開天; 하늘이 열림)이라 함은 최초의 국가 고조선을 건설한 사건을 상징적으로 표현한 것으로 민족의 탄생이나 민족사의 시작을 의미한다. 음력 10월 3일로 지켜오다가 그 뒤 음력보다 양력을 주로 쓰게 되면서, 개천절도 1949년에 양력 10월 3일로 바뀌었다.

• 10월 9일(한글날): 세종대왕이 한글 만든 것을 기념하는 날

<훈민정음> 해례본(해설한 책)에 적힌 '정통(正統) 11년 9월 상한(上澣)-세종 28년 9월'을 양력으로 환산하면 10월 9일이 되어, 이날을 훈민정음을 반포(세상에 널리 퍼뜨려 모두 알게 함)한 날로 확정하였다. 그리하여 한글 창제 500주년인 1946년부터 10월 9일을 한글날로 지켜 오고 있다.

국가 기념일: 국가가 제정·주관하는 기념일

국가 기념일이란 '각종 기념일 등에 관한 규정'(대통령령)에 따라 국가가 제정·주관하는 기념일로, '법정 기념일'이라고도 한다. 국가 기념일은 원래 공휴일이 아니지만, 일부 기념일이 공휴일이 되었다. 국가 기념일로 지정되면 주관 부처(정부 조직의 부와 처)가 정해지고, 이후 부처 자체적으로 예산을 확보해 기념식과 관련 행사를 전국적인 범위로 행할 수 있다.

[4월 5일] 식목일, [4월 19일] 4·19혁명 기념일, [4월 20일] 장애인의 날, [5월 1일] 근로자의 날, [5월 5일] 어린이날, [5월 8일] 어버이날, [5월 15일] 스승의 날, [5월 18일] 5·18 민주화 운동 기념일, [5월 셋째 월요일] 성년의 날, [6월 6일] 현충일, [10월 1일] 국군의 날 등 총 51개의 기념일이 지정돼 있다.

현충원 모습

● 6월 6일(현충일): 국가를 위해 자신의 목숨을 바친 분들을 기리는 날

한국은 1948년 8월에 정부를 수립한 뒤, 2년도 못 되어 1950년에 6·25 전쟁을 겪었는데 이 때 25만 명 이상의 국군이 사망하였다. 그래서 정부는 1956년에 대통령령으로 6월 6일을 현충일로 정하고, 추모 행사를 갖도록 하였다. 그 후 매년 6월 6일 현충일이 되면 대통령과 정부 사람들은 각종 추모 기념식을 갖고 현충원(국가를 위해 목숨을 바친 분들이 안장되어 있는 국립묘지)을 참배한다. 오전 10시 정각에 사이렌 소리와 함께 전 국민은 1분간 경건히 묵념을 하고 나라를 위해 싸우다 숨진 국군 장병 및 순국선열(나라를 위해 목숨을 바친 분)들을 추모하는 시간을 갖는다. 현충일에는 각 관공서를 비롯하여 각 기업, 단체, 가정 등에서 태극기를 게양한다.

국군의 날 행진 모습

● 10월 1일(국군의 날): 한국 군대의 창설과 발전을 기념하여 정한 날

1950년 10월 1일은 한국군이 남침한 북한 공산군을 반격한 끝에 38선(북위 38°선)을 돌파한 날로서, 이 날의 의의를 살리기 위하여 국군의 날로 지정하였다.
이 날에는 육군·해군·공군·해병대 및 육군사관학교, 해군사관학교, 공군사관학교, 육군3사관학교, 국군간호사관학교 생도들의 행진 등 각종 기념 행사가 열리기도 한다.

제 2 편

교육

보육 제도

 ## 생각해 봅시다

다음은 한국의 출산 및 보육 제도 관련 사진입니다.

01 한국에서 본인이나 주변의 가족(지인)이 이와 같은 상황과 관련하여 어떤 지원을 받았습니까?

02 자신의 고향 나라에서 임신, 출산, 보육과 관련하여 이루어지고 있는 지원에 대해 말해 봅시다.

 ## 학습목표

1. 한국의 임신·출산 및 보육 제도에 대하여 알 수 있다.
2. 한국의 영유아 보육·교육 기관에 대하여 알 수 있다.

 ## 관련 단원 확인하기

영역		제목	관련 내용
심화	국민	4. 대한민국 국민을 위한 복지	사회보험

01 출산과 보육을 지원하는 제도에는 무엇이 있을까?

출산을 지원하는 제도

한국은 출산을 장려하고 양육에 대한 경제적 부담을 줄여주기 위해 임신, 출산, 양육에 필요한 비용을 지원하고 있다. 임신을 하게 되면 정부에서 임산부의 건강 관리와 출산에 필요한 비용의 일부를 '국민행복카드'•를 통해 지원한다.

임산부를 위한 보건소 서비스도 받을 수 있는데 모든 임산부(결혼 이민자 포함)는 보건소에 등록하기만 하면 무료 산전•검사를 받을 수 있으며 임신 중에 필요한 영양제를 받을 수 있다. 그 외에도 각 지역의 보건소에 따라 지원하는 서비스와 임산부 교육프로그램•이 다양하게 있다. 출산 후에는 각 지방 자치 단체별로 출산 지원금이나 출산 축하금을 지원하기도 하는데 상세한 사항은 시청, 구청, 군청에 문의하면 알 수 있다.

보육•과 유아 교육을 지원하는 제도

초등학교에 입학하기 전 어린이집이나 유치원•을 다니는 국민의 영·유아(0~5세 이하) 자녀를 대상으로 보육비나 유아 학비가 지원된다. 은행을 방문하거나 인터넷, 전화로 '국민행복카드'를 발급받고 거주지 주민센터나 복지로 홈페이지에서 지원을 신청하면 이

카드로 어린이집 보육비나 유치원 유아 학비를 결제할 수 있다. 국민행복카드를 이미 소지하고 있는 경우, 카드발급절차 없이 곧바로 지원을 신청할 수 있다. 자녀의 나이나 기관의 유형(어린이집, 유치원)에 따라 지원 금액이 다르다. 어린이집이나 유치원을 이용하지 않고 집에서 양육하는 경우에도 자녀의 연령에 따라 양육 수당이 지원되고 있다.

정부에서는 보육료나 양육 수당 지원 외에도 2018년 9월부터 아동 양육에 따른 경제적 부담을 줄이고 아동의 권리와 복지 증진•을 위해 아동 수당을 지급하고 있다. 아동 수당은 8세 미만 아동이 있는 가정에 지원하고 있다.

•국민행복카드
임신확인서를 가지고 가까운 은행에 가도 되고 인터넷이나 전화로도 발급받을 수 있다.

•산전
아이를 낳기 전

•임산부 교육프로그램
모유 수유 교실, 임산부 체조 교실, 출산 준비 교실, 아기 마사지 교실 등

•보육
아이를 보살피고 돌봄

•유치원
자녀의 유치원 입학을 원할경우 '처음학교로'에 온라인으로 접속하면 유치원에 대한 정보도 얻을 수 있고, 입학 신청도 할 수 있다.

•증진
기운이나 세력이 점점 더 늘어가고 나아감

알아두면 좋아요 맞벌이, 출장이나 야근 등으로 급한 돌봄이 필요하다면?

정부에서는 부모의 맞벌이 등으로 양육 공백이 발생하는 가정의 만 12세 이하의 아동을 대상으로 아이 돌보미가 찾아가는 돌봄 서비스를 제공하고 있다. 부모의 출장이나 야근 등으로 일시적인 돌봄이 필요할 경우, 아동의 질병으로 인해 보육 시설 이용이 어려운 경우에도 돌봄 서비스를 제공한다. 이를 통해 아동을 안전하게 보호하고 부모의 일과 가정 생활이 균형을 이룰 수 있도록 지원한다. 서비스 신청은 아이 돌봄 지원 사업 누리집(https://idolbom.go.kr)에서 가능하다.

02 영·유아를 위한 보육과 교육은 어디에서 담당할까?

어린이집

어린이집은 0세부터 초등학교 입학 전(5세)까지의 영·유아의 보육과 교육을 담당하며 보건복지부에서 지정한 보육 기관이다. 정부나 지방 자치 단체에서 설립한 국·공립 어린이집, 민간인이 설립한 사립 어린이집, 회사의 직원 자녀를 대상으로 하는 직장 어린이집, 교회나 성당 등과 같은 종교 단체에서 세운 어린이집, 일반 가정에서 영·유아를 돌보는 가정 어린이집 등이 있다.

어린이집 보육 시간은 오전 9시부터 오후 4시까지의 '기본 보육'과 오후 4시부터 오후 7시 30분까지 '연장● 보육'으로 운영되며 '기본 보육반'은 담임 교사가 '연장 보육반'은 연장 보육 전담● 교사가 담당한다. 기관에 따라 주간 보육(07:30~19:30)과 야간 보육(19:30~익일07:30)이 모두 이루어지는 24시간 보육, 휴일 보육, 거점●형 야간 보육 등의 보육 서비스를 지원하기도 한다.

● **연장**
시간이나 길이를 늘림

● **전담**
전문적으로 맡음

● **거점**
어떤 활동의 근거가 되는 중요한 지점

유치원

유치원은 3세부터 초등학교 입학 전(5세)까지의 유아의 교육을 담당하는 교육 기관으로 교육부의 관할● 아래 있다. 정부나 지방 자치 단체에서 설립한 국·공립 유치원과 개인이나 법인●, 종교단체가 설립한 사립 유치원이 있다. 보통 평일 오전 9시~오후 2시 정도까지 운영되며, 맞벌이 부모의 자녀를 위하여 오전 7시~오후 8시 정도까지 종일반이 운영되기도 한다.

유치원 교육비는 일반적으로 국·공립이 사립보다 저렴한 편이다. 그래서 국·공립 유치원에 자녀를 보내려면 신청을 한 이후에 오랫동안 기다려야 하는 경우가 많다.

● **관할**
일정한 권한을 가지고 통제하거나 지배함

● **법인**
법적으로 권리와 의무를 가지는 조직

▲ 어린이집이나 유치원에서 실시하는 여러 가지 활동

알아두면 좋아요　야간 돌봄 서비스를 제공하는 24시간 어린이집

24시간 어린이집은 부모의 야간 경제 활동, 한 부모 또는 조손 가정 등의 불가피한 경우 24시간 동안(07:30 ~ 다음날 07:30) 보육 서비스를 제공한다. 자녀를 24시간 어린이집에 보냈다 하더라도 부모(보호자)는 최소한 주 3회 이상 아동과 전화 또는 방문 등의 방식으로 아동과 접촉해야 하고 최소한 주 1회 이상 아동을 가정에 데려가 보호해야 한다.

이외에 야간 돌봄이 필요한 영유아들을 권역별로 지정된 거점형 야간보육 어린이집에서 전담 보육교사가 함께 돌봐주는 서비스도 있다. 서비스를 신청하면 오후 5시 이후 보육 교사 또는 보육 도우미가 주간 이용 어린이집에서 거점형 야간 보육 어린이집으로 아이를 데려와 돌봐주며 보호자는 거점형 야간보육 어린이집에 방문하여 아이를 데려오면 된다.

주요 내용정리

01 출산과 보육을 지원하는 제도에는 무엇이 있을까?

- 임신을 하게 되면 정부에서 임산부의 건강 관리와 출산에 필요한 비용의 일부를 (   )
  를 통해 지원한다.
- (   )이나 (   )을 다니는 영·유아를 대상으로 보육비나 유아 학비가
  (   )를 통해 지급된다.
- 집에서 양육하는 경우에도 자녀의 연령에 따라 (   )이 지원된다.

02 영·유아를 위한 보육과 교육은 어디에서 담당할까?

- (   )은 0세부터 5세까지 아이들의 보육과 교육을 담당하며 (   )에서 지정한 시설
  이다.
- (   )은 3세부터 초등학교 입학 전 (   )까지의 유아들이 다니는 교육부 관할 교육
  기관이다.

 이야기 나누기

[태교와 산후 조리 문화]

한국에서는 임신 중 엄마의 마음과 몸가짐이 태아(뱃속의 아이)에게 정서적·심리적·신체적으로 영향을 많이 미친다고 생각해 왔다. 그래서 건강한 자녀를 얻기 위해서는 임신한 여성이 모든 일에 대해서 조심하고 나쁜 생각이나 거친 행동을 하지 않으며 편안한 마음으로 말이나 행동을 하려는 전통이 있는데 이를 태교(태아를 가르침)라고 한다. 태아에게 좋은 글을 읽어 주거나 음악을 들려주는 것도 태교에 해당한다.

▶ 한국의 산후 조리 음식 중 하나인 미역국

아이를 낳고 나면 산후 조리를 한다. 이때 보통 미역국을 먹는다. 영양분이 풍부한 미역은 산모의 피를 맑게 해 주고 모유가 잘 나오도록 한다. 출산 후 먹는 음식은 나라마다 다르다. 예를 들어 베트남에서는 닭고기, 새우, 쇠고기를 볶은 요리와 '샤오옷'이라는 채소를 많이 먹는데 이는 자궁 속 찌꺼기를 빼는 데 도움을 준다고 한다.

★ 자신의 고향 나라와 한국의 태교 문화나 산후 조리 문화를 비교하여 이야기해 봅시다.

10 교육 초·중등 교육

 생각해 봅시다

다음은 한국에서 볼 수 있는 초등학교와 중학교의 모습입니다.

01 각 교실의 모습에서 다른 점은 무엇입니까?

02 한국 학교의 모습과 본인 출신국의 학교 모습은 어떤 점이 다릅니까?

 학습목표

1. 한국 교육 제도의 특징을 설명할 수 있다.
2. 한국 초·중등 교육 기관의 종류와 특징을 설명할 수 있다.

 관련 단원 확인하기

영역		제목	관련 내용
기본	교육	11. 고등 교육과 입시	한국의 교육열, 고등 교육 기관, 입학 방법, 고등 교육 기관 유형

01 한국 교육 제도의 특징은 무엇일까?

한국의 교육 제도와 주요 교육 일정(학사 일정)

한국의 초·중등 교육은 초등학교 6년, 중학교 3년, 고등학교 3년으로 구성되며 교육은 무상●으로 제공된다. 이 중 초등학교 6년과 중학교 3년은 의무 교육● 기간이다. 교육 기관은 설립과 운영 주체에 따라 국립(국가), 공립(지방 자치 단체), 사립 학교(법인●이나 개인)가 있다. 집에서 가까운 학교에 배정하는 공립과 달리 국립 또는 사립 교육 기관은 학생을 특정 기준을 두어별도로 선발하거나 추첨을 통해 선발한다. 교육 활동은 1년을 1학기와 2학기로 나누어 운영하는데 1학기는 3월초, 2학기는 8월말~9월초에 시작한다.

학기	행사명	내용	시기
1	입학식(시업식)	새 학년 새 학기가 시작되는 날	3월 첫 평일
	학교 교육 설명회	학부모에게 학교 교육 과정을 소개하는 날	3월
	현장 체험 학습	교실에서 벗어나 야외로 나가 수업하는 날	4월, 10월 등
	운동회(체육 대회)	전교생 또는 학년별 체육 대회를 하는 날	5월 (또는 10월)
	공개 수업의 날	학교 수업을 공개하는 날	학교마다 다름
2	여름 방학식	1학기를 마치고 방학을 맞이하는 날	7월 말
	여름 개학식	2학기를 시작하는 날	8월 말, 9월초
	학습 발표회	1년 동안 학습한 내용을 발표하는 날	11월
	겨울 방학식	겨울 방학을 맞이하는 날	12월말, 1월초
	종업식(졸업식)	학년을 마치는 날	1월~2월

학교 교육 활동

초·중등 교육과정은 크게 교과(국어, 수학, 사회 등)와 창의적 체험 활동(자율, 동아리, 봉사, 진로)으로 구성된다. 초등학교는 1개 차시● 수업이 40분, 중학교는 45분, 고등학교는 50분을 원칙으로 하되 상황에 따라 탄력적●으로 운영할 수 있다. 학교 교육은 교실이나 운동장, 도서관, 강당 등에서 실시되는 수업뿐 아니라 현장 체험 학습(직접 관찰, 답사, 견학 등)으로도 이루어진다. 현장 체험 학습은 각 가정별로도 실시할 수 있으므로 미리 교외● 체험 학습을 신청하면 된다. 정규● 교육 과정 이외에 학생들의 소질 및 적성을 개발하면서 사교육비 부담도 줄일 수 있도록 다양한 '방과● 후 학교 프로그램'을 운영하고 있다.

●무상
비용이나 대가가 없음

●의무 교육
개인이 국가나 사회의 구성원으로서 의무적으로 받아야 하는 교육, 이와 동시에 국가가 그 구성원에게 의무적으로 제공해야 하는 교육. 한국은 의무 교육 기간이 9년이다(초등학교 6년 + 중학교 3년).

●법인
법적으로 권리와 의무를 가지는 조직

●차시
학교 수업의 기본 단위

●탄력적
고정되어 있지 않고 유연하게 변할 수 있음

●교외
학교 밖

●정규
정식으로 된 규정

●방과
그날의 수업을 마침

알아두면 좋아요 외국인 자녀의 학교 입학은 어떻게?

Q. 누구나 학교에 다닐 수 있나요?
헌법과 UN 아동의 권리에 관한 협약에 따라 아동·청소년의 의무 교육을 보장하고 있기 때문에 체류 신분에 관계없이 외국인 학생, 중도입국 학생도 학교 교육을 받을 수 있다.

Q. 학교에 입학하려면 어떤 서류를 챙겨야 하나요?
① 출입국에 관한 사실이나 외국인 등록을 증명할 수 있는 서류(없으면 거주 사실을 확인할 수 있는 서류)
② 학력을 증명할 수 있는 서류(졸업 증명서 또는 재학 사실 증명 서류, 성적 증명서 등) 등

Q. 어떤 학교에 배정되나요?
초·중학교(의무교육)에 해당하는 경우 거주지가 속하는 학군의 관할 학교로 우선 배정됩니다. 거주지 학교군 내의 학교를 방문하여 편입학을 신청하면 학교에서는 서류심사 또는 교과목별 이수인정평가를 실시하여 학년별 결원범위 내에서 편입학을 허용하게 됩니다.

02 한국의 초·중등 교육 기관에는 어떤 것이 있을까?

초등학교 입학과 교육 내용

초등학교는 6세부터 다닐 수 있다. 취학 통지서*는 아동이 입학하기 전 해의 12월에 지역의 행정복지센터에서 집으로 보내준다. 여기에는 아동이 입학하게 될 집 근처의 학교 이름과 주소, 예비 소집일*, 입학식에 대한 정보가 담겨있다. 아동의 성장 상태, 학업 능력 등 개인차에 따라 1년 먼저 입학하거나 1년 연기할 수도 있다.

▲ 초등학교 입학식

초등학교에서 배우는 내용은 일상생활과 기초적인 학습에 필요한 읽기, 쓰기, 셈하기 능력 기르기, 기본적인 지식 배우기, 올바른 생활 습관 갖기 등에 초점을 둔다. 학교에서는 학부모에게 각종 교육 정보를 가정 통신문이나 알림장을 통해 안내한다. 학기가 종료되는 시점에는 학생들의 출석과 결석 상황, 교과 학습 발달 상황, 행동 특성 및 종합 의견 등을 기록하여 학부모에게 생활 통지표를 배부한다.

- **취학 통지서**
어린이가 학교에 들어가는 것을 허락하거나 알리는 문서

- **예비 소집일**
입학 등록을 하는 날로 취학 통지서를 챙겨야 한다.

중·고등학교 입학과 교육 내용

중학교는 크게 일반 중학교와 특성화 중학교(체육, 예술, 국제중)로 구분된다. 일반 중학교에 진학하는 경우 보통 집에서 가까운 학교에 배정*되며 특정 분야의 재능이 있는 학생을 교육하는 특성화 중학교는 별도의 과정을 거쳐 선발한다. 중학교 교육 과정은 중학생의 학습과 일상생활에 필요한 기본 능력, 민주 시민으로서 갖추어야 할 지식과 기능 등을 다룬다. 중학교 3년 중 한 학기는 자유학기제로 운영된다. 이 기간에는 중간·기말고사를 보지 않고, 토론·실습 위주의 참여형 수업과 직장 체험 활동 같은 진로 탐색 교육을 받도록 한다.

중학교를 졸업하거나 검정고시*와 같이 중학교 학력을 인정받는 시험에 합격한 사람은 고등학교에 입학할 수 있다. 고등학교는 크게 일반 고등학교와 특수 목적 고등학교, 특성화 고등학교, 자율형 고등학교 등으로 구분된다. 고등학교 교육 과정은 중학교 교육의 성과를 바탕으로 학생의 적성과 소질에 맞는 진로 개척 능력과 세계 시민으로서의 자질을 함양*하는 데 중점을 둔다. 그래서 학생이 진로·적성에 따라 원하는 과목을 수강하여 학점을 취득하고, 누적 학점이 기준에 도달한 경우 졸업하는 고교학점제*가 운영되고 있다.

- **배정**
나누어 정함

- **검정고시**
어떤 자격에 필요한 지식, 학력, 기술 등이 있는지 검사하기 위해 실시하는 시험

- **함양**
능력이나 품성 등을 길러 갖춤

- **고교학점제**
2024년까지는 부분적으로 도입, 2025년부터는 전체 고등학교에 시행될 예정이다.

알아두면 좋아요 개인 맞춤형 학습을 지원하는 온라인 학교

온라인 학교는 시간제 수업을 개설하여 제공하는 새로운 형태의 학교로 현재 일부 교육청에서 설립 중에 있으며, 앞으로 점차 확대될 예정이다. 소속 학교에 개설되지 않아 학생들이 들을 수 없는 과목들을 개설하여 운영함으로써, 자신의 적성과 진로에 맞는 다양한 수업을 들을 수 있도록 한다.

실시간 쌍방향 원격 수업으로 운영하거나 과목의 특성에 따라 대면 수업을 진행하기도 하며 최신 디지털 기술을 적극 도입하여 온라인상에서도 활발한 상호작용이나 협력 수업이 이루어 질 수 있도록 할 예정이다.

주요 내용정리

01 한국 교육 제도의 특징은 무엇일까?

- 한국의 초·중등 교육 과정은 초등학교 (   )년, 중학교 (   )년, 고등학교 (   )년으로 구성된다.
- 초등학교 6년과 중학교 3년은 (   ) 기간으로 무상 교육이 제공된다.
- 각 학년은 1학기와 2학기로 구성되며, 1학기 시작은 매년 (   )월이다.
- 교육 기관은 국가에서 설립하여 운영하는 (   ) 학교, 지방자치단체에서 설립하여 운영하는 (   ) 학교, 개인이나 법인이 설립하여 운영하는 사립 학교로 구분된다.
- 교육 과정은 교과와 (   ) 으로 구성되며 교육은 교실에서 뿐만 아니라 직접 체험하며 효과적으로 학습할 수 있도록 (   ) 으로도 이루어진다.
- (   ) 프로그램은 정규 교육 과정 이외에 학교에서 다양한 형태의 프로그램을 운영하는 것이다.

02 한국의 초·중등 교육 기관에는 어떤 것이 있을까?

- 초등학교 입학은 (   )세부터 가능하고, 입학 시기를 조정하고자 할 경우 행정복지센터에 미리 신청 서류를 제출해야 한다.
- 중학교 3년 과정 중 1년은 중간·기말고사를 보지 않고, 토론·실습 위주의 참여형 수업과 직장 체험 활동 같은 진로 탐색 교육을 받도록 하는 (   )로 운영된다.
- 고등학교는 일반 고등학교, 특수 목적 고등학교, 특성화 고등학교, 자율형 고등학교 등으로 구분된다.

 ## 이야기 나누기

[한국에서도 홈스쿨링을?]

홈스쿨링은 학교에 가는 대신에 집에서 부모 등을 통해 교육을 받는 재택 교육을 말한다. 일부 부모들은 학교 교육이 개별 아이의 특성과 능력에 맞추기 어렵다고 보고 홈스쿨링을 실시하는데 최근 한국에도 홈스쿨링을 실시하는 가정이 늘어나고 있다. 자녀 교육을 더 잘 하고자 하는 좋은 의도에서 실시하는 것이기는 하지만 법적으로는 의무 교육을 위반한  것이라서 100만 원 이하의 과태료를 낼 수도 있다. 전문가들은 홈스쿨링이 각 아이에게 맞는 수업을 할 수 있는 좋은 방법이 될 수 있기는 하지만, 다른 한편으로 사회적 관계 형성에 다소 어려움을 겪거나 아동이 방치될 수도 있다는 점에서 보완이 필요하다고 말한다.

★ 홈스쿨링에 대한 본인의 생각(찬성, 반대, 유의점 등)을 이야기 해 봅시다.

고등 교육과 입시

 생각해 봅시다

한국에서는 수능이나 중요한 시험을 보는 사람들에게 시험을 잘 보라는 의미로 보통 아래와 같은 선물을 건넵니다.

01 각 선물의 의미는 무엇이라고 생각합니까?

02 자신의 고향 나라에서는 시험을 잘 보라는 의미로 어떤 선물을 건넵니까?

 학습목표

1. 한국 입시 제도의 특징을 설명할 수 있다.
2. 한국 고등 교육 기관의 종류와 특징을 설명할 수 있다.

 관련 단원 확인하기

영역		제목	관련 내용
기본	교육	10. 초·중등 교육	교육 제도, 초·중등 교육 기관

01 한국은 왜 대학 진학률이 높을까?

한국의 교육열

한국은 교육열*이 매우 높은 나라로 꼽히고 있다. 한국의 높은 교육열은 우수한 인재*를 많이 길러내 한국 경제가 짧은 기간에 빠르게 성장하도록 하는 데에 이바지했다는 평가를 받고 있다.

중학교 진학률*과 고등학교 진학률은 거의 100%이며, 대학 진학률도 70%를 넘었다. 한국의 대학 진학률은 경제협력개발기구(OECD) 평균(약 40%)에 비해 훨씬

▲ 상급학교진학률 현황(한국교육개발원, 교육통계 분석자료집)
고등학교에서 대학교 진학률이 70%

높다. 학력은 사회적 지위*를 끌어올릴 수 있는 중요한 방법 중 하나로 인식되며 특히 대학을 졸업해야 취업이나 결혼 등에 유리하다고 생각하는 경향이 많다. 그래서 좋은 대학에 들어가기 위한 경쟁이 치열한데 이에 따라 입시 스트레스나 사교육*비 지출 부담이 높은 편이다.

대학 입학 방법

대학에 진학하고자 할 때는 학교 생활 기록부*를 중심으로 하는 수시* 모집에 지원하거나 대학 수학 능력 시험에 응시하여 나온 결과인 수능 성적을 중심으로 하는 정시 모집에 지원할 수 있다. 대학 수학 능력 시험은 고등학교 졸업 예정자나 졸업자 및 이에 해당하는 학력을 가진 사람이면 누구나 볼 수 있고 매년 11월에 실시되며 대학 진학을 위해 치러야 하는 가장 중요한 시험이라고 할 수 있다.

대학교마다 학생 선발 방법이 다르므로 학생은 각 대학에서 제시한 모집 요강*을 살펴보고 지원을 해야 한다. 일부 대학에서는 '다문화 가정 자녀'를 지원 조건으로 하여 선발하는 경우도 있으며 재외국민*, 외국인, 결혼 이주민인 경우에는 '재외국민 및 외국인 특별 전형'에 응시할 수 있다.

● **교육열**
교육에 대한 열정이나 의지, 노력

● **인재**
어떤 일을 할 수 있는 능력을 갖춘 사람

● **진학률**
전체 졸업생 중 상급학교에 들어가는 학생의 비율

● **사회적 지위**
개인이 사회 구조 속에서 차지하는 위치

● **사교육**
공교육(학교 교육)을 보충하기 위하여 학교 교육 밖에서 하는 교육(학원, 과외 등)

● **학교 생활 기록부**
학생이 초중고 학교에서 어떻게 생활하면서 성장하고 변화했는지를 기록한 문서. 학생의 출석, 결석, 친구 관계, 봉사 활동, 성적 등이 종합적으로 기록되어 있다.

● **수시**
특별히 정해진 시기가 없이 상황에 따라 시기를 정함.

● **모집 요강**
사람 등을 뽑기 위하여 알리는 내용

● **재외국민**
국외에 거주하고 있으나 국적을 유지하고 있는 국민

알아두면 좋아요 대학생 멘토링과 이중 언어 학습 지원

각 시·도 교육청에서는 대학생과 학생을 연결하여 학생의 학교적응과 기초 학습을 지원하는 대학생 멘토링 제도를 운영하고 있다. 대학생 멘토가 멘티 학생이 재학중인 학교를 방문하여 방과 후 또는 방학 동안 학습을 도와준다. 주당 20시간(방학 중에는 주당 40시간) 정도 멘토링을 받을 수 있다. 또한 이중 언어 학습을 장려하기 위하여 다문화가족지원센터에서 이중 언어 환경 조성 프로그램 및 이중 언어 교재를 개발하여 보급하고 있으며 교육부와 각 시도 교육청에서 매년 '이중 언어 말하기 대회'를 개최하고 있다.

▲ 이중 언어 말하기 대회

02 한국의 고등 교육 기관에는 어떤 것이 있을까?

고등 교육 기관 유형

• **학위**
어떤 부문의 학문을 전문적으로 익히고 공부하여 일정한 수준에 오른 사람에게 대학에서 주는 자격. 학사, 석사, 박사가 있다.

한국의 고등 교육 기관으로는 대학교와 대학원이 있다. 대학교에서는 학사 학위를, 대학원에서는 석사 학위•와 박사학위를 받을 수 있다.

대학교에는 4년제 종합대학교, 교육대학교, 전문대학교, 방송통신대학교, 사이버대학교, 기술대학교 등이 있다. 4년제 종합대학교는 인문학•, 사회과학, 법학, 자연과학, 공학, 의학 등 다양한 분야의 학문을 교육하고 연구하는 종합적인 고등 교육 기관이다. 교육대학교는 초등학교 교원을 양성할 목적으로 설립된 4년제 대학교이다.

• **인문학**
언어, 문학, 역사, 철학 등을 연구하는 학문

전문대학교는 일반적으로 2~3년제이며 제빵, 간호, 기술 등 직업과 관련된 전문 기술을 가르쳐 전문 직업인을 양성한다. 한편, 방송이나 인터넷 등을 통해 공부하는 방송통신대학교나 사이버대학교 등도 인기가 높다. 방송통신대학교는 4년제 국립대학교이고 사이버대학교는 2~4년제 사립대학교이다. 이외에 산업체• 근로자가 회사에 근무하면서 전문적인 지식·기술을 교육 받을 수 있는 기술대학교도 있다.

• **산업체**
생산하는 업체

대학원

대학교 졸업 후 전문적인 학문이나 기술을 더 연구하고 싶은 경우 대학원에 진학한다. 대학원 과정은 석사 과정과 박사 과정으로 구성된다. 각각 2~3년 정도씩 공부한 후 논문 제출 자격 종합 시험에 합격하고, 논문이 통과되면 석사학위, 박사학위를 얻게 된다. 특히 박사학위를 받은 사람은 그 분야의 전문가로 인정받는다.

기초 학문 연구와 교육을 주로 하는 일반대학원과 경영대학원·교육대학원·행정대학원·통역대학원·환경대학원 등 특정 분야의 연구와 교육을 하는 전문대학원, 직업인 또는 일반 성인의 계속 교육을 위하여 주로 야간에 수업을 진행하여 직장인의 전문성• 확보를 지원하는 특수대학원이 있다.

• **전문성**
어떤 영역에서 보통 수준 이상의 수행 능력을 보이는 것

4년제 종합대학교, 교육대학교 등에는 석·박사학위를 수여하는 대학원을 두고 있다. 방송통신대학교나 사이버대학교 대학원에서도 석사학위 취득이 가능하다.

알아두면 좋아요 **국내 대학에 재학 중인 외국인 유학생의 비율은?**

최근 몇 년간 한국 내 대학의 외국인 유학생 비율은 점점 늘어나고 있는 추세이다. 한국교육개발원이 제공하는 교육통계서비스에 의하면 한국에 체류하는 외국인 유학생 숫자는 15만 명을 훌쩍 넘어섰다(2023 기준). 단기 어학연수나 교환 학생이 아니라 정규 학위 과정에 등록한 학생도 8만 명 이상이다. 유학생의 출신 국가를 살펴보면 중국, 베트남, 몽골, 우즈베키스탄, 일본, 미국 순으로 많다. 이에 따라 외국인 유학생을 위한 숙소와 학비 지원, 각종 문화 행사 지원 등과 같은 정책도 실시되고 있다.

구분	1995년	2005년	2010년	2015년	2020년	2023년
유학생수	1,983	22,526	83,843	91,332	153,695	181,842

▲ 외국인 유학생 증가현황
연도별 외국인 유학생 수(교육통계서비스, 2023)

주요 내용정리

01 한국은 왜 대학 진학률이 높을까?

- 한국에서는 (   )이 사회적 지위를 끌어올릴 수 있는 중요한 방법의 하나로 인식되고 있다. 특히 대학을 졸업해야 취업이나 결혼 등에 유리하다고 생각하는 경향이 많다.
- 좋은 대학에 진학하기 위한 (   )이 치열하여 입시 스트레스나 사교육비 지출 부담이 높은 편이다.
- 대학에 진학하고자 할 때는 (   )모집이나 (   )모집에 지원한다.

02 한국의 고등 교육 기관에는 어떤 것이 있을까?

- 한국의 고등 교육 기관으로는 (   )와 (   )이 있다. 대학교에서는 (   )학위를, 대학원에서는 석사학위와 (   )학위를 받을 수 있다.
- 최근에는 학교에 출석하지 않고 방송이나 (   ) 등을 통해 공부하는 방송통신대학교나 (   ) 대학교에 대한 인기가 높다.
- 대학교에서 배운 지식을 토대로 전문적인 학문이나 기술을 더 연구하고 싶은 경우 (   )에 진학한다.

 ## 이야기 나누기

[한국 수능 날의 풍경]

해외 언론들은 대학수학능력시험 날 학생들에게 조용한 환경과 편의 제공을 위해 정부·기업·시민들이 힘을 모아 애쓰는 풍경을 흥미롭게 보도했다. 영국의 텔레그래프는 "학생들이 시험장으로 향할 때 교통 체증을 겪지 않도록 정부기관과 대기업의 직원들은 대부분 평소보다 한 시간 늦게 출근하고, 국방부는 시험 중 공군 비행이나 육군의 대규모 포격 훈련이 없도록 확인한다"며 "국토교통부는 학생들이 영어 듣기 시험을 치르는 40분 간 한국 내 공항에서 항공기의 이착륙을 금지하기도 한다."고 보도했다. 미국의 ABC 뉴스도 수능 날 아침 "고등학교 1, 2학년

▲ 시험에 지각한 수험생을 수송하고 안내하는 경찰
(사진 출처: 〈연합뉴스〉)

학생들은 시험장 앞에서 따뜻한 커피와 과자를 나눠주고, 선배들을 응원한다."며 학생들만의 독특한 문화를 소개했다. 이어 "교회와 절은 자식들이 시험을 잘 치르기를 기도하는 부모들로 가득하다."며 조계사의 모습을 담은 사진을 게재했다.

[출처] 뉴시스 (2018. 11. 01)

★ 자신의 고향 나라와 한국의 교육열, 입시 문화를 비교하여 이야기해 봅시다.

12 교육 평생 교육

 생각해 봅시다

우리 주변에는 다양한 교육 프로그램을 제공하는 기관이 있습니다.

01 사진에 제시된 프로그램과 관련된 경험이 있습니까? 혹은 주변에서 배우는 사람을 본 적이 있습니까?

02 앞으로 한국에서 배워 보고 싶은 분야와 그 이유는 무엇입니까?

 학습목표

1. 평생 교육과 평생 교육 기관에 대해 설명할 수 있다.
2. 이주민을 위한 교육 기관과 프로그램을 설명할 수 있다.

 관련 단원 확인하기

영역		제목	관련 내용
심화	역사	8. 사회 변동	저출산 현상, 고령화 사회

01 평생 교육이란 무엇일까?

평생 교육의 의미와 영역

학교 교육을 모두 마치고 직장 생활을 하면서 또는 은퇴를 한 이후에도 공부를 계속하는 사람이 많다. 4차 산업혁명*과 같은 급속한 사회 변화에 대응하고 늘어나는 기대 수명*에 맞추어 자아실현을 하기 위해서는 새로운 지식이나 기술을 배울 필요

영역	내용
기초 문해* 교육	문자를 읽고 쓰고 셈하는 기초 능력
학력 보완* 교육	경제적인 사정 등으로 정규 학교에 진학하지 못한 성인이나 소외 계층*에게 학습 기회 제공
직업 능력 교육	근로자의 직무 능력을 향상시키거나 실업자의 취업이나 창업 지원
문화 예술 교육	음악, 미술, 스포츠 등
인문 교양 교육	경제, 경영, 외국어, 컴퓨터 등
시민 참여 교육	시민성 함양

▶평생 교육 6대 영역

가 있기 때문이다. 이처럼 나이나 상황에 관계없이 본인이 관심을 가지거나 필요로 하는 분야에 대해 계속 공부하는 것을 평생 교육이라고 한다.

한국 성인의 평생 학습 참여율은 2022년 28.5%, 2023년 32.3%(한국교육개발원, 2024)로 성인 10명 중 4.3명의 성인이 평생학습에 참여하고 있는 것으로 나타났다. 직장인, 주부, 노년층, 외국인 주민, 장애인, 북한 이탈 주민 등 대상에 따라 적절한 평생 교육 프로그램이 운영되고 있다.

평생 교육 기관과 지원 제도

평생 교육은 국가평생 교육진흥원 및 시·도 평생 교육진흥원, 시·군·구 평생 학습관, 학교 부설 평생 교육원외에도 행정복지센터, 도서관, 문화 시설, 박물관, 사회 복지관, 노인 복지관, 장애인 복지관, 청소년 수련 시설 등에서 실시되고 있다. 지역 주민이 자유롭게 참여할 수 있는 다양한 평생 교육 프로그램이 개설되어 있고, 수강료도 비교적 저렴한 편이다. 최근에는 인터넷 등 미디어를 이용한 평생 교육도 늘어나고 있다.

이러한 다양한 평생 학습 경험은 온라인 학습 계좌에서 누적·관리할 수 있는데 이를 학력·자격 인정이나 고용 정보로 활용할 수 있도록 하는 평생 학습 계좌제*가 운영되고 있다. 이 외 소외 계층*을 대상으로 평생 교육에 필요한 비용의 일부를 국가가 지원하는 평생 교육 바우처* 제도가 있으며 평생 교육 종합 정보 시스템인 평생 학습 포털에서는 개인 맞춤형 평생 학습 서비스를 제공한다.

●4차 산업혁명
첨단 정보통신기술이 경제·사회 전반에 융합되어 혁신적인 변화가 나타나는 차세대 산업 혁명

●기대 수명
출생한 사람이 출생 이후 생존할 것으로 예상되는 기간

●문해
문자를 읽고 쓸 수 있는 일 또는 그러한 일을 할 수 있는 능력

●보완
모자라거나 부족한 것을 보충하여 완전하게 함

●평생 학습 계좌제 누리집
http://www.all.go.kr

●소외 계층
사회의 여러 정책이나 시설의 혜택을 받지 못하여 도움이 필요한 계층(저소득층, 장애인 등)

●평생 교육 바우처 지원
https://www.lllcard.kr

알아두면 좋아요 평생 교육에 대한 모든 정보는 여기로: 늘 배움

국가평생학습포털 늘배움(www.lifelongedu.go.kr)은 누구나, 언제, 어디서나 원하는 평생 학습 정보를 이용할 수 있는 평생 교육 종합 정보 시스템이다. 그동안의 평생 교육은 오프라인 프로그램 중심으로 운영되어 수요자 요구에 부합하는 체계적이고 종합적인 평생 학습 지원에는 한계가 있었다. 평생 학습 참여 기회가 부족한 소외 계층이나 평생 교육 기반이 부족한 지역 주민을 포함하여 전 국민이 시간과 공간의 제약 없이 평생 학습을 가까이에서 누릴 수 있도록 전국 평생 교육 강좌 및 기관 정보뿐만 아니라 온라인을 통한 학습이 가능하도록 양질의 온라인 교육 콘텐츠를 제공한다.

02 이주민을 위한 교육에는 무엇이 있을까?

이주민 적응과 정착을 지원하는 교육

• 사회통합정보망(soci-net)
사회통합프로그램, 국제결혼 안내 프로그램, 결혼 이민자 조기 적응 프로그램 등에 대하여 자세하게 안내하고 있으며, 누리집을 통해 원하는 교육과정에 직접 참여 신청을 할 수 있다.
사회통합정보망(www.socinet.go.kr) 접속 → 회원가입 → 과정 신청/평가 신청은 별도 누리집(www.kiiptest.org)

이주민의 한국 사회 적응을 돕기 위한 교육 서비스도 확대되고 있다. 대표적으로는 이민자 조기 적응 프로그램과 사회통합프로그램(KIIP)이 있다. 이민자 조기 적응 프로그램은 국제결혼을 통해 처음 입국하는 새내기 결혼 이민자를 대상으로 기초 생활 정보, 상호 문화 이해(부부 교육), 체류 절차 등 한국 생활에 필요한 각종 정보를 제공한다.

사회통합프로그램은 국내 이민자가 한국 사회의 능동적인 구성원으로 적응하고 자립할 수 있도록 지원하기 위하여 법무부 장관이 인정하는 교육 과정(한국어와 한국 문화 및 한국 사회 이해)을 이수한 이민자에게 체류 허가나 국적 취득 시 혜택을 주는 제도이다.

또한, 중도 입국 청소년과 외국인 학생을 위한 교육 지원으로 다문화 학생 언어 발달 지원 및 다문화 가정 방문 교육, 다문화 학생의 정체성 회복 및 사회성 함양 지원, 직업 훈련을 통한 이주 배경 청소년의 자립 지원, 중도 입국 학생 개인별 특성에 맞춘 맞춤형 서비스 지원 등이 있다.

이주민 직업 관련 교육

• 창업
사업 등을 처음으로 이루어 시작함

고용노동부에서는 취업이나 창업•을 원하는 사람이 직업 교육을 받을 수 있도록 내일배움카드를 발급하여 지원하고 있다. 컴퓨터, 웹디자인, 네일아트, 피부미용, 바리스타, 제과제빵, 요리 등 취업을 위한 다양한 교육을 받을 수 있다. 고용 보험에 가입한 적이 있는 외국인 또는 고용 보험에 가입한 적이 없더라도 결혼 이민자인 경우에는 교육비를 지원받을 수 있다.

▲ 이주민을 위한 원목 공예수업

• 재정착
일정한 곳에 다시 자리를 잡아 머물러 삶

이외에도 한국산업인력공단 외국인고용지원센터에서는 체류 기간이 끝나도 한국에 안정적으로 재정착•할 수 있도록 입국 후 3년 이상 된 외국인근로자를 대상으로 자동차 정비, 중장비 운전, 용접, 전기·전자, 한식 조리, 제과제빵 등의 직업 훈련 프로그램을 지원하고 있다.

알아두면 좋아요 학점 은행제와 독학 학위제

학점 은행제는 학교 밖에서 이루어지는 다양한 형태의 학습 및 자격을 학점으로 인정받고, 학점이 누적되어 일정 기준을 충족하면 학위 취득이 가능한 제도이다. 학사 학위는 전공 및 교양 학점을 포함하여 140학점 이상, 전문 학사는 전공 및 교양 학점을 포함하여 80학점 이상(3년제는 120학점 이상)의 학점을 인정받고 법적 요건을 충족할 경우 학위를 취득할 수 있다. (학점은행제 : http://www.cb.or.kr)

독학 학위제는 국가에서 실시하는 학위 취득 시험에 합격한 사람에게 학사 학위를 수여하는 제도이다. 국문학, 영문학, 심리학, 경영학 등 11개 전공 분야가 있다. (독학 학위제 : https://bdes.nile.or.kr)

주요 내용정리

01 평생 교육이란 무엇일까?

- 나이나 상황에 관계없이 본인이 관심을 가지거나 필요로 하는 분야에 대해 계속 공부하는 것을 (　　　　)이라고 한다.
- 최근에는 온라인을 활용한 (　　　) 평생 교육이 증가하고 있다.
- 평생 학습 경험을 온라인 학습 계좌에서 누적·관리할 수 있는 (　　　　　　), 소외 계층을 대상으로 평생 교육에 필요한 비용의 일부를 지원하는 (　　　)제도, 평생 교육 종합 정보 시스템인 (　　　　　)이 운영되고 있다.

02 이주민을 위한 교육에는 무엇이 있을까?

- 이주민의 한국 사회 적응을 돕기 위한 대표적인 교육으로는 이민자 조기 적응 프로그램과 (　　　　　　　　)이 있다.
- 고용노동부에서는 취업이나 창업을 희망하는 사람에게 직업에 필요한 기술과 기능을 익힐 수 있는 교육을 받을 수 있도록 (　　　　　)를 발급하여 지원하고 있다.
- (　　　　) 가입 이력이 있는 외국인이나 (　　　　)도 취업을 위한 교육 지원을 받을 수 있다.

 ## 이야기 나누기

[대학의 우수한 강좌를 집에서 들어보자]

MOOC는 수강 인원에 제한 없이(Massive), 모든 사람이 수강 가능하며(Open), 웹 기반으로(Online) 미리 정의된 학습 목표를 위해 구성된 강좌(Course)를 의미한다.

▶ K-MOOC

교수-학생 간 질문과 응답, 토론, 퀴즈, 과제 피드백 등의 학습 관리, 학습 커뮤니티 운영 등 교수-학습자 간, 학습자-학습자 간 양방향 학습이 가능하다는 특징을 가지고 있다. 한국형 무크(K-MOOC)도 대학 수준의 강의를 온라인으로 무료 제공해 국민의 지식 공유에 기여한다는 목적에서 교육부와 국가평생교육진흥원이 2015년에 서비스를 시작했다. 지속적인 규모 확대로 169개 이상의 대학(단체)들이 참여하여 1800여 개 이상의 강좌를 제공하고 있다. 그동안 이용자 수도 꾸준히 늘어 2023년 1월 기준 케이무크 회원 가입자 수는 116만 명, 수강 신청자 수는 281만 명을 돌파했다.

[출처] 대한민국 정책브리핑(www.korea.kr) 2023.01.31. 기사

★ 본인이 관심을 갖고 있거나 직업상 필요한 분야의 강의는 무엇인지 이야기해 봅시다.

대단원 정리

한국의 교육	초·중·고 운영 교과와 창의적 체험 활동을 구성, 방과 후 학교 운영. 1학기는 3월 초 2학기는 8-9월 시작	초등학교 6년, 6세부터 입학, 취학 통지서, 기초 능력 기본 생활 습관과 바른 인성 함양에 중점
출산 지원 산모의 건강 관리와 출산에 필요한 비용 지원	유치원 3세부터 5세까지 유아들이 다니는 교육부 관할 교육기관	중학교 3년, 자유 학년제, 기본 능력 및 민주 시민으로서 갖추어야 할 내용 다룸
보육 지원 어린이집이나 유치원 다니는 영유아 (0-5세): 보육비 집에서 양육하는 경우: 양육수당	어린이집 0세부터 5세 아이들의 보육과 교육 담당. 보건복지부 관할 보육기관	고등학교 3년, 진로 개척 능력과 세계 시민으로서의 자질 함양

QUIZ 한국 초등학교와 관련 있는 정답 단어 4개를 조합하여 퀴즈의 정답을 찾아보세요.
퀴즈: 세계에서 바다와 가장 가까이 있는 한국의 기차역 이름은?

초등 관련	정답단어	초등 관련	정답단어
자유 학년	부	알림장	역
3년	목	수능	강
6년	정	수시 모집	포
양육 수당	산	특성화 중	서
45분	울	40분	동
취학 통지서	진	입시	릉

단원 종합 평가

01 〈보기〉에서 설명하는 것은 무엇인가?

| 〈보기〉 |

- 관찰, 답사, 견학 등
- 가족과 함께 실시하는 것도 가능
- 미리 학교에 신청하면 출석으로 인정받음.

① 공개 수업　　　　② 학습 발표회　　　　③ 현장 체험 학습　　　　④ 창의적 체험 활동

02 한국 교육에 관한 설명으로 옳은 것을 〈보기〉에서 모두 고른 것은?

| 〈보기〉 |

ㄱ. 한국의 교육열은 높지 않다.
ㄴ. 대학 진학률이 높은 편이다.
ㄷ. 학력이 취업, 결혼 등에 유리하다고 생각하는 경향이 많다.
ㄹ. 대학 진학 경쟁이 치열하여 사교육비 지출이 줄어들고 있다.

① ㄱ, ㄷ　　　　② ㄱ, ㄹ　　　　③ ㄴ, ㄷ　　　　④ ㄷ, ㄹ

03 다음 중 보육료 지원 제도와 관련이 깊은 것은?

① 보건 수당　　　　② 양육 수당　　　　③ 배움 카드　　　　④ 보건소 서비스

04 다음 중 평생 교육과 관련 있는 것이 <u>아닌</u> 것은?

① 자유 학년제　　　　② 독학 학위제　　　　③ 평생 학습 계좌제　　　　④ 평생 교육 바우처 지원

05 한국 교육 제도에 대한 설명으로 옳지 <u>않은</u> 것은?

① 초등학교와 중학교는 의무 교육 기간이다.
② 1학기는 8월말~9월초, 2학기는 3월초에 시작한다.
③ 운영 주체에 따라 국립, 공립, 사립 학교로 구분된다.
④ 초등학교 6년, 중학교 3년, 고등학교 3년으로 구성된다.

06 〈보기〉의 ㉠, ㉡에서 설명하는 제도로 옳은 것은?

| 〈보기〉 |

㉠ 학교생활기록부, 논술이나 실기를 중심으로 대학에 지원하는 방법이다.
㉡ 법무부가 인정하는 교육 과정을 이수한 이민자에게 체류 허가나 국적 취득 시 혜택을 주는 제도이다.

	㉠	㉡		㉠	㉡
①	수시 모집	사회통합프로그램	②	수시 모집	이민자조기적응프로그램
③	정시 모집	사회통합프로그램	④	정시 모집	이민자조기적응프로그램

다문화 학생을 위한 교육 기관

시·도 교육청 또는 다문화 교육포털(www.nime.or.kr)을 통해 거주 지역의 다문화 유치원, 다문화 예비학교, 다문화 중점 학교 등에 대한 현황을 확인할 수 있다.

경상남도 다문화유치원 현황

THÔNG BÁO TRƯỜNG HỌC DỰ BỊ ĐA VĂN HÓA
TRƯỜNG TRUNG HỌC CƠ SỞ YANGPYEONG

경기도 양평중 다문화 예비학교 안내문(베트남어)

다문화 유치원

다문화 유아를 위한 언어 및 기초 학습 등 맞춤형 교육을 지원하고, 모든 유아와 학부모를 대상으로 다문화 이해 교육 프로그램을 운영한다.

다문화 예비학교

중도 입국한 국제 결혼 가정 자녀 학생이나 외국인 학생의 경우, 부족한 한국어 실력 등의 이유로 바로 일반 학교로 진학하는 데 어려움을 겪을 수 있다. 이러한 다문화 학생들의 학교 적응을 돕기 위해 한국어 및 한국 문화를 집중 교육하는 다문화 예비 학교가 운영되고 있다.

청도 교육지원청 제공
http://www.dkilbo.com/news/articleView.
html?idxno=152418

다문화 대안학교인 지구촌 학교 신입생 모집 안내

다문화 중점 학교

일반 학교 중 다문화 학생들이 다수 재학하고 있는 학교를 다문화 중점 학교로 지정하여, 모든 학생을 대상으로 다문화 인식 제고 등 다문화 친화적 교육프로그램을 기획·운영하고 있다.

다문화 학생을 위한 대안 학교

학업을 중단하거나 개인적 특성에 맞는 교육을 원하는 다문화 학생을 위한 학력 인정 대안학교가 운영되고 있다. 한국어, 영어, 제2외국어를 동시에 배우는 다중 언어 특화 교육 실시하고 있는 지구촌학교, 취업 능력 향상을 위한 직업 교육을 실시하고 있는 서울다솜관광고등학교, 한국폴리텍다솜고등학교, 다양한 특성화 프로그램(학력 신장, 진로 과정, 체험 활동)을 운영하고 있는 인천한누리학교 등이 있다.

책도 읽고 체험도 하는 별별 도서관

숲 속의 열린 도서관

삼청공원 숲속도서관
서울시 종로구 북촌로 134-3 / 02-734-3900

도심에서 살짝 벗어난 이곳은 **피톤치드 뿜뿜!**
도서관 맞은편 '**유아 숲 체험장**'에서 뛰어놀며,
자연과 함께 독서해봐요.

-2-

별도 보고 책도 보고!

의정부 과학도서관
의정부시 추동로 124번길 52 / 031-828-8670

과학꿈나무들은 모두 여기로!
과학 도서는 물론 야간관측, 4D 체험까지
할 수 있는 과학도서관에서 꿈을 키워봐요.

-3-

시골마을 속 책놀이터

농부네 텃밭 도서관
광양시 진상면 청도길 19-7 / 010-7172-5025

독서는 기본! 마당 위를 **짚라인**으로 날아다니고,
작은 연못에서 **줄 배**도 타는 신나는 도서관입니다!

-4-

글이 샘솟는 집

문정헌
경북 경주시 태종로 755 / 054-742-6070

고분들 사이 고즈넉한 **한옥 도서관**,
신라시대의 정취를 느끼며
낭만적인 독서여행을 떠나보세요!

-5-

제 3 편

문화

 생각해 봅시다

다음은 일상생활에서 종종 실수하는 높임말과 관련된 표현입니다.

틀린 표현 (X)	올바른 표현 (O)
사장님, 밥 먹었어?	사장님, 식사하셨어요?
시어머니께서 오시는 중이시다.	시어머니께서 오시는 중이다.
선생님 옷이 예쁘세요.	선생님 옷이 예뻐요.

01 한국에서 높임말을 사용하면서 실수했던 경험이 있습니까?

02 한국에서 높임말을 배울 때 어떤 점이 어려웠습니까?

 학습목표

1. 한국의 전통 가치인 효와 예절의 특징을 설명할 수 있다.
2. 한국에서 공동체와 연고를 중시하는 이유를 설명할 수 있다.

 관련 단원 확인하기

영역		제목	관련 내용
기본	문화	15. 의례	한국의 대표적인 의례
		16. 명절	설날과 추석

01 효와 예절은 무엇일까?

한국의 효(孝)

한국 사회가 그동안 많은 변화를 겪어 왔지만, 전통적으로 이어져 온 가치와 문화는 지금도 한국인의 일상생활에 많은 영향을 끼치고 있다. 그 대표적인 예로 효와 예절을 꼽을 수 있다.

▲ 지하철에서 노인에게 자리를 양보하는 모습

유교• 문화의 영향을 받은 한국에서는 부모를 잘 섬기고 기쁘게 해 드리고자 하는 효를 중시한다. 자녀가 성장하면서 취직, 결혼 등으로 부모와 떨어져 지내는 경우가 많지만, 명절이나 부모의 생일이 되면 자녀가 부모를 직접 찾아뵙는다. 이러한 문화는 효에서 비롯된 것이다. 효는 살아계신 부모뿐 아니라 돌아가신 조상•에게도 적용된다. 그래서 많은 사람들이 명절이면 조상의 묘나 봉안당•을 찾아 추모•한다. 효는 다른 웃어른을 존중하고 공경•하는 행동으로 이어지기도 한다.

한국에서는 버스나 지하철에서 노인에게 자리를 양보하거나 노인의 무거운 짐을 함께 들어주는 모습을 자주 볼 수 있다. 이는 웃어른을 공손히 모시고자 하는 유교 문화가 지금까지 이어져 오고 있음을 보여주는 사례이다.

• 유교
중국 공자의 가르침을 기본으로 하는 유학을 종교적으로 표현한 말

• 조상
이미 돌아가신, 부모 위의 어른

• 봉안당(납골당)
죽은 사람의 유골(시신을 태우고 남은 뼈)을 보관해 두는 곳

• 추모
죽은 사람을 그리워함

• 공경
공손히 받들어 모심

한국의 예절

한국인은 다른 사람과의 관계에서 예절을 중요하게 여긴다. 예절은 다른 사람을 대할 때 존중하는 마음을 담은 말투나 행동을 가리킨다.

일반적으로 웃어른과 인사를 나눌 때는 고개를 숙여 인사한다. 웃어른과 식사할 때는 웃어른이 먼저 수저를 들 때까지 잠시 기다린다. 웃어른에게 물건을 건네거나 받을 때는 두 손으로 주고받는다. 명절이나 결혼식 등과 같은 날에는 부모를 비롯한 웃어른께 절을 한다.

예절은 웃어른을 대할 때만 필요한 것은 아니다. 어떤 사람을 처음 만났거나 공적•인 자리에서는 각자의 지위나 나이에 관계없이 서로 높임말을 사용한다. 특히 언어 예절은 다른 사람과의 관계에서 가장 기본적인 것으로서 매우 강조되고 있다. 그래서 가정이나 학교에서도 아이가 어릴 때부터 높임말•을 정확히 쓰는 습관을 기르도록 가르친다.

• 공적
개인적인 것이 아니라 여러 사람들이나 단체, 국가 등에 관계되는 것

• 높임말
주로 자신보다 나이가 많은 상대에게 공경하는 마음을 담아 하는 말. '존댓말'이라고도 함

알아두면 좋아요 65세 이상 노인을 위한 복지 혜택(2024년 기준)

한국은 고령화 사회가 되면서 노인 공경 뿐 아니라 실질적으로 노인의 삶의 질이 향상될 수 있도록 많은 노력을 기울이고 있다. 65세 이상의 노인들에게 다양한 복지 혜택을 지원하고 있으며, 그 대표적인 예는 다음과 같다.

■ 지하철, 도시철도 무료
■ KTX, SRT, 새마을호, 무궁화 기차 30% 할인(주말 및 공휴일 제외)
■ 고궁 및 국공립 박물관 무료
■ 치과 임플란트 및 틀니 70% 할인 지원
■ 국가 예방 접종 지원(폐렴구균/인플루엔자)
■ 노인 일자리 및 사회활동 지원 프로그램 참여

02 공동체와 연고를 중요하게 여기는 모습은 어떻게 나타날까?

공동체를 중요하게 생각하는 한국인

• **공동체 의식**
공동의 목적이나 생활 방식 등을 가진 집단에 소속되어 있다는 생각

• **두레**
마을 사람들끼리 힘을 모아 공동으로 농사일을 하기 위한 조직

• **품앗이**
일을 서로 거들어 주어 품을 지고 갚는 교환노동

• **상부상조**
서로 의지하고 서로 도움

• **계기**
어떤 일이 일어나도록 하는 결정적인 원인이나 기회

한국인은 자신과 관련된 이야기를 할 때, '우리 엄마', '우리 동네' 등과 같이 '우리'라는 표현을 자주 사용한다. 이는 과거 농경 사회에서 만들어진 공동체 의식•과 관련이 깊다. 농사를 지을 때는 많은 일손이 필요하기 때문에 과거에는 가까이서 함께 살면서 함께 밥 먹고 함께 일을 하곤 했다. 그에 따라 과거 농촌에서는 '두레•'와 '품앗이•'와 같은 상부상조• 풍습을 많이 볼 수 있었다.

▲ 2002 한·일 월드컵 길거리 응원 모습

공동체 의식은 나라에 중요한 일이 있을 때 함께 힘을 모으는 계기•가 되기도 한다. 한국이 1997년 외환 위기를 맞이했을 때 많은 국민이 '금 모으기 운동'을 통해 위기를 극복하는 데 도움을 주었다. 2002년 월드컵 축구 대회 때 수백만 명이 모여 길거리 응원을 했던 것을 시작으로 국가적인 스포츠 경기가 있을 때 많은 사람들이 대규모 응원을 벌이는 모습도 한국인의 공동체 의식을 보여주는 사례라고 할 수 있다.

연고를 중시하는 한국인

• **본관**
성씨 조상, 즉 시조가 태어난 거주지를 뜻함(예: 안동 김씨, 경주 이씨, 밀양 박씨)

• **인연**
사람과 사람 사이의 연결 고리나 관계

• **향우회**
고향이나 출신 지역이 같은 사람들의 친목 조직

• **동문회**
같은 학교를 졸업한 사람들이 모여 만든 조직

한국에서는 처음 만나는 사람으로부터 나이, 사는 곳, 직장 등 개인적인 것에 대한 질문을 받기도 한다. 이는 지나친 관심으로 비춰질 수도 있다. 그런데 이러한 질문을 하는 이유는 자신과 비슷한 점이 있는지 찾아보고 그것을 활용하여 가까워지고 싶어 하기 때문이다. 이렇게 서로의 공통점을 연결 고리로 하여 맺어지는 관계를 연고라고 한다.

가족이나 친족 등 같은 핏줄로 연결된 인간관계를 혈연이라고 한다. 같은 성씨일 경우 "어디 O(성)씨 세요?"와 같은 질문을 통해 동일한 본관•이라면 중요한 인연•으로 생각한다. 그리고 같은 고향이나 출신 지역에 따라 이어진 인연을 지연이라고 한다. 직장 생활을 하면서 같은 지역 출신을 만나면 반가움을 드러내며 또한 적극적으로 향우회•에 참여해 친목을 다지는 사람들도 있다. 같은 학교를 졸업한 사람들이 서로 인연을 맺은 관계는 학연이라고 한다. 특히, 한국에서는 출신 고등학교와 대학교를 통해 맺어지는 인연이 중시되고 있으며 동문회•를 통해 교류를 이어가고 있다.

알아두면 좋아요 '생활협동조합(생협)'에 대해 들어 봤나요?

생활협동조합이란 조합원들 간에 일상적인 식품과 공산품(공장에서 생산한 물건) 등을 서로 나누는 형태를 말한다. 생활협동조합에서는 생산자를 통해 비교적 싼 가격으로 안전하게 물품을 살 수 있다. 뿐만 아니라 이웃과 더불어 살려는 노력, 지구를 지키고 생명을 살리는 윤리적 소비를 통해 상부상조 정신을 실천하는 데도 도움이 된다. 대표적인 생협으로는 한살림, 두레생협, ICOOP생협 등이 있다.

주요 내용정리

01 효와 예절은 무엇일까?

- 한국인은 가정에서 부모를 잘 섬기고 기쁘게 해 드리는 (   )의 가치를 중요하게 생각한다.
- (   )은 다른 사람을 대할 때 존중하는 마음을 담은 말투나 행동이다.
- 한국에서는 어떤 사람을 처음 만났거나 공적인 자리에서는 각자의 지위나 나이에 관계없이 (   )을 사용한다.

02 공동체와 연고를 중요하게 여기는 모습은 어떻게 나타날까?

- 과거 농촌에서는 두레나 품앗이처럼 서로 의지하고 서로 돕는 (   ) 풍습이 많이 있었다.
- 같은 고향이나 출신 지역에 따라 이어진 인연을 (   )이라고 한다.
- 같은 학교를 졸업한 사람들이 모여 만든 조직을 (   )라고 한다.

 ## 이야기 나누기

[공동체 의식을 담고 있는 한국의 속담]

속담은 예로부터 전해 오는 짧고 쉬우면서 교훈이나 풍자를 담고 있는 말을 뜻한다. 세계 여러 나라에는 그 나라만의 문화와 정서를 표현하는 속담이 존재한다. 공동체 의식을 중요하게 생각하는 한국에서도 이러한 의미를 담은 속담이 전해 내려오고 있다.

콩 한 조각도 나눠 먹는다.	백지장도 맞들면 낫다.	손이 많으면 일도 쉽다.
작고 사소한 음식이라도 다른 사람을 배려하는 마음으로 서로 나눠 먹음	백지장처럼 가벼운 것이라도 서로 돕고 협력한다면 훨씬 쉽고 효과적임	여러 사람들이 모여 힘을 합치면 무슨 일이든 쉽게 해결할 수 있음

★ 자신의 고향 나라에서 전해 내려오는 속담을 소개해 봅시다.

14 문화 전통 의식주

 생각해 봅시다

다음은 세계 여러 지역에 있는 한식당의 개수와 변화를 나타낸 것입니다.

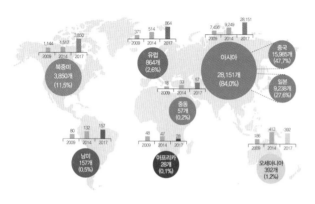

01 자신의 고향 나라에 있는 한식당에서 먹어 본 한국 음식은 무엇입니까? 한국에 와서 한국 음식을 처음 먹어 보았다면 가장 맛있게 먹은 음식은 무엇입니까?

02 자신의 고향 나라 음식과 한국 음식의 공통점과 차이점은 무엇입니까?

전 세계 한식당 운영 현황(농림축산식품부·한식진흥원, 2017)
90개 국가에서 33,499개의 한식당이 운영되고 있음
전 세계 한식당 중 아시아 대륙에 약 84%인 28,151개가 있으며,
북중미 3,850개(11.5%), 유럽 864개(2.6%) 순임

 학습목표

1. 한국의 음식 종류와 특징을 설명할 수 있다.
2. 한복과 한옥의 특징을 설명할 수 있다.

 관련 단원 확인하기

영역		제목	관련 내용
기본	문화	16. 명절	설날과 추석

01 한국 음식의 종류와 특징은 무엇일까?

한국 음식의 종류와 특징

한국인은 "밥 먹었어?", "식사는 하셨어요?"라는 질문으로 안부 인사를 대신하기도 할 만큼 일상생활에서 음식 먹는 것을 중요하게 여긴다. 한국 음식은 기본적으로 밥, 국, 반찬 등으로 구성된다. 밥과 국은 숟가락으로, 반찬은 젓가락으로 먹는 것이 일반적이다.

한국의 주식은 쌀로 만든 밥이다. 한국의 토양●과 기후는 벼농사에 적합하다. 밥을 먹을 때는 국이나

▲ 한상차림

● **토양**
흙(농작물이 자랄 수 있는 흙)

반찬과 함께 먹는다. 국은 고기, 해물, 채소 등 재료를 물에 넣고 푹 끓여 만든 음식으로, 그 재료에 따라 특유●의 맛이 난다. 그 밖에 탕, 찌개, 전골 등을 먹기도 하며, 국에 밥을 말아 먹는 '국밥'도 하나의 요리로 정착되었다.

● **특유**
특별히 가지고 있음

반찬은 밥을 먹을 때 함께 먹는 음식으로 가장 대표적인 것은 김치다. 김치는 배추, 무, 오이 등의 채소를 소금에 절이고 양념을 버무려 발효●시킨 음식이다. 몸에 좋은 영양소를 골고루 갖추고 있어 전 세계에서 인정받는 건강 식품이다. 김치는 지역에 따라 넣는 재료와 만드는 방식이 다양하다. 겨울이 되기 전 11월말~12월초에 많은 양의 김치를 한꺼번에 담그는 김장의 풍습은 지금까지 이어져 내려오고 있다.

▲ 김치

또 다른 발효 음식인 된장, 간장, 고추장 같은 장류나 새우젓, 오징어젓 등의 젓갈류도 반찬으로 먹거나 다른 반찬을 만드는 데 많이 사용된다. 또한 채소를 양념과 섞어 만든 나물, 김이나 생선 구이, 고기류를 재료로 해서 만든 음식도 한국인이 많이 먹는 반찬이다.

● **발효**
효모 등과 같은 미생물의 작용으로 분해하는 것

다양한 한국 음식과 한식의 세계화

한국에는 밥, 국, 반찬으로 이루어진 기본적인 식단 외에 특별히 요리로 만들어 먹는 음식도 많다. 비빔밥, 삼계탕, 불고기, 삼겹살, 떡국 등이 그 예이다. 최근에는 한국 음식이 방송이나 인터넷 등을 통해 해외에 더욱 널리 알려지면서 K-Food●란 이름으로 인기를 끌고 있다. 이와 함께 한국 음식을 세계 곳곳에 보급하고자 하는 '한식의 세계화'도 진행되고 있다.

● **K-Food**
Korean-Food의 약자로, 한국 음식, 한국 식품 및 한식 문화를 포함한 것

알아두면 좋아요 한국인이 즐겨 먹는 전통 음식, 떡

한국인은 예로부터 쌀과 같은 곡식을 이용해서 떡을 만들어 먹었다. 떡은 명절, 제사, 생일잔치, 손님맞이를 할 때 특히 많이 먹는 음식이다. 가족, 이웃, 친척들과 함께 나누어 먹기도 하고 선물을 하는 경우도 많다. 재료와 만드는 방법에 따라 떡의 종류는 매우 다양한데 인절미, 송편, 가래떡 등이 대표적이다. 아기가 태어난 지 백일이 되거나 1년이 된 것을 기념할 때는 백설기를, 새로운 곳으로 이사를 간 사람은 이웃에게 시루떡을 나누어 주기도 한다.

02 한복과 한옥의 특징은 무엇일까?

한복의 특징

한복은 예부터 전해 내려오는 한국 고유의 옷이다. 오늘날 한복의
모습은 조선시대 중반에 만들어진 것으로 알려져 있다. 한복을 입을 때
기본적으로 여자는 치마와 저고리를, 남자는 바지와 저고리를 입는다.
저고리 위에 여자는 배자를, 남자는 조끼를 입으며, 외출할 때 여자는
마고자, 남자는 두루마기를 입는다.

▲ 여자 한복과 남자 한복

한복은 계절에 따라 옷감이 다르다. 여름에는 바람이 잘 통하는 삼베나
모시로 옷을 만들어 시원하게 입었고, 겨울에는 솜이나 비단으로 옷을
만들어 따뜻하게 입었다.

● 생활한복

오늘날 한복은 설날이나 추석 같은 명절, 돌잔치, 결혼식 등 특별하고 중요한 날에만 입는
옷이 되었다. 대부분의 사람들이 집 밖에서 활동하는 시간이 많기 때문에 한복보다는
활동하기에 더 편한 옷을 많이 입는다. 한편, 한복의 전통적인 디자인을 따르면서도
활동성과 실용성을 높인 생활한복●도 꾸준히 인기를 끌고 있다.

한옥의 특징

● 온돌

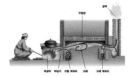

★ 출처: 두산백과

● 대청마루

한옥은 한국의 전통적인 생활 모습이 반영된 집이다.
한옥은 지붕을 만드는 재료에 따라 기와집과 초가집으로
나뉜다. 기와집은 흙으로 만들어 구운 기와를 지붕에
얹은 집으로 과거에 주로 신분이 높은 사람이 살았다.
초가집은 지붕에 볏짚이나 억새 등과 같은 풀을 얹은
집으로 과거에 주로 서민들이 많이 살았다.

▲ 기와집의 모습

한옥에는 온돌●과 대청마루●가 있다. 온돌은 아궁이에
불을 때어 방을 따뜻하게 하는 난방 장치에 해당한다. 대청마루는 방과 방 사이에 긴 널빤지를
깔아 만든 공간이다. 겨울에는 온돌을 이용해 따뜻하게 만든 방에서 주로 생활하고,
여름에는 시원하고 바람이 잘 통하는 대청마루에서 더위를 피했다.

알아두면 좋아요 한국의 조상들이 선호했던 집의 위치

한국인은 남쪽을 향해 지은 남향집을 좋아한다. 남향집에 햇볕이 잘 들기 때문이다. 또한 과거에는 집 앞에 강이나 냇물이
흐르고, 뒤에는 산이 있는 곳을 선호하였다. 뒷산 덕분에 겨울철 찬 바람을 막고 땔감을 쉽게 구할 수 있으며 생활이나 농사에
필요한 물을 쉽게 구할 수 있어서 편리했다. 이런 곳은 좋은 장소라는 의미에서 '명당'이라고 불렸다.

주요 내용정리

01 한국 음식의 종류와 특징은 무엇일까?

- 한국 음식은 기본적으로 (   ), (   ), (   )으로 구성된다.
- (   )이란 겨울이 되기 전, 11월 말~12월 초에 많은 양의 김치를 담그는 풍습을 말한다.
- 한국에는 김치, 각종 장류, 젓갈류와 같은 (   ) 음식을 반찬으로 많이 먹는다.

02 한복과 한옥의 특징은 무엇일까?

- 한복은 한국 고유의 옷으로 남자 한복은 (   )와 (   ), 여자 한복은 (   )와 (   )를 기본으로 한다.
- 한옥은 지붕의 재료에 따라 (   )과 (   )으로 구분된다.
- 한옥은 한국의 전통적인 생활 모습을 반영한 집이다. 방을 따뜻하게 해주는 (   )과 여름을 시원하게 보낼 수 있는 (   )가 있다.

 ## 이야기 나누기

[한국의 식사예절에는 무엇이 있을까?]

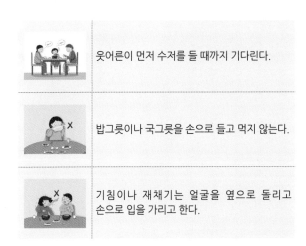

옷어른이 먼저 수저를 들 때까지 기다린다.

밥그릇이나 국그릇을 손으로 들고 먹지 않는다.

기침이나 재채기는 얼굴을 옆으로 돌리고 손으로 입을 가리고 한다.

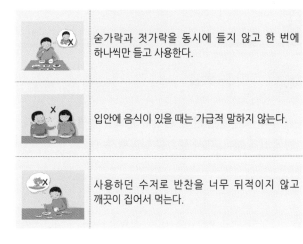

숟가락과 젓가락을 동시에 들지 않고 한 번에 하나씩만 들고 사용한다.

입안에 음식이 있을 때는 가급적 말하지 않는다.

사용하던 수저로 반찬을 너무 뒤적이지 않고 깨끗이 집어서 먹는다.

★ 자신의 고향 나라와 한국의 식사예절의 공통점과 차이점에 대해 이야기해 봅시다.

15 문화 **의례**

 생각해 봅시다

다음은 한국의 대표적인 의례와 관련된 사진입니다.

▲ 결혼식

▲ 돌잔치

01 한국에서 생활하면서 사진에 나온 의례 중에 직접 경험해 보았거나 TV, 영화 등을 통해 본 것이 있습니까?

▲ 장례식

▲ 제사

02 자신의 고향 나라와 한국의 의례 사이의 공통점과 차이점은 무엇입니까?

 학습목표

1. 한국의 결혼식, 돌잔치, 성년식 문화를 설명할 수 있다.
2. 한국의 장례식, 제사 문화를 설명할 수 있다.

 관련 단원 확인하기

영역		제목	관련 내용
기본	문화	13. 전통 가치	한국의 효와 예절
		16. 명절	설날과 추석

01 결혼식, 돌잔치, 성년식은 어떤 모습일까?

가정의 탄생, 결혼식

남자와 여자가 부부가 되기로 서약[•]하는 의례를 결혼식이라고 한다. 한국에서는 남녀 모두 18세가 되면 결혼할 수 있지만, 19세가 안된 미성년자의 경우는 부모의 동의가 있어야 결혼할 수 있다. 결혼식을 한다고 해서 정식으로 부부가 되는 것은 아니다. 시·군·구청에 혼인 신고를 해야 법적인 부부로 인정받는다.

일반적으로 신랑[•]과 신부[•]는 가족, 친척, 친구, 직장 동료 등 많은 사람들의 축하 속에서 결혼식을 한다. 결혼식은 주로 예식장, 교회, 성당, 호텔 등에서 한다. 결혼식에 초대 받은 사람들은 축의금[•]을 준비해 가서 축하의 마음을 전한다.

첫 번째 생일, 돌잔치

돌은 아이가 태어난 지 1년이 되는 첫 생일을 말한다. 돌잔치에는 아이가 무사히 첫 생일을 맞이한 것을 기념하고, 앞으로 잘 자라기를 바라는 소망이 담겨있다. 이 날은 가족이나 가까운 사람들이 모여 같이 음식을 먹으며 아이의 첫 생일을 축하한다. 또한 여러 물건을 상 위에 올려 놓고, 아이가 골라잡은 물건으로 아이의 미래를 예상해 보는 돌잡이를 보며 함께 즐거워한다.

성인으로 성장, 성년식

한국에서는 19세가 된 젊은이에게 성인[•]이 되었음을 축하하고 자부심[•]을 높이기 위해 매년 5월 셋째 월요일을 '성년의 날'로 기념하고 있다. 대체로 고등학교를 졸업한 이후에 19세를 맞이하게 된다. 결혼이나 선거 등은 18세부터 할 수 있지만 흡연이나 음주 등은 법적으로 19세부터 가능하다. '성년의 날' 선물로는 장미꽃과 향수가 대표적이다.

▲ 2019 성년의 날 기념식(여성가족부)
(사진 출처: 〈연합뉴스〉)

• **서약**
맹세하고 약속함

• **신랑**
갓 결혼하였거나 곧 결혼하는 남자

• **신부**
갓 결혼하였거나 곧 결혼하는 여자

• **축의금**
축하하는 마음을 나타내기 위해 내는 돈

• **성인**
어른이 된 사람. 일반적으로 만 19세 이상을 가리킴

• **자부심**
자기 자신의 가치나 능력을 믿고 당당히 여기는 마음

알아두면 좋아요 **백일을 축하합니다!**

옛날에는 의료 기술이 발달하지 못했기 때문에 아이가 태어난 지 얼마 안 돼 죽는 경우가 적지 않았다. 그래서 한국에서는 아이가 태어난 지 백일(100일)이 되는 날에 그동안 건강히 잘 자란 것을 기념하는 백일잔치를 열었다. 백일잔치에는 가족과 가까운 친척이 모여 아이의 백일을 축하해 주며, 이웃이나 친한 사람들에게 백일을 기념하는 떡을 돌리기도 한다. 또한 아이의 성장과 아름다운 추억을 남기기 위해 백일 사진을 찍는다.

02 장례식과 제사는 어떤 모습일까?

죽은 사람을 떠나 보냄, 장례식

- **고인**
죽은 사람

- **문상객**
죽은 사람의 가족을 위로하기 위해 장례식장을 방문하는 손님

- **조의금**
위로하는 마음을 나타내기 위해 내는 돈

- **유족**
죽은 사람의 남아있는 가족

- **묵념**
머리를 숙여 경건한 마음으로 기도함

- **매장**
시신을 땅에 묻음

- **화장**
시신을 불에 태워서 그 남은 뼈를 모아 장례를 지냄

사람이 죽었을 때, 예를 갖추어 고인[●]을 보내는 의례를 장례라고 한다. 일반적으로 한국에서는 병원 내 또는 단독 장례식장에서 3일 동안 장례 절차를 신행하며, 첫째 날과 둘째 날에는 문상객[●]을 받는다.
문상객은 엄숙한 마음으로 검정색 계열의 단정한 옷을 입고 조의금[●]을 준비한다. 장례식장에 들어가면 고인에게 절을 두 번, 유족[●]에게는 한 번의 절을 한다.

▲ 봉안당 모습

종교에 따라 조금씩 차이가 있는데, 개신교의 경우 절 대신에 묵념[●]을 하기도 한다. 문상객은 유족에게 위로의 마음을 담아 간결한 인사말을 전한다. 장례 셋째 날은 고인을 보내드리는 날이다. 장례식장을 떠나 종교나 신념에 따라 고인을 묘지에 매장[●]하기도 하고, 화장을 거친 후 봉안당이나 추모공원에 모시기도 한다.

조상을 정성껏 섬김, 제사

돌아가신 조상을 생각하며 음식을 바치고 정성을 다하는 의례를 제사라고 한다. 조상이 돌아가신 날(기일)에는 기제사, 명절에는 차례를 지낸다. 한국에서는 조상을 잘 모셔야 자손들이 잘 된다고 믿어온 풍습이 있다.
제사를 지낼 때에는 가족이 함께 모여 추모하는 마음으로 제사 음식 앞에서 조상에게 절을 두 번 한다.

▲ 전통적인 제사상 모습

제사를 마친 후에는 가족들이 함께 모여 제사 음식을 나누어 먹는다. 이를 음복이라고 한다. 음복은 조상이 주는 복을 나누어 받는다는 의미가 담겨 있다.
최근에는 종교나 가정의 여건에 따라 제사를 지내는 방식도 다양해지고 있다. 전반적으로 제사를 드리는 횟수나 시간, 제사 음식의 종류가 간소화되고 있다.

알아두면 좋아요 장례 문화가 바뀌고 있다

1970~80년대까지는 한국에서 장례를 할 때 대부분 매장을 선호했지만, 시대가 변화하면서 화장을 원하는 인구가 늘고 있다. 화장을 희망하는 이유로는 매장에 비해 위생적인 관리와 간편한 절차, 저렴한 비용 등을 들 수 있다. 화장을 한 뒤 남은 유골은 봉안당이나 추모공원에 모셔두고 조상이 돌아가신 날이나 명절 무렵에 방문한다. 최근에는 환경과 생태를 강조하는 자연장도 주목을 받고 있다. 자연장은 화장한 유골을 나무, 화초, 잔디 주변에 묻는 방식이다. 이를 통해 생활 공간 가까이에 고인을 모시면서 자연환경 보존에도 기여할 수 있다.

주요 내용정리

01 결혼식, 돌잔치, 성년식은 어떤 모습일까?

- 한국에서는 남녀 모두 (   )세가 되면 결혼을 할 수 있다.
- 아이의 첫 생일에 여러 물건을 상 위에 올려놓고, 아이가 골라잡은 물건으로 아이의 미래를 예상해 보는 것을 (   )라고 한다.
- 19세가 된 젊은이들에게 성인이 되었음을 축하하기 위해 매년 5월 셋째 월요일을 (   )로 지정하고 있다.

02 장례식과 제사는 어떤 모습일까?

- 장례는 일반적으로 (   )일 동안 절차를 진행한다.
- 장례식을 거친 후 종교나 신념에 따라 고인을 묘지에 매장하기도 하고, (   )을 거친 후 봉안당이나 추모공원에 모시기도 한다.
- 제사를 마친 후에 가족들이 함께 모여 제사 음식을 나누어 먹는 것을 (   )이라고 한다.

 ## 이야기 나누기

[부모님, 오래 오래 사세요!]

한국에서는 태어나서 60번째 맞이하는 생일을 환갑 또는 회갑이라 한다. 평균 수명이 짧았던 옛날에는 60살 이상은 장수를 의미했고, 이는 큰 복으로 여겨졌다. 그래서 부모가 환갑을 맞이하면 자녀들은 친척과 친구들을 초대하여 잔치를 열어 부모가 오래 사시기를 기원하였다. 평균 수명이 길어진 요즘에는 환갑 잔치를 여는 경우는 드물고 70살을 축하하는 칠순 잔치(고희연)를 하는 경우가 많다.

▲ 칠순 잔치(고희연) 모습

[한국에서 나이를 일컫는 말]

15세	지학	20세	약관/방년	30세	입지	40세	불혹
50세	지천명	60세	육순/이순	61세	환갑/회갑	70세	칠순/고희
80세	팔순	90세	구순	100세	상수	120세	천수

★ 자신의 고향 나라에서 부모의 장수를 기원하는 의식이 있다면 소개해 봅시다.

 ## 생각해 봅시다

다음은 세계 여러 나라의 대표적인 명절 모습입니다.

▲ 한국 추석

▲ 필리핀 만성절

01 자신의 고향 나라의 대표적인 명절은 무엇입니까?

▲ 미국 추수감사절

▲ 중국 중추절

02 한국에서 설날이나 추석을 보내면서 기억에 남는 일은 무엇입니까?

 ## 학습목표

1. 한국의 대표적인 명절인 설날에 대해 설명할 수 있다.
2. 한국의 대표적인 명절인 추석에 대해 설명할 수 있다.

 ## 관련 단원 확인하기

영역		제목	관련 내용
기본	문화	13. 전통 가치	한국의 효와 예절
		15. 의례	한국의 대표적인 의례, 제사

01 설날에는 무엇을 할까?

설날, 새해 복 많이 받으세요!

한국에서는 "새해 복 많이 받으세요."라는 새해 인사를 일
년에 두 번씩 한다. 신정°이라고 불리는 양력° 1월 1일에
한 번, 그리고 설날이라고 불리는 음력° 1월 1일에 또 한
번을 한다. 신정에는 하루만 쉬지만, 설날에는 전날과
다음 날을 포함하여 3일을 쉰다. 설날은 한 해를 시작하면서
건강과 풍요를 기원하는 한국 최대 명절 중 하나이다.

▲ 세배하는 모습

● **신정**
새로운 방식(서양식)에 따른
정월(1월) 첫날

● **양력**
해(日)의 변화를 기준으로 날
짜를 표기하는 방식

● **음력**
달(月)의 변화를 기준으로 날
짜를 표기하는 방식

● **산소**
조상의 묘지를 높여 부르는 말

설날에는 조상에게 감사하는 마음을 담아 차례를 지낸다. 또한, 조상의 산소°를 찾아 성묘를
하거나 봉안당, 추모공원 등을 방문하기도 한다. 설날 아침에는 부모님이나 조부모님 등
집안의 윗사람에게 세배°를 하며 건강과 장수를 기원한다. 세배를 받은 윗사람은 자녀나
손주 등 아랫사람에게 새해에도 잘 지내라고 덕담을 하며 아이들에게는 세뱃돈을 준다.
설날에는 설빔이라 하여 새로 옷이나 신발을 준비하기도 한다.

● **세배**
설날 아침, 아랫사람이 윗사람
에게 큰절로 인사드리는 것

요즘은 설 연휴를 보내는 모습도 바뀌고 있다. 여전히 설이 되면 멀리 떨어져 있던 가족이
모여 함께 시간을 보내는 모습이 일반적이지만, 최근에는 연휴를 이용해 국내외 여행을
떠나는 사람도 늘고 있다.

설날의 대표적인 음식과 놀이

설날 아침에 차례와 세배를 마친 후에는 떡국을 먹는다.
떡국은 흰 가래떡을 얇게 썰어 끓인 것으로 설날의 대표적
인 음식이다. 흰 가래떡은 건강과 장수°를 상징하며, 떡국
한 그릇을 먹으면 나이도 한 살 더 먹는다는 의미가 담겨
있다. 그리고 가족과 친척들이 함께 모여 윷놀이 등과
같은 전통놀이를 즐긴다.

▲ 설날 아침에 먹는 떡국

● **장수**
건강하게 오래 사는 것

알아두면 좋아요 **설날의 대표적인 전통놀이, 윷놀이**

윷놀이는 설날에 많은 사람들이 즐기는 대표적인 한국의 전통놀이다. 나무로 만든 윷가락 네 개와 윷 말 네 개, 윷판으로 이루
어진 일종의 보드게임이다. 뒤집어진 개수에 따라 하나부터 네 개까지 도, 개, 걸, 윷이라고 부르며 모두 뒤집어지지 않았을 때
는 모라고 한다. 윷가락이 뒤집어진 개수대로 윷 말을 움직이며, 윷 말 네 개가 윷판의 정해진 길을 다 돌고 먼저 나오면 이긴다.

02 추석에는 무엇을 할까?

추석, 더도 말고 덜도 말고 한가위만 같아라!

추석은 음력 8월 15일이며, 한가위 또는 가배라고도 불린다. 설날과 함께 한국에서 가장 큰 명절로 꼽힌다. 추석은 곡식을 수확*하는 시기로 그 해 농사에 대해 감사하는 풍습에서 유래되었다. 설날과 마찬가지로 추석 전날과 다음 날을 포함한 3일이 휴일로 지정되어 있다. '더도 말고 덜도 말고 한가위만 같아라.'라는 속담이 있는데, 이것은 수확 무렵이라 먹을 것이 많고 날씨도 좋은 추석을 옛사람들이 얼마나 좋아했는지 잘 보여준다.

▲ 성묘하는 모습

추석 아침에는 햅쌀*과 햇과일*, 송편 등 많은 음식을 준비하여 정성껏 차례를 지내고 성묘를 한다. 일반적으로 추석이 되기 전에 조상의 산소를 미리 찾아 여름 동안 무성하게 자란 풀을 깨끗하게 정리하는 벌초를 해 놓는다. 최근에는 화장 장례 비율이 늘어나면서 봉안당이나 추모공원을 찾는 사람도 많다.

* **수확**
농작물이나 성과를 거두어 들임

* **햅쌀**
그 해에 새로 거둔 쌀

* **햇과일**
그 해에 새로 거둔 과일

추석의 대표적인 음식과 놀이

추석의 대표적인 음식은 송편이다. 송편은 멥쌀가루로 반죽을 하고, 녹두, 콩, 깨, 팥 등을 넣고 반달 모양으로 빚어낸 떡이다. 송편을 찔 때는 솔잎을 넣는데, 그 이유는 송편끼리 붙는 것을 막아 모양 그대로를 유지할 수 있기 때문이다. 또한 솔잎에 들어있는 성분이 송편이 쉽게 상하는 것을 막아준다.

▲ 추석의 대표음식, 송편

추석에 많이 했던 전통 놀이로는 씨름이나 강강술래*를

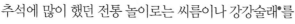
꼽을 수 있다. 추석 밤에는 보름달을 보면서 소원을 비는 달맞이를 하는 사람도 많다.

* **강강술래**
추석날 밤에 여자들이 서로 손을 잡고 둥근 원을 그리면서 뛰는 민속놀이

알아두면 좋아요 24절기를 알아볼까요?

봄의 시작을 알리는 '입춘', 개구리가 튀어나온다는 '경칩,' 밤이 가장 길며 팥죽을 쑤어 먹는 '동지' 등은 24절기 중 하나이다. 24절기는 태양이 움직이는 길인 황도의 위치에 따라 계절적 구분을 하기 위해 만들어진 것인데 과거 날씨에 영향을 크게 받는 농경사회에 유용하게 활용되었다. 24절기는 지금도 농사를 지을 때 도움을 받으며, 일상생활에서도 먹는 음식이나 풍습이 이어져 오고 있다.

봄	입춘(2월 4일경), 우수(2월 19일경), 경칩(3월 5일경), 춘분(3월 20일경), 청명(4월 5일경), 곡우(4월 20일경)
여름	입하(5월 5일경), 소만(5월 21일경), 망종(6월 6일경), 하지(6월 21일경), 소서(7월 7일경), 대서(7월 22일경)
가을	입추(8월 7일경), 처서(8월 23일경), 백로(9월 7일경), 추분(9월 22일경), 한로(10월 8일경), 상강(10월 23일경)
겨울	입동(11월 7일경), 소설(11월 22일경), 대설(12월 7일경), 동지(12월 22일경), 소한(1월 5일경), 대한(1월 20일경)

주요 내용정리

01 설날에는 무엇을 할까?

- 설날에는 새해를 맞이해서 새 옷이나 신발을 준비하기도 하는데 이를 (　　　)이라고 한다.
- 설날 아침에 아랫사람이 윗사람에게 큰절로 인사드리는 것을 (　　　)라고 한다.
- (　　　)은 설날의 대표적인 음식으로 차례와 세배를 마친 후에 먹는다.

02 추석에는 무엇을 할까?

- '더도 말고 덜도 말고 (　　　　)만 같아라'라는 속담은 추석과 같이 평생 먹을 것이 풍성하기를 기원하는 의미를 갖고 있다.
- 추석의 대표적인 음식은 (　　　)으로 멥쌀가루로 반죽을 하고, 녹두, 콩, 깨, 팥 등을 넣고 반달 모양으로 만든 떡이다.
- 추석 밤에는 보름달을 보면서 소원을 비는 (　　　　)를 하는 사람도 많다.

 이야기 나누기

[새해 첫날, 세계 여러 나라에서는 어떤 음식을 먹을까?]

한국은 설날에 떡국을 먹으며 건강과 장수를 기원한다. 이와 비슷하게 세계 각 나라에서는 한 해에 대한 소망과 기대를 담은 음식을 먹으며 새해를 시작한다. 그 예는 다음과 같다.

중국: 자오쯔	베트남: 바인쯩	미국: 호핑존	스페인: 포도
중국 전통 만두이며, 이 음식을 먹으면 귀와 입이 열려 복이 몸속으로 들어온다고 믿음	찹쌀떡 안에 돼지고기와 녹두를 넣고 쪄서 만든 음식이며, 한 해의 안녕과 복을 기원함	검은콩, 쌀, 돼지고기에 채소를 끓여 만든 음식이며, 부와 행운의 의미가 담겨있음	신년 종소리에 맞춰 포도 12알을 먹으며, 1년 12달을 무사히 보내기를 기원함

★ 자신의 고향 나라에서 새해 첫날에 특별히 먹는 음식을 소개해 봅시다.

17 문화 **종교**

 생각해 봅시다

다음은 한국에 있는 다양한 종교단체 사진입니다.

▲ 절

▲ 교회

▲ 성당

▲ 모스크

01 사진에 나와 있는 종교단체에 가 보았거나 들어 본 경험이 있습니까?

02 출신국과 한국 종교생활의 공통점과 차이점은 무엇입니까?

 학습목표

1. 한국의 다양한 종교의 특징을 설명할 수 있다.
2. 다양한 종교를 존중하는 태도를 함양할 수 있다.

 관련 단원 확인하기

영역		제목	관련 내용
기본	문화	13. 전통 가치	한국의 효와 예절
		15. 의례	한국의 대표적인 의례, 제사

01 한국에는 어떤 종교가 있을까?

전통 신앙

옛날 사람들은 태양, 별, 바다, 나무 등과 같은 자연을 신성●하게 여기거나 천지신명●을 숭배●하는 경우가 많았다. 이 같은 전통 신앙은 오랜 기간 이어졌고 지금도 일부 남아 있다.

불교와 유교

불교는 석가모니가 만든 종교로, 중국을 거쳐 4세기 무렵 삼국 시대●에 들어왔다. 자비●를 강조하는 불교는 왕과 귀족은 물론 서민●의 삶에도 깊숙이 파고들었다. 절, 탑, 불상 등은 불교와 관련된 문화유산●이다. 유교도 중국을 통해 삼국 시대에 전파되었다. 특히 14세기 무렵 이후 한국인의 생활에 큰 영향을 미쳤다. 부모에 대한 효도, 웃어른에 대한 예

▲ 전국 각지에 있는 향교

의, 가족의 결속, 조상을 위한 제사 등 유교의 전통은 현재까지도 남아 있다. 또한 유교 문화를 토대로 만들어진 교육 기관인 향교는 지금도 전국 곳곳에서 일부 운영되고 있다.

천주교와 개신교

기독교는 예수의 가르침을 따르고 사랑의 실천을 강조하는 종교로, 천주교(가톨릭)와 개신교로 나뉜다. 천주교는 17세기 무렵에 서양●의 학문과 함께 들어왔다. 천주교를 종교가 아니라 학문으로 받아들인 사례는 한국이 거의 유일하다. 천주교 미사는 성당에서 드린다. 개신교는 19세기에 서양의 선교사를 통해서 한국에 전파되었다. 개신교가 전파되는 과정에서 교회뿐 아니라 많은 학교와 병원이 만들어졌다. 개신교는 한국 근대 교육과 보건에 큰 영향을 준 것으로 평가 받는다. 개신교 예배는 교회에서 드린다.

그 밖의 종교

국제 교류가 활발해지면서 한국의 종교가 더욱 다양해지고 있다. 이슬람교, 힌두교 등을 종교로 가진 사람도 조금씩 늘고 있다. 한편, 천도교, 대종교, 원불교 등 한국 고유의 종교도 계속 이어져 오고 있다.

● **신성**
신과 같이 거룩하고 성스러움

● **천지신명**
하늘과 땅을 다스리는 거룩한 영적 존재

● **숭배**
우러러 공경함

● **삼국 시대**
고구려, 백제, 신라 세 나라가 경쟁하던 시대

● **자비**
다른 사람을 사랑하고 가엾게 여김

● **서민**
신분이 높지 않은 사람이나 나랏일을 맡아 하지 않는 사람

● **문화유산**
조상이 남긴 문화 중에서 후손에게 물려줄 만한 가치가 있는 것

● **서양**
유럽과 아메리카 지역

알아두면 좋아요 한국에서 창시된 종교 – 천도교, 대종교, 원불교

종교명	창시자	창시 연도	내용
천도교	최제우	1860	처음에는 동학이라 불렸으며, '사람이 곧 하늘'이라는 인내천 사상을 담고 있음
대종교	나철	1909	한국을 처음 세운 사람인 단군에서 비롯되었으며, 한국인이 단군의 후손임을 강조함
원불교	박중빈	1916	불교 신앙에서 비롯된 것으로 진리를 깨닫기 위해 노력하는 종교임

02 종교 간의 배려와 존중이 왜 필요할까?

현재 한국의 종교 현황

▶ 종교 유형 인구 비율

종교 유형별 인구 비율(%)(2015)

7.9
19.7
56.1
15.5

□ 무교　■ 원불교
□ 불교　■ 유교
□ 개신교　□ 천도교
□ 천주교　■ 기타

(통계청, 2015)

● 교리
종교의 원리나 가르침

한국은 자신이 원하는 종교를 자유롭게 믿을 수 있는 국가이다. 10년 주기로 발표되는 인구 통계조사에 따르면 한국 국민들 가운데 종교가 있다고 응답한 경우는 43.9%, 종교가 없다고 응답한 '무교'의 경우는 56.1%이다(2015 기준). 나라에서 정한 종교인 국교나 특별히 절대 다수를 차지하고 있는 종교가 없다. 한국에서 종교는 다음과 같은 기능을 하고 있다. 첫째, 개인적 차원에서 종교는 안정감과 행복감을 제공한다. 둘째, 사회적 차원에서 종교는 공동체의 유지와 발전에 도움을 준다. 많은 종교 단체가 각자의 교리[●]를 실천하는 과정에서 어려운 이웃을 돕는 활동을 하거나 외국인을 위한 교육과 문화 서비스를 지원하고 있는 것이 대표적인 예이다.

종교 간의 상호 배려와 존중

● 신도
어떤 종교를 가지고 있는 사람

▶ 대통령과 종교지도자 간담회 모습

현재 한국 사회에서는 다양한 종교가 공존하고 있고 그것을 유지하려는 노력도 계속되고 있다. 신도[●] 수가 많은 불교와 기독교(천주교, 개신교)의 기념일은 각각 휴일로 지정되어 있다. 음력 4월 8일 불교의 기념일인 '부처님 오신 날'과 양력 12월 25일 기독교의 기념일인 '성탄절'이 그것이다. 최근에는 종교간 화합 차원에서 서로 다른 종교의 기념일을 축하해 주기도 한다. 그리고 대통령은 종교 지도자들과 만남을 가지면서 한국 사회 통합에 대한 논의와 함께 국정 운영에 대한 지혜를 구하기도 한다. 한국의 종교는 앞으로 더욱 다양성을 띨 것으로 예상된다. 이와 함께 종교 간의 상호 배려와 존중이 더욱 강조되어야 한다.

▲ 성북동성당에 걸린 부처님 오신 날 축하 현수막
(사진 출처: 〈연합뉴스〉)

▲ 조계사에 설치된 성탄절 축하 트리
(사진 출처: 〈연합뉴스〉)

한국 사회 구성원은 종교가 있든 없든 종교에 대한 타인의 생각을 이해하고, 종교라는 것이 각자가 선택한 삶의 방식 중 하나라는 점을 인식하는 태도를 가져야 한다.

알아두면 좋아요　종교의 자유는 헌법으로 보장된다

한국의 헌법에서는 국민이 누려야 할 기본권 중 종교의 자유를 다음과 같이 보장하고 있다.

[헌법 제11조] ① 모든 국민은 법 앞에 평등하다. 누구든지 성별·종교 또는 사회적 신분에 의하여 정치적·경제적·사회적·문화적 생활의 모든 영역에 있어서 차별을 받지 아니한다.

[헌법 제20조] ① 모든 국민은 종교의 자유를 가진다. ② 국교는 인정되지 아니하며, 종교와 정치는 분리된다.

주요 내용정리

01 한국에는 어떤 종교가 있을까?

- (   )는 석가모니가 만든 종교로서 (   )를 베푸는 것을 강조하며, 이와 관련된 문화유산이 많이 남아 있다.
- 기독교는 예수의 가르침을 따르고 사랑의 실천을 강조하는 종교로서 (   )와 (   )로 나뉜다.
- 한국에서 만들어진 고유 종교로는 천도교, (   ), 원불교 등이 있다.

02 종교 간의 배려와 존중은 왜 필요할까?

- 한국에는 종교의 (   )가 있어서 자신이 원하는 종교를 가질 수 있고 종교를 갖지 않을 수도 있다.
- 종교는 개인에게는 안정감과 행복감을 제공하고, 사회적으로는 (   )를 유지하고 발전시키는 데 도움을 준다.
- 한국에서는 음력 4월 8일을 불교의 기념일인 (   )과 양력 12월 25일을 기독교의 기념일인 (   )을 휴일로 지정하고 있다.

 이야기 나누기

[마을을 지켜주는 장승과 솟대]

한국에서 도시를 벗어나 시골에 가면 마을 입구에 있는 장승과 솟대를 볼 수 있다. 장승과 솟대는 한국의 전통 신앙을 보여주는 중요한 사례이다.

장승은 사람 머리 모양의 기둥을 가리킨다. 옛날 사람들은 장승이 마을 입구에서 마을을 안전하게 지켜준다고 믿었다. 장승은 길을 알려주는 기능도 담당했다.

한편, 솟대는 긴 나무 막대기 위에 돌이나 나무로 만든 새를 올려놓은 것이다. 솟대는 특히 농사 일이 잘된 것을 가리키는 풍년과 행운을 가져다주는 존재로 여겨졌다. 또한 장승과 마찬가지로 나쁜 일이나 질병, 자연재해로부터 마을을 보호한다는 의미도 담고 있다.

▲ 장승

▲ 솟대

★ 장승이나 솟대와 같이 자신의 고향 나라에서 전통 신앙에 해당하는 것이 있다면 소개해 봅시다.

대중문화

 ## 생각해 봅시다

다음은 일상생활에서 나누는 대화의 한 장면입니다.

01 자신이 좋아하는 한국의 대중문화는 무엇입니까?

02 자신의 고향 나라에서 인기 있는 대중문화는 무엇입니까?

 ## 학습목표

1. 한국의 대중문화 종류와 특징을 설명할 수 있다.
2. 세계인이 좋아하는 한국 대중문화를 설명할 수 있다.

 ## 관련 단원 확인하기

영역		제목	관련 내용
기본	문화	19. 여가문화	여가활동 참여하기

01 한국에는 어떤 대중문화가 있을까?

대중문화의 의미와 대중 매체와의 관계

많은 사람이 즐기고 누리는 문화를 대중문화라고 한다. 대중문화에는 드라마, 영화, 노래, 공연, 전시, 스포츠 경기, 게임 등이 있다. 또한 사람들의 옷이나 머리 모양 등과 같은 일상생활에서 볼 수 있는 유행도 여기에 포함된다. 한국의 대중문화는 특히 대중 매체•와 관련이 깊다. TV, 라디오, 책, 신문은 물론 스마트폰을 기반으로 하는 SNS• 등과 같은 대중 매체의 발달로 자신이 좋아하는 대중문화를 쉽게 접할 수 있고 많은 사람들과 공유하기도 한다.

• **대중 매체**
불특정의 많은 사람들에 대량의 정보를 전달하는 매체로 텔레비전, 신문, 라디오, 인터넷 등을 말함

• **SNS**
Social Network Service의 약자로 특정한 관심이나 활동을 공유하는 사람들 사이의 관계망을 구축해 주는 온라인 서비스

한국의 대중문화

한국인은 드라마를 즐겨 본다. 매일 아침과 저녁, 밤 시간에 방송되는 드라마 수가 수십 편에 이른다. 사극•, 로맨스, 스릴러 등 장르도 다양하다. 시청자들은 배우의 대사나 옷에도 관심을 많이 갖는데 이는 금방 유행되기도 한다.

▲ 드라마 '도깨비' 포스터

• **사극**
역사 또는 역사 인물을 소재로 한 드라마

한국인은 음악과 노래도 좋아한다. 특히, 많은 사람들이 즐겨 듣거나 부를 수 있도록 만들어진 노래인 '가요'를 즐겨 듣는다. 가요에는 발라드, 댄스, R&B, 힙합, 트로트 등 다양한 장르가 있으며, 특정한 시기에 인기를 끄는 '유행가'도 자주 등장한다.

영화도 한국의 중요한 대중문화 중 하나이다. 2000년대 무렵에 멀티플렉스• 형태의 영화관이 늘어나면서 관객 수가 급격히 성장하였다. 2018년 기준으로 한국에는 영화관이 약 500여 개 있으며, 연간 영화관 관객 수는 2억 1639만 명으로 전 세계 5위에 해당한다. 또한 한국에서 제작한 영화는 한국뿐 아니라 해외 여러 나라에서 상영되고 있다.

• **멀티플렉스(MULTIPLEX)**
두 개 이상의 스크린을 가진 영화관

스포츠에서는 프로 야구와 프로 축구, 프로 농구와 프로 배구가 인기가 높다. 야구와 축구는 봄부터 가을, 농구와 배구는 가을부터 봄까지 경기가 진행된다.

알아두면 좋아요 한국의 '방' 문화를 즐겨보셨나요?

한국에는 독특한 '방' 문화가 있다. 길거리를 걷다 보면 노래방, PC방, 찜질방, 만화방 등을 쉽게 발견할 수 있다. 특히, PC방은 1990년대 후반 이후 인터넷이 보급되면서 널리 퍼지게 되었다. PC방에서는 주로 게임을 많이 하는데 최근에는 게임도 하나의 대중문화로 자리 잡으면서 'e스포츠'로 불리고 있다. 또한 전통 온돌문화를 느낄 수 있는 찜질방 역시 친구나 동료, 가족들과 함께 많이 찾는다.

최근에는 기술이 발전함에 따라 실내 스크린을 활용한 야구장이나 골프연습장을 방문하는 사람들도 늘어나고 있다. 그리고 다른 나라에도 이러한 독특한 '방' 문화가 자주 소개되어 한국을 찾는 외국인에게도 중요한 여행 코스가 되고 있다.

02 세계인이 좋아하는 한국 대중문화에는 무엇이 있을까?

한류의 시작

● **한류**
한국의 대중문화, 즉 한국에서 제작된 드라마, 영화, 방송, 음악, 옷, 음식, 패션 등이 해외에서 널리 소비되는 문화적 현상

'한국' 하면 어떤 것이 떠오르는지에 대한 질문에 외국인들은 주로 드라마, K-POP, 한국 음식이라고 답했다. 2000년 전후, 한국의 영화와 드라마가 아시아 여러 나라로 수출되면서 한국의 대중문화와 연예인에 대한 관심이 높아지게 되었다. 이렇게 한국의 대중문화가 여러 나라로 확산되면서 대중적 인기를 끌게 된 현상을 한류(韓流, Korean wave)●라고 한다.

세계인들이 좋아하는 한국 대중문화

한국 가수들이 해외로 진출하면서 K-POP(케이팝)의 성장도 눈에 띈다. K-POP의 인기 요인으로는 가수들의 매력적인 외모와 스타일, 따라 부르기에 신나는 가사와 리듬, 뛰어난 춤 실력을 뽑을 수 있다. K-POP의 인기는 한국에 대한 흥미와 호기심으로 이어지면서 한국어와 한국문화를 배우는 외국인이 늘어나고 있다.

▲ 2019 빌보드 뮤직 어워드에서 수상한 BTS(방탄소년단)
(사진 출처: 〈연합뉴스〉)

한편, 비빔밥, 김치, 떡볶이, 삼겹살, 불고기 등 여러 종류의 특색 있는 한국 음식에 대해서도 외국인들은 큰 관심을 보이고 있다. 한국 음식은 줄여서 '한식'이라고 부르는데, 외국인 관광객을 대상으로 전통 시장에서 한식을 맛보거나 한식 요리 만들기를 직접 체험해 볼 수 있는 프로그램도 인기를 끌고 있다.

또한 한국의 스타들이 하는 화장법이나 패션 등을 좋아하는 사람들이 늘어나고 있다. 이는 'K-BEAUTY'와 'K-FASHION' 등 새로운 한류의 유형으로 주목 받고 있다.

● **예능 프로그램**
오락적인 내용으로 재미와 웃음을 주는 방송프로그램

그 밖에 태권도를 중심으로 한 한국의 스포츠와 독창적이고 다양한 장르의 영화도 꾸준한 관심을 받고 있다. 특히, 최근에 여러 한국 영화들이 주요 국제 영화제에서 수상함으로써 작품성도 인정받고 있다. 또한 드라마뿐 아니라 한국의 예능 프로그램● 형식이 해외로 수출되었고, 현지 환경에 맞게 리메이크되어 큰 호평을 받고 있다.

알아두면 좋아요 제92회 아카데미 영화제 작품상 등 4관왕을 수상한 영화 '기생충'

봉준호 감독, 송강호 주연의 한국 영화 '기생충'이 제72회 칸 영화제 최고상인 황금종려상에 이어 제92회 아카데미 영화제에서 작품상, 감독상, 각본상, 국제영화상 등 4개 부분에서 수상하였다. 영화 '기생충'은 부자 가족과 가난한 가족의 이야기를 담고 있으며, 작품성과 대중성, 예술성을 골고루 갖추었다는 평가를 받았다. 한편, 미국 골든글로브 시상식에서 외국어영화상을 받은 봉준호 감독의 "1인치 정도 되는 자막의 장벽을 넘으면 여러분이 훨씬 더 많은 영화를 볼 수 있으며, 영화는 모두 연결돼 있다"라는 수상 소감은 세계 많은 사람들에게 큰 감동을 전해 주었다.

(사진 출처: 〈연합뉴스〉)

주요 내용정리

01 한국에는 어떤 대중문화가 있을까?

- 많은 사람들이 즐기고 누리는 문화를 (   )라고 한다.
- 한국 가요 중 특정한 시기에 인기를 끄는 노래를 (   )라고 한다.
- 한국의 스포츠 중에서 대표적으로 인기 있는 종목은 (   ), (   ), 프로 농구, 프로 배구이다.

02 세계인이 좋아하는 한국 대중문화에는 무엇이 있을까?

- 드라마, 영화, 방송, 음악, 옷 등 한국의 대중문화가 세계 여러 나라로 확산되어 대중적 인기를 얻게 된 현상을 (   )라고 한다.
- 한국의 가수들이 해외로 진출하면서 (   )이 크게 성장하고 있다.

이야기 나누기

[한국인에게 사랑 받은 한국 영화]

영화 한 편은 감독과 스태프, 배우들의 노력을 통해 완성된다. 또한 그 영화가 제작된 나라의 문화, 국민들이 공유할 수 있는 정서와 관심 등을 담고 있다. 한국에서 천만 명 이상이 관람한 '7번방의 선물', '국제시장', '신과 함께-죄와 벌' 등의 영화도 이런 요소들이 잘 표현되어 많은 사랑을 받았다.

딸에 대한 아버지의 사랑을 진한 감동과 웃음으로 풀어낸 '7번방의 선물', 1950년대 6·25 전쟁 이후로부터 현재에 이르기까지 오직 가족을 위해 평생을 살아온 평범한 아버지의 이야기를 그려낸 '국제시장', 부모와 가족을 소중하게 생각하는 효 문화 및 한국의 신화 속 전통 신들의 이야기가 담겨있는 '신과 함께-죄와 벌' 모두 한국인들이 이해하고 공감할 수 있는 주제와 가치를 담고 있다.

▲ 7번방의 선물(2013)

▲ 국제시장(2014)

▲ 신과 함께(2017)

★ 자신의 고향 나라에서 인기 있었던 영화를 소개해 봅시다.

 **문화** **여가문화**

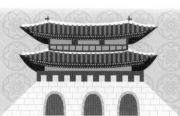

 생각해 봅시다

다음은 한국인이 여가 시간에 즐기는 주요 활동입니다.

▲ 텔레비전 시청

▲ 영화 관람

▲ 등산

▲ 배드민턴

01 한국에서 직장 일이나 가정 일, 공부 등에서 벗어난 자유로운 시간에 무엇을 합니까?

02 자신의 고향 나라에서는 여가 활동으로 주로 무엇을 합니까?

 학습목표

1. 한국의 여가문화 종류와 특징을 설명할 수 있다.
2. 여가활동에 능동적으로 참여할 수 있다.

 관련 단원 확인하기

영역		제목	관련 내용
기본	사회	12. 평생 교육	평생 교육기관과 지원제도
	문화	18. 대중문화	한국의 대중문화

01 한국에는 어떤 여가문화가 있을까?

여가가 있는 삶

일과 생활이 균형을 갖춘 삶을 살아가기 위해서는 자신이 좋아하고 흥미를 느낄 수 있는 활동에 참여하는 시간이 필요하다. 이를 '여가'라고 하며, 이와 관련하여 형성된 문화를 '여가문화'라고 한다. 한국은 2000년대 초·중반 무렵 주 5일 근무제 시행을 시작으로 현재 1인당 국민소득* 3만 달러 시대, 주 52시간 근무제 도입, 평균 기대 수명 증가와 같은 변화를 맞이하면서 여가의 중요성이 더욱 높아지고 있다. 한국 정부에서도 여가가 있는 삶을 보장받을 수 있도록 '국민여가활성화기본법'*을 제정하기도 하였다.

● **1인당 국민소득**
평균적으로 국민 한 사람이 일정 기간(1년)에 벌어들이는 소득

● **국민여가활성화기본법**
자유로운 여가활동을 할 수 있는 기반을 만들고 여가활동을 통하여 삶의 질을 향상시킬 수 있도록 지원하는 법

한국의 여가

문화체육관광부의 '2022 국민여가활동 조사'에 따르면 한국인의 평일과 휴일 여가 시간이 꾸준히 증가하는 추세이며, 월평균 여가 비용 역시 상승하고 있는 것으로 나타났다. 이는 과거보다 여가를 더 중요하게 여기고 있음을 보여준다.

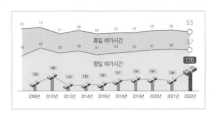

▲ 여가시간 및 여가비용 추이
(문화체육관광부, 국민여가활동조사(2022))

한국인이 가장 많이 참여한 여가활동은 휴식활동으로 TV 시청, 낮잠, 산책, 찜질방 등이 여기에 해당한다. 또한, 쇼핑, 외식, 인터넷 검색, 1인 미디어, SNS 등과 같은 취미·오락활동 비중도 높다. 한편, 친구를 만나 이야기를 나누기도 하고, 친지 및 친척을 방문하여 오붓한 시간을 보내기도 한다. 또한, 운동이나 악기,

▲ '슈퍼주니어'의 온라인 콘서트 모습

독서, 외국어 등 여러 분야에서 자신이 좋아하거나 배우고 싶은 것을 다른 사람들과 함께 공유할 수 있는 동호회*가 활성화 되어 있다. 스포츠·문화예술 관람도 한국에서 인기 있는 여가활동이다. 스포츠 경기장을 직접 방문하여 응원하기도 하며, 박물관·미술관에서 전시회 관람, 공연장에서 콘서트, 뮤지컬, 연극을 즐기기도 한다. 코로나19 이후에는 전시나 공연 온라인 서비스를 통해 관람하는 새로운 형태의 여가문화도 나타났다.

● **동호회**
취미나 공통의 관심사, 목표를 가지고 정보를 나누면서 함께 즐기는 사람들의 모임

알아두면 좋아요 **여행을 떠나요! 대한민국 구석구석에 대한 여행 정보**

한국관광공사가 운영하는 '대한민국 구석구석' 누리집(korean.visitkorea.or.kr)에서는 각 지역별 여행 정보와 전국의 축제 정보를 월별로 확인할 수 있다. 이 누리집에서는 가족과 함께 가는 여행, 휴식과 회복이 필요한 여행, 아이들이 좋아하는 여행 등 주제에 따른 관광 코스도 자세히 안내하고 있다. '대한민국 구석구석' 블로그, 페이스북, 트위터, 인스타그램 등에서도 다양한 정보와 여행 사진을 참고할 수 있다.

02 여가활동에는 어떻게 참여할 수 있을까?

여가활동 참여하기

여가활동에 참여하는 방법은 점점 쉽고 다양해지고 있다. 영화, 스포츠, 공연과 같은 문화예술 관람을 원하면 직접 방문하여 입장권을 살 수도 있고 스마트폰 어플(앱)이나 누리집을 통해 예매할 수도 있다.

또한 각 지역의 행정복지센터*나 평생학습관*의 여가 프로그램에도 적은 비용으로 참여할 수 있다. 각 기

▲ 수원시 평생학습관 누리집

관은 지역 주민이 무엇을 배우기를 원하는지 조사하여 음악/미술/외국어/건강/컴퓨터/요리 등 다양한 프로그램을 제공하고 있다. 백화점이나 대형 마트의 문화센터에서도 다양한 프로그램을 만들어 놓고 있는데 여기에 참여하는 사람도 많다.

학교, 지역, 회사, 인터넷 커뮤니티 등에는 다양한 동호회가 있다. 사진, 축구, 미술, 독서 등 자신이 흥미를 가진 분야를 찾아 가입하여 다른 사람들과 공통의 관심사나 정보를 나누면서 함께 즐길 수 있다.

● **행정복지센터**
지역 주민의 생활 업무를 처리하고, 문화 및 복지 서비스를 지원하는 행정기관

● **평생학습관**
지역주민을 대상으로 인문교양, 문화예술, 직업능력 향상, 시민참여 등의 평생학습 프로그램을 운영

변화하는 여가문화

일과 삶의 균형(워라벨: Work and Life Balance), 휴식이 있는 삶에 대한 요구가 높아지면서 여가문화는 더욱 강조될 것으로 예상된다. 예를 들어, 건강에 대한 관심이 지속적으로 높아짐으로써 헬스, 수영, 요가 등에 대한 수요가 계속 늘어날 것이다. 금요일 오후부터 주말을 이용한 국내외 여행이 일상화되고, 자연휴양림 등에서 캠핑을 즐기는 사람도 증가할 것이다.

스마트 기기를 활용한 여가활동 유형 - 스마트 기기 활용자   사례수 = 9,165, 단위: %

모바일 메신저	웹서핑	인터넷 방송 시청	SNS 활동	게임	드라마/ 영화보기	음악 감상	TV 시청	웹툰·셀 웹툰 읽기	쇼핑	사진 촬영	인터넷 강의
23.1	19.3	11.0	10.0	9.1	6.2	6.0	3.9	3.2	2.5	1.4	1.1

▲ 스마트기기를 활용한 여가활동
(문화체육관광부, 국민여가활동조사(2022))

● **웹툰(WEBTOON)**
웹(WEB)과 카툰(CARTOON)의 합성어로서 인터넷 만화를 지칭함

또한 스마트기기를 활용한 모바일메신저, 웹서핑, 인터넷 방송 시청, SNS활동, 게임, 웹툰* 읽기 등은 물론 직접 온라인 콘텐츠를 만들어내는 방식의 여가활동을 즐기는 사람도 더욱 늘어날 것이다.

알아두면 좋아요 문화가 있는 날을 아세요?

'문화가 있는 날'은 2014년 1월 29일 처음 시작되었다. 매달 마지막 수요일에 일상에서 문화를 쉽게 접할 수 있도록 다양한 문화 혜택을 제공하고 있다. '문화가 있는 날'에는 영화관, 공연장, 박물관, 미술관, 문화재 등 전국의 2천여 개 문화시설을 할인 또는 무료로 즐길 수 있다. 더불어 직장인도 퇴근 후 이용이 가능하도록 일부 문화시설은 야간 개방을 한다. 예를 들어 2020년 기준으로 영화관에서는 매달 마지막 수요일 저녁 5시~9시까지의 영화는 5,000원으로 관람할 수 있다.
(누리집: www.culture.go.kr)

주요 내용정리

01 한국에는 어떤 여가문화가 있을까?

- 한국은 1인당 국민소득 3만 달러 시대, 주 (   ) 근무제 도입 등과 같은 변화를 맞이하면서 여가의 중요성이 더욱 높아지고 있다.
- 운동이나 악기, 독서, 외국어 등 자신이 좋아하거나 배우고 싶은 것을 다른 사람들과 정보를 나누면서 함께 즐기는 (   )가 활성화되어 있다.

02 여가활동에는 어떻게 참여할 수 있을까?

- 지역 주민의 생활 업무를 처리하고, 문화 및 복지 서비스를 지원하는 행정기관인 (   )를 통해 여가 프로그램에 참여할 수 있다.
- (   )과 (   )의 균형, 휴식이 있는 삶에 대한 기대가 높아지면서 여가문화는 더욱 중시될 것이다.
- (   ) 관리에 대한 관심이 지속적으로 늘어남으로써 헬스, 수영, 요가에 대한 수요도 증가할 것이다.

 ## 이야기 나누기

[한국인의 여가활동의 목적은?]

2022 국민여가활동조사 보고서에 따르면 한국 국민의 여가활동의 주된 목적은 '개인의 즐거움'으로 나타났다. 그리고 '마음의 안정과 휴식', '스트레스 해소', '자기만족', '가족과 시간을 함께하기'등에 응답한 비율도 대체로 높게 나타났다. 15-19세, 20대에서는 39% 이상이 '개인의 즐거움을 위해' 여가활동을 하고 있으며, 50대 이상에서는 '건강을 위해' 여가활동을 하는 경우가 다른 연령대보다 많은 것으로 나타났다.

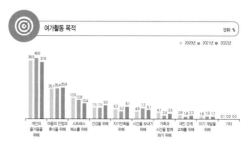

▲ 여가활동의 목적
(문화체육관광부, 국민여가활동조사(2022))

★ 자신이 한국에서 즐겨하는 여가활동과 그 목적을 서로 이야기해 봅시다.

대단원 정리

・전통 가치	효와 예절: 높임말, 웃어른 공경 공동체와 연고 중시: '우리, 함께'를 중요시함
・전통 의식주	한국 음식: 밥, 국, 반찬이 기본 식단 한복: 바지와 저고리(남자), 치마와 저고리(여자) 한옥: 기와집과 초가집
・의례	결혼식: 부부가 되는 의례 장례식: 사람이 죽었을 때 치르는 의례
・명절	설날: 음력 1월 1일, 떡국을 먹으며 건강과 장수를 기원 추석: 음력 8월 15일, 한 해 농사에 감사하는 전통에서 유래
・종교	한국은 불교와 유교, 천주교와 개신교 등과 같은 종교를 누구나 자유롭게 가질 수 있음
・대중문화	한국의 인기 있는 대중문화: 드라마, 음악과 노래(K-POP), 영화, 스포츠, 예능 프로그램 등
・여가문화	일과 생활이 균형 잡힌 삶을 살아가기 위해서는 여가활동이 필요함

문화체육관광부
www.mcst.go.kr

남산골한옥마을
www.hanokmaeul.or.kr

전통문화포털
www.kculture.or.kr

한식포털
www.hansik.or.kr

한국예절문화원
www.etiquette.or.kr

대한민국 구석구석
korean.visitkorea.or.kr

QUIZ 가로 세로 퀴즈

가로 열쇠

㉮ 한옥의 중요한 특징으로 아궁이에 불을 때어 방을 따뜻하게 하는 난방 장치

㉯ 추석은 ○○○ 또는 가배라고도 불림

㉰ 석가모니가 만든 종교로 중국을 거쳐 4세기 무렵 삼국 시대에 들어옴

㉱ 사람이 죽었을 때, 예를 갖추어 돌아가신 분을 보내는 의례

세로 열쇠

① 아이가 태어난 지 1년이 되는 첫 번째 생일

② 한국의 대중문화가 여러 나라로 확산되면서 대중적 인기를 끌게 된 현상

③ 개신교 예배는 ○○에서 드림

④ 남자와 여자가 부부가 되기로 서약하는 의례

단원 종합 평가

01 〈보기〉의 설날에 먹는 음식에 대한 설명 중 ㉠과 ㉡에 들어갈 용어로 적합한 것은?

───── | 〈보기〉 | ─────

차례와 세배를 마친 후에는 떡국을 먹는다. 떡국은 흰 가래떡을 얇게 썰어 끓인 것으로 설날의 대표적인 음식이다. 흰 가래떡은(㉠)와/과(㉡)을/를 상징하며, 떡국 한 그릇을 먹으면 나이도 한 살 더 먹는다는 의미가 담겨 있다.

	㉠	㉡			㉠	㉡
①	건강	장수		②	장수	희망
③	장수	기쁨		④	건강	기쁨

02 〈보기〉의 빈 칸에 공통으로 들어갈 알맞은 말은?

───── | 〈보기〉 | ─────

설날 아침에는 조상에게 감사하는 의식인 차례를 지낸다. 그리고 부모님 또는 조부모님 등 집안의 윗사람에게 (   )를 한다. (   )를 받은 윗사람은 자녀 등 아랫사람에게 한 해 동안 건강하고 잘 지내라고 덕담을 한다.

① 성묘   ② 세배   ③ 벌초   ④ 연날리기

03 다음 중 한국의 식사 예절로 옳은 것을 〈보기〉에서 모두 고른 것은?

───── | 〈보기〉 | ─────

ㄱ. 숟가락과 젓가락을 동시에 들고 사용한다.   ㄴ. 밥그릇이나 국그릇을 손으로 들고 먹는다.
ㄷ. 웃어른이 먼저 수저를 들 때까지 기다린다.   ㄹ. 입안에 음식이 있을 때에는 가급적 말하지 않는다.

① ㄱ, ㄴ   ② ㄱ, ㄹ   ③ ㄴ, ㄷ   ④ ㄷ, ㄹ

04 다음 중 한국에서 창시된 종교가 <u>아닌</u> 것은?

① 유교   ② 원불교   ③ 대종교   ④ 천도교

05 한국의 여가문화에 대한 설명으로 옳은 것은?

① 영화 관람의 경우 반드시 영화관에 직접 가서 표를 구매해야 한다.
② 주 52시간 근무제가 도입되면서 여가의 중요성이 더욱 높아졌다.
③ 행정복지센터나 평생학습관에서 운영하는 여가 프로그램은 모두 무료이다.
④ 자신이 좋아하거나 배우고 싶은 것을 다른 사람들과 함께 공유하기는 불가능하다.

06 〈보기〉의 빈 칸에 공통으로 들어갈 알맞은 말은?

───── | 〈보기〉 | ─────

제사를 지낼 때 가족이 함께 모여 추모하는 마음으로 제사 음식 앞에서 조상에게 절을 두 번 한다. 제사를 마친 후에는 가족들이 함께 모여 제사 음식을 나누어 먹는다. 이를 (   )이라고 한다. (   )은 조상이 주는 복을 나누어 받는다는 의미가 담겨 있다.

① 절   ② 화장   ③ 음복   ④ 문상

한국의 세시풍속 이야기: 절기

기후 변화가 뚜렷한 한국은 예로부터 1년을 봄, 여름, 가을, 겨울 네 계절로 나누고 다시 4계절을 24절기로 나누어 놓았다. 보통 한 절기와 다음 절기 사이에서는 평균 15일 가량의 차이가 있고, 보통 한 달에 두 번 가량 절기가 들어있게 된다. 또한 계절에 따라 의미 있는 날을 정해 놓고 기념하였는데 이러한 날들을 명절이라 한다. 이러한 절기나 명절에 따라 연례 행사를 진행하였는데 이를 세시풍속이라 한다. 절기와 명절의 대표적인 예는 다음과 같다.

[입춘] 양력 2월 4일

1년의 시작을 알리는 봄을 대표하는 절기인 입춘. 이날은 콩을 문이나 마루에 뿌려 악귀를 쫓고 좋은 글귀를 써서 천장에 붙이곤 하였다. 봄이면 흔히 보이는 '입춘대길 立春大吉'이 대표적인 예이다.

[소서] 양력 7월 7일

소서. 즉 작은 여름이라 하는데, 이때부터 본격적인 무더위가 시작되며 각종 채소나 과일이 풍성해진다. 특히 단오때부터 즐기기 시작하는 '국수'와 '수제비' 등이 이 시기에 가장 맛이 좋다고 한다.

[처서] 양력 8월 23일

여름이 지나 더위도 가시고 선선한 가을을 맞이하게 된다고 하여 처서라 불렀다. 처서가 지나면 따가운 햇볕이 누그러져 풀이 더 자라지 않기 때문에 산소의 풀을 깎아 벌초를 한다.

[동지] 양력 12월 22일

1년 중 밤이 가장 길고, 낮이 가장 짧은 날이다. 붉은 색의 팥죽을 먹어 귀신을 쫓는 풍습이 지금까지 이어져 오고 있다. 팥죽에는 나이만큼 새알이라 불리는 떡을 넣었다.

한국의 세시풍속 이야기: 명절

[설날] 음력 1월 1일

음력으로 한 해가 시작되는 새해 첫 달의 첫날, 서로에게 '새해 복 많이 받으세요.'라고 인사하며 덕담을 나누는 풍습이 있는 명절

[정월대보름] 음력 1월 15일

음력 정월보름날을 말하며 나쁜 일을 물리치고 좋은 일이 오기를 바라는 마음에서 부럼 깨물기, 더위팔기, 귀밝이술 마시기, 줄다리기, 다리밟기, 고싸움, 돌싸움, 쥐불놀이 등을 하는 명절

[삼짇날] 음력 3월 3일

다시 새로운 농사일을 시작할 시점에 겨울 동안 움츠렸던 몸과 마음을 펴고 한 해의 건강과 평화를 비는 명절

[단오] 음력 5월 5일

모내기를 끝내고 풍년을 기원하는 제사이기도 한 단오는 단오떡을 해먹고 여자는 창포물에 머리를 감고 그네를 뛰며 남자는 씨름을 하면서 하루를 보내는 명절

[유두] 음력 6월 15일

신라 때부터 유래한 것으로, 나쁜 일을 떨어 버리기 위하여 동쪽으로 흐르는 물에 머리를 감는 풍습이 있는 명절

[추석] 음력 8월 15일

음력 팔월 보름을 일컫는 말로 가을의 한가운데 달이며 또한 팔월의 한가운데 날이라는 뜻을 지니고 있는 연중 으뜸인 명절

제 4 편

정치

20 정치 한국의 민주 정치

 생각해 봅시다

다음은 사회통합프로그램 수업 교실 모습입니다.
학생들이 스마트폰 사용 규칙을 정하자는 의견이 나왔습니다.

01 교실에서 스마트폰 사용 관련 규칙은 어떻게 결정하는 것이 좋을까요?

02 어떤 조직이나 단체에서 함께 생활하는 사람과 갈등이 생겼을 때, 이를 민주적으로 해결하기 위해서는 어떻게 해야 합니까?

 학습목표

1. 민주주의와 주권의 의미를 설명할 수 있다.
2. 권력 분립의 필요성과 방식을 설명할 수 있다.

 관련 단원 확인하기

영역		제목	관련 내용
기본	정치	24. 선거와 지방자치	선거
심화	역사	7. 민주주의의 발전	민주주의의 발전 과정

01 한국의 주인은 누구일까?

정치와 민주주의의 의미

'정치'하면 무엇이 떠오르는가? 누군가는 선거*를 떠올리고 누군가는 대통령을, 누군가는 법을 떠올릴 수도 있다. 정치는 좁게 보면 국가를 통치*하는 것을 가리키므로 선거, 대통령, 법 등과도 밀접한 관계가 있다. 한편, 넓은 의미의 정치는 국가를 다스리는 일은 물론 일상생활에서 사람들 사이의 서로 다른 이해관계*를 조정하는 것을 가리킨다. 학교나 회사에서 어떤 규칙을 정하는 것, 지역의 문제 해결을 위해 주민 회의를 여는 것 등도 일상생활 속 정치의 모습이다.

이러한 정치는 민주주의*에 맞게 이루어져야 국민을 이롭게 할 수 있다. 다시 말해서 국민 사이의 다양한 의견 차이를 민주적인 방식으로 좁히고 조정해서 서로에게 이익이 될 수 있도록 하는 것이다. 한국도 과거에는 왕이나 귀족 등이 국가의 일을 의논하고 결정했다. 하지만 오늘날은 민주주의의 원리에 따라 모든 국민이 신분이나 재산, 성별 등과 관계없이 자유롭게 한국 사회에 대해 다양한 목소리를 표출하고 해결 과정에 참여할 수 있다.

- **선거**
어떤 단체의 대표를 뽑음

- **통치**
나라나 지역을 다스림

- **이해관계**
이익과 손해가 걸려 있는 관계

- **민주주의(democracy)**
국민이 권력을 가지고 스스로를 다스린다는 것을 의미하며, 인간의 존엄성, 자유, 평등과 같은 가치를 추구함

한국의 주인은 국민

헌법은 한국의 최고 법으로 한국을 이끌어 가는 기본 원리와 국가 기관의 구성, 그리고 한국 국민의 기본적인 권리*와 의무 등을 담고 있다. 한국의 헌법 제1조에는 '대한민국이 민주주의를 기반으로 한 공화국이며, 대한민국 국민은 국가의 주인으로서 모든 권력*의 뿌리가 된다.'는 점을 명시*하고 있다. 이는 한국에서는 특정 개인이나 정치인이 아니라 한국 국민이 주권*을 가지고 있으며, 국민의 뜻에 따라 국민을 위한 민주 정치를 하고자 한다는 점을 분명히 한 것으로 볼 수 있다.

대한민국헌법 제1장 제1조
① 대한민국은 민주공화국이다.
② 대한민국의 주권은 국민에게 있고, 모든 권력은 국민으로부터 나온다.

▲ 한국의 헌법 제1조

- **권리**
어떤 일을 하거나 다른 사람에 대하여 당연히 요구할 수 있는 힘이나 자격

- **권력**
다른 사람을 복종시키거나 지배할 수 있는 공식적인 권리와 힘

- **명시**
분명하게 보여줌

- **주권**
주인으로서 권리

알아두면 좋아요 한국 민주주의 발전에 큰 영향을 준 사건

4·19 혁명(1960년): 3·15 부정 선거에 대한 반발로 일어난 학생과 시민들의 시위로 이승만 대통령이 대통령 자리에서 물러남.
5·18 민주화 운동(1980년): 군인 세력 집권 반대와 민주주의 회복에 대한 광주 시민의 민주화 운동으로 시위 과정에서 수많은 광주 시민이 군인들에 의해 희생됨.
6월 민주 항쟁(1987년): 대통령 직선제, 헌법 개정 등을 요구하는 시위가 전국적으로 일어나 결국 대통령 직선제 등의 내용을 담은 헌법이 새로 만들어짐.

▲ 〈4·19 혁명 당시 남대문 앞의 시위 모습〉

02 한국은 왜 국가 기관의 권력을 나누어 놓았을까?

권력 분립의 필요성

국가의 모든 일을 한 사람이 결정한다면 국민의 자유와 권리는 보장되기 어렵다. 권력을 가진 사람이 자신이나 가족, 친구 등에게만 유리한 결정을 내릴 수도 있다. 따라서 오늘날 한국을 비롯한 대부분의 민주주의 국가는 국가 권력이 특정 개인이나 집단에 집중되지 않도록 몇 개로 나누어 각각을 독립시켜 놓고 있다.

국가 권력을 여러 기관이 나누어 갖도록 하는 원칙을 '권력 분립의 원칙'이라고 한다. 한국은 민주주의 실현을 위해 국가 권력을 입법부(국회), 행정부(정부), 사법부(법원)로 나누어 놓았다. 국가 권력을 세 개로 분리해 놓았다는 의미에서 이를 '삼권 분립'이라고도 한다. 이처럼 권력을 몇 개로 분리해 놓으면 특정 개인이나 집단이 국가의 중요한 일을 마음대로 처리하기 어렵다. 권력 분립은 궁극적*으로 국민의 권리와 이익을 보호하는데 기여*할 수 있다.

• 궁극적
어떤 일의 마지막

• 기여
도움이 되도록 함

삼권 분립을 통한 권력의 견제와 균형

국민이 뽑은 대표들이 모인 입법부(국회)에서 만드는 법은 국가를 운영하는 기본적인 규칙이 된다.

행정부(정부)는 입법부에서 제정한 법에 따라 국민을 위한 다양한 정책과 활동을 펼친다.

사법부(법원)는 입법부가 만든 법을 해석하고 적용하여 재판을 한다.

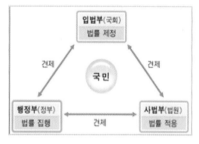

▲ 한국의 권력 분립

• 견제
상대편이 지나치게 많은 세력을 가지거나 마음대로 행동하지 못하도록 제한함

이 세 기관은 각각 다른 두 기관을 견제*한다. 입법부는 행정부와 사법부의 고위 공무원이 헌법과 법을 위반했을 때 그를 파면하도록 헌법재판소에 요청할 수 있다. 행정부의 대통령은 입법부가 만든 법안을 거부할 수 있다. 사법부는 국회에서 만든 법안이 헌법에 위반되는지 여부를 판단해 달라고 헌법재판소에 요청할 수 있다.

이와 같은 방식으로 입법부, 행정부, 사법부는 어느 한쪽이 권력을 함부로 사용하지 못 하도록 견제하면서 균형을 이룰 수 있도록 하였다.

알아두면 좋아요 **민주 정치의 반대말은 무엇일까?**

독재 정치는 민주 정치의 반대말이다. 독재는 어떤 개인이나 단체 등이 모든 권력을 차지하고 일을 마음대로 처리하는 것이다. 한국에서도 독재 정치가 이루어진 시기가 있었다. 일부 대통령들은 대통령직을 오래 유지하기 위한 과정에서 또는 정권을 얻기 위한 과정에서 불법이나 폭력을 이용하기도 했다. 그로 인해 많은 사람이 억압당하고 희생되었다는 점에서 독재 정치는 비판을 받는다.

[출처] 천재학습백과 초등 사회 용어사전, 천재교육.

주요 내용정리

01 **한국의 주인은 누구일까?**

- 넓은 의미의 (   )는 일상생활에서 사람들 사이의 서로 다른 이해관계를 조정하는 것이다.
- 오늘날 한국에서는 (   ) 원리에 따라 모든 국민이 차별 없이 자유롭게 한국 사회에 대해 다양한 목소리를 표출하고 해결 과정에 참여할 수 있다.
- 한국에서는 특정 개인이나 정치인이 아니라 한국 국민이 (   )을 가지고 있다.

02 **한국은 왜 국가 기관의 권력을 나누어 놓았을까?**

- 한국은 민주주의 실현을 위해서 국가 권력을 (   ), (   ), (   )으로 나누어 놓았다.
- 국가 권력을 여러 기관으로 나누는 것을 (   ) 원칙이라고 한다. 한국은 국가 권력을 세 개로 분리해 놓았다는 점에서 (   )이라고도 한다.
- 입법부는 국가 운영의 기본이 되는 법을 (   )하고 행정부는 법에 따라 정책을 (   )하며 사법부는 법을 해석하고 (   )하여 재판을 한다.

 ## 이야기 나누기

[일상생활과 민주주의]

가정에서	학교에서

가정에서 중요한 결정이 필요할 때, 가족회의를 개최하고 **다수결의 원칙**에 따라서 결정을 한다.

학교에서 학급의 반장을 뽑는 반장 **선거**를 한다.

★ 일상생활에서도 민주주의를 적용할 수 있는 예를 생각해 봅시다.

21 정치 입법부

 생각해 봅시다

다음은 한국에서 생활하는 외국인에 대한 대우를 규정해 놓은 '재한외국인 처우 기본법'의 일부 내용을 쉽게 풀어쓴 것입니다.

> **재한외국인 처우 기본법**
>
> 제1조 (목적) 이 법은 한국에서 생활하는 외국인이 받게 되는 대우 등에 관한 내용을 정해 놓았다. 이를 통해 외국인이 한국 사회에 적응하여 자신의 능력을 충분히 발휘할 수 있도록 하고, 한국 국민과 외국인이 서로를 이해하고 존중하는 환경을 만들어 한국의 발전과 사회 통합에 이바지하는 것을 목적으로 한다.
>
> 제10조 (한국에서 생활하는 외국인의 인권 보호) 국가와 지방자치단체는 한국에서 생활하는 외국인 또는 그 자녀에 대한 불합리한 차별을 막고 인권 보호를 위한 교육 등을 위해 노력해야 한다.
>
> 제11조 (한국에서 생활하는 외국인의 사회적응 지원) 국가와 지방자치단체는 외국인이 한국에서 생활하는 데 필요한 기본적인 지식에 관한 교육, 정보 제공, 상담 등을 지원할 수 있다.

01 이 법은 한국에서 생활하는 외국인에게 어떤 도움을 줄 수 있는지 왼쪽에 제시된 법 조항에서 그 구체적인 내용을 찾아볼까요?

02 왼쪽과 같은 내용을 법으로 만들어 놓은 이유는 무엇입니까?

 학습목표

1. 입법부의 의미와 국회의 구성을 설명할 수 있다.
2. 국회가 하는 일을 설명할 수 있다.

 관련 단원 확인하기

영역		제목	관련 내용
기본	정치	20. 한국의 민주 정치	권력 분립
심화	정치	9. 정치 과정과 시민 참여	정치 과정

01 법은 누가, 어디서 만들까?

국회라고 불리는 입법부

민주주의 국가에서는 국민이 선거를 통해 뽑은 대표를 중심으로 국가의 일을 결정하고 있다. 국민의 대표가 모여서 나라의 중요한 일을 논의하고 그와 관련한 법을 만들거나 고치는 기관을 입법부라고 한다. '입법'은 '법을 세운다.', '법을 만든다.'는 의미이다. 한국에서는 입법부를 국회라고 부른다.

● **득표율**
전체 투표수에서 찬성표를 얻은 비율

● **출마**
선거에 후보로 나섬

● **당선**
선거에서 뽑힘

▶ 국회의사당 전경

국회의 구성

국회는 4년에 한 번씩 실시되는 국회의원 총선거(총선)를 통해 선출된 국회의원으로 구성된다. 국회의원은 각 지역의 대표인 지역구 의원과 각 정당의 득표율●에 따라 선출되는 비례대표 의원이 있다. 각 지역구에서는 출마● 한 후보자 중 가장 많은 표를 얻은 사람 1명이 당선●되고, 비례대표는 정당 투표를 통해 얻은 득표율에 따라 당선

▲ 국회의사당 회의 모습

자가 가려진다. 국회의원 수는 헌법과 법률에 따라 결정되는데 300명이다. 한국 국회는 상원, 하원의 구분이 없는 단원제● 방식을 선택하고 있다.

● **단원제**
입법부가 한 개만 존재하는 방식. 상원과 하원 두 개가 있으면 양원제라고 부름

● **특권**
특별히 주어지는 권리

● **회기**
국회가 활동할 수 있는 일정한 기간

국회의원의 특권과 의무

국회의원이 국가의 중요한 법을 만들거나 행정부, 사법부 등 다른 국가 기관을 견제하는 과정에서 부당한 압력을 받아서는 안 된다. 이를 위해 국회의원에게는 특권●이 주어지기도 한다. 예를 들어 국회의원은 국회가 열리고 있는 회기● 중에는 국회의 동의 없이 체포되지 않는다. 이를 불체포 특권이라고 한다.

국회의원이 이러한 특권을 누리는 만큼 따라야 할 의무도 있다. 국회의원은 고위 공직자● 로서 청렴●해야 하고 개인보다 나라의 이익을 먼저 생각해야 한다. 또한, 자신의 높은 지위를 이용해서 부정한 방법으로 재산을 모으지 않도록 재산을 공개해야 한다.

● **고위 공직자**
국가의 일을 맡은 사람들 중에 중요하고 높은 관직에 있는 사람

● **청렴**
성품과 행실이 바르고, 뇌물을 받지 않는 등 재물 욕심이 없음

> **알아두면 좋아요** 총선에는 투표 용지가 2장!
>
> 국회의원을 뽑는 선거를 총선이라고 한다. 총선에 참여하는 유권자는 투표소에 가서 두 번 투표하게 된다.
> 한 장은 자신이 살고 있는 지역의 대표 후보자에게, 다른 한 장은 본인이 지지하는 정당에 투표한다.

▲ 국회의원 선거일에 투표소에 받게 될 투표용지 샘플
(출처: 중앙선관위)

02 국회는 어떤 일을 할까?

입법에 관한 일

법을 만드는 것(입법)은 국회의 가장 기본적인 일이다.
국회의원 10명 이상이 함께 법안*을 제출하면 새로운
법을 만들거나 고치는 일이 시작된다. 국회 재적*의원의
과반수가 출석하고 그중 과반수*가 찬성하면 법안이
통과*되어 법이 만들어진다. 국회 재적 의원의 수가
300명이라면 151명 이상이 국회에 출석해야 법안 통과를
위한 투표를 실시할 수 있다. 만약 국회의원 200명이
국회에 출석해서 투표했다면 101명 이상이 법안에 찬성해야 법안이 통과된다.

▲ 국회 법안 제출 모습

• 법안
법률로 만들어지기 전 단계의 초안

• 재적
어떤 조직이나 단체에 소속되어 있는 상태

• 과반수
전체의 절반이 넘는 수

• 법안 통과
법안이 의회(국회)에서 승인되는 것

국가 재정(살림)*에 관한 일

국회는 나라의 살림에 필요한 예산*을 확정하는 일을 한다. 정부가 1년 동안 나라를 이끌어
가는 데 쓸 돈에 대한 계획(예산안)을 짜서 국회에 제출하면 국회는 그것이 적절한지
살펴본다. 만약 건설 분야에 너무 많은 예산이 배정되었다고 판단되면 그와 관련한 예산을
줄이기도 하고, 교육 분야에 더 많은 돈이 필요하다고 판단되면 교육 예산을 늘리기도 한다.
정부의 예산은 국민이 낸 세금으로 마련되기 때문에 국민의 대표인 국회의원이 이를 검토*
하고 확정하는 것이다.

• 재정
경제적 활동이나 상태

• 예산
예상되는 수입과 비용

• 검토
사실이나 내용을 따져봄

국정에 관한 일

국회는 정부가 법에 따라 일을 잘하고 있는지 확인하기 위해 국정 감사를 실시한다. 국정
감사는 매년 9월-11월 사이에 기간을 정해 약 20일 정도 실시된다. 국회의원은 나랏일을
맡은 사람들에게 궁금한 점을 질문하고, 잘못한 일이 있으면 바로잡도록 요구한다. 국정
감사는 국회가 정부를 견제하고 감시할 수 있는 중요한 역할을 한다.

알아두면 좋아요 나라의 중요한 일을 맡으려면 먼저 국회 인사청문회부터!

청문회는 나라의 중요한 일과 관련하여 국회가 당사자(직접 관련된 사람)나 증인, 참고인 등에게 질문하고
사실이나 의견을 듣는 제도이다. 인사청문회는 대법원장, 국무총리, 장관 등과 같은 고위 공직자가 되고자 하는
사람들(후보자)에 대해 실시하는 것이다. 국회는 후보자가 그 자리에 적합한 능력과 도덕성을 갖추고 있는지에
관한 질문하고 답변을 듣는다. 인사청문회가 끝난 뒤, 국회는 후보자 임명에 대해 동의 또는 반대투표를 하거나
적격 혹은 부적격 의견을 정부에 제출한다.

▲ 인사청문회 모습

주요 내용정리

01 법은 누가, 어디서 만들까?

- 국민의 대표가 모여서 나라의 중요한 일을 논의하고 관련된 법을 만드는 곳을 (　　　　　　　) 라고 한다.
- 국민의 대표인 (　　　　)은 지역구 의원과 비례대표 의원으로 구성된다.
- 한국 국회의원의 수는 (　　　)명이다.

02 국회는 어떤 일을 할까?

- (　　)을 만드는 것은 국회의 가장 기본적인 일이다.
- 국회는 나라의 살림에 필요한 (　　　)을 확정하는 일을 한다.
- 국회에서는 정부가 법에 따라 일을 잘하고 있는지 확인하기 위해 (　　　　)를 실시한다.

 ## 이야기 나누기

[나의 의견도 법에 반영될 수 있다]

"이주민 근로자 퇴직금 '출국 후 수령제' 폐지를"

'퇴직금 출국 후 수령제' 때문에 이주민 근로자들이 퇴직금을 받는 데 어려움을 겪는 일이 많다는 지적이 나왔다. '외국인 이주·노동운동협의회', '이주노동자 차별철폐와 인권·노동권 실현을 위한 공동행동', '이주인권연대'는 '이주노동자 출국 후 퇴직금 수령제도 실태조사 발표회'를 열어 이런 주장을 폈다.

▶국가인권위원회에서 열린 '이주민 근로자 출국 후 퇴직금 수령 제도 실태조사 발표회' (사진 출처: 〈연합뉴스〉)

[출처] 한겨레(2019.08.12)

★ 자신의 생활, 일, 공부 등과 관련하여 제안하고 싶은 법이 있다면 그 내용을 이야기해 봅시다.

 생각해 봅시다

다음은 한국에서 생활하면서 경험할 수 있는 여러 가지 상황입니다.

01 각각의 상황에 놓여 있는 사람이라면 한국의 어떤 정부 기관으로부터 도움을 받을 수 있습니까?

02 자신의 고향 나라와 한국에서 각각 행정 기관을 이용해 본 경험을 이야기해 볼까요?

 학습목표

1. 행정부의 의미와 정부의 구성을 설명할 수 있다.
2. 대통령의 권한과 정부의 역할을 설명할 수 있다.

 관련 단원 확인하기

영역		제목	관련 내용
기본	정치	20. 한국의 민주 정치	권력 분립
심화	역사	7. 민주주의의 발전	한국 민주주의의 발전 과정

01 법은 누가 집행할까?

정부라 불리는 행정부

국회가 만든 법을 기반으로 하여 공익*을 실현할 목적으로 여러 정책을 만들고 실시하는 일을 행정이라고 한다. 출·입국관리, 여권 발급, 도로 건설, 초등학교 배정 등이 행정의 예이다. 행정부는 이처럼 국민에게 필요한 정책을 직접 집행*하면서 나라의 살림을 하는 곳이다. 행정부를 줄여서 정부라고도 부른다. 한국은 대통령을 중심으로 행정을 이끌어 가는 대통령제*를 채택하고 있다.

• **공익**
사회 전체의 이익

• **집행**
실제로 시행함

• **대통령제**
대통령을 중심으로 국정이 운영되는 정부 형태

정부의 구성

한국 정부는 대통령을 중심으로 국무총리와 여러 개의 부, 처, 청, 위원회 등으로 구성된다. 대통령은 정부의 최고 책임자로 나라의 중요한 일을 결정하며 외국에 대해 나라를 대표한다. 대통령은 국민의 직접 선거를 통해 선출*된다. 대통령의 임기는 5년이며 중임*은 할 수 없다.

▲ 국무총리 임명식
(사진 출처: 국무조정실 국무총리비서실)

국무총리는 대통령을 도와 행정부의 여러 정책을 관리하는 역할을 맡는다. 국무총리는 국회의 동의를 받아 대통령이 임명*한다.

각 부의 책임자는 장관이라고 부른다. 2023년 기준으로 한국 정부에는 19개의 부가 있다. 이외에도 식품의약품안전처, 재외동포청, 국가인권위원회 등과 같은 다양한 기관이 있다.

• **선출**
여럿 가운데서 뽑힘

• **중임**
어떤 일을 다시 맡음

• **임명**
일정한 지위나 임무를 남에게 맡김

▶ 정부 청사 소개

서울 청사   과천 청사

대전 청사   세종 청사

국무회의

정부가 국가의 중요한 정책에 대해 의논하고 결정할 때는 국무회의를 연다. 국무회의는 정부의 최고 의사 결정 기구이다. 대통령, 국무총리, 장관 등이 참여하며 의장은 대통령, 부의장은 국무총리이다.

알아두면 좋아요 국민 모두에게 개방된 청와대

서울시 종로구에 위치한 청와대는 푸른색 지붕을 가진 집이라는 뜻이다. 과거 대통령이 집무를 보았던 장소인 청와대 본관에만 청기와가 15만 장이 사용되었다. 청와대는 조선시대 왕들이 머물렀던 경복궁과 가까이 있으며 한국의 여러 대통령이 나랏일을 하던 장소로 사용되었었다. 청와대는 옛날 궁궐의 모습과 현대적인 건축 기술이 결합된 아름다운 건축물로 평가받고 있다. 청와대 홈페이지(reserve.opencheongwadae.kr)에서 미리 신청하면 청와대 시설을 관람할 수 있다(2023년 기준).

02 정부는 어떤 일을 할까?

대통령의 권한

● 권한
어떤 사람이나 기관의 힘이 미치는 범위

● 조약
외국과 맺은 약속으로 법과 같은 효력을 가짐

한국은 대통령제 국가이다. 대통령은 국가 운영에 관한 많은 권한●을 행사할 수 있다. 주요 권한으로는 국군을 지휘하는 권한, 국무총리와 각 부의 장관 등 공무원을 임명하는 권한이 있다. 또 국회가 만든 법안을 거부할 수 있는 권한, 범죄를 저지른 사람의 형벌을 줄여주거나 면제해 줄 수 있는 권한, 외국과 조약●을 맺을 수 있는 권한 등도 가지고 있다.

이승만(1~3대) (1948~1960) | 윤보선(4대) (1960~1962) | 박정희(5~9대) (1963~1979) | 최규하(10대) (1979~1980) | 전두환(11~12대) (1980~1988) | 노태우(13대) (1988~1993)

김영삼(14대) (1993~1998) | 김대중(15대) (1998~2003) | 노무현(16대) (2003~2008) | 이명박(17대) (2008~2013) | 박근혜(18대) (2013~2017) | 문재인(19대) (2017~2022) | 윤석열(20대) (2022~　)

▲ 한국의 역대 대통령

정부의 역할

▶ 정부24
http://www.gov.kr/

● 남북통일
남한과 북한으로 갈려 있는 우리 국토와 우리 겨레가 하나로 되는 일

● 검역
해외에서 전염병이나 해충 등이 들어오는 것을 막기 위해 공항이나 항구에서 검사하는 것

● 치안
나라를 안전하게 하는 일

정부는 국민의 자유와 권리 보호, 외교와 경제 발전, 남북통일● 등의 목적을 실현하기 위해 노력한다. 그래서 각 부의 장관을 비롯한 정부 공무원들은 국민의 삶에 도움을 주는 정책을 만들고 집행한다.

예를 들어, 법무부에서는 법질서와 이민 정책 등에 관한 일을, 고용노동부에서는 취업과 노동 등에 관한 일을, 여성가족부는 여성과 청소년 및 가족 관련 일을, 교육부는 초·중·고, 대학 및 평생 교육 등에 관한 일을 담당한다.

또한, 법무부에 속하는 출입국·외국인정책본부에서는 한국에 체류하는 외국인 등록과 사회 정착을 도와주는 일을, 보건복지부에 속하는 질병관리청에서는 각종 전염병에 대비한 검역● 관련 일을, 환경부에 속하는 기상청은 날씨에 관한 정보를 제공하는 일을, 행정안전부에 속하는 경찰청은 범죄 수사 및 치안● 등에 관한 일을 담당한다.

> **알아두면 좋아요** 대통령이 없는 국가에서는 정부를 누가 이끌까?
>
> 영국, 태국, 일본 등의 국가에서는 의회에서 정부 책임자를 뽑는데, 이를 총리 또는 수상이라고 한다. 이 나라에서는 총리 또는 수상이 국가를 대표하고 나라의 살림을 이끌어간다. 국왕이 있지만, 국왕은 국가의 상징적인 존재일 뿐 행정이나 정치에 직접 관여하지 않는다. 이처럼 정부 형태는 국가마다 다르지만, 정부의 최고 책임자가 국민을 위해 국가의 일을 맡는 것은 동일하다.
>
>
> ▲ 영국 총리와 엘리자베스 2세 영국 여왕 (사진 출처: 〈연합뉴스〉)

주요 내용정리

01 법은 누가 집행할까?

- 행정부의 최고 책임자는 (   )으로 나라의 중요한 일을 결정하며 국가를 대표한다.
- 대통령의 임기는 (   )년이며, 중임은 할 수 없다.
- 정부가 국가의 중요한 정책에 대해 의논하고 결정할 때 (   )를 연다. (   )의 의장은 대통령이고 부의장은 국무총리이다.

02 정부는 어떤 일을 할까?

- 대통령이 가진 권한에는 (   )을 지휘하는 권한, 주요 공무원을 임명하는 권한, 외국과 조약을 맺을 수 있는 권한 등이 있다.
- 정부의 여러 부처 중 (   )에서는 법질서와 이민 정책 등에 관한 일을, 고용노동부에서는 취업과 노동 등에 관한 일을 담당한다.

이야기 나누기

[외국인을 위한 정부 정책에는 어떤 것이 있을까?]

★★ 경찰 '외국인 보호를 위한 종합 안내서' 배부

★★지방경찰청은 외국인이 범죄를 신고했을 때 의사소통의 어려움을 줄여주기 위해 '외국인 보호를 위한 경찰 종합 안내서'를 만들어 나누어 주었다. 이 안내서에는 폭력의 개념, 피해를 입었을 때 대처하는 방법, 피해를 입었을 때 외국인의 개인 정보를 알려야 하는 의무 면제 등에 대한 내용을 담았다.

[출처] 대구신문(2019.09.19)

○○시, 다문화 가족을 위한 보건소 이용 안내서 배부

○○시는 영어, 베트남어, 중국어, 캄보디아어 등 5개 외국어로 된 건강 종합 안내서를 만들어 나누어 주고 있다. 보건소를 방문해 여러 나라 언어로 된 안내서를 받아본 외국인은 "모국어로 제작된 안내 책자를 보니 너무 반갑고, ○○시의 따뜻한 배려에 고마움을 느낀다"고 말했다.

[출처] 포천일보(2017.08.01)

◇◇시, 외국인 주민에게 '동행 통역 서비스' 실시

◇◇시는 외국인 주민이 민원실을 방문했을 때 모국어로 안내를 받을 수 있도록 외국인 주민을 위한 통역 서비스를 시작했다. ◇◇시 관계자는 "이 서비스를 활용하면 언어 문제로 어려움을 겪었던 외국인 주민의 관공서 이용이 훨씬 쉬워질 것"이라고 말했다.

[출처] 중부매일(2019.08.07)

★ 자신이 사는 지역에는 외국인을 위한 어떤 정책이 있는지 이야기해 봅시다.

23 정치 사법부

 생각해 봅시다

다음 그림은 법원에서 재판하는 모습입니다.

01 재판에서 누가 어떤 일을 할까요?

02 사람들 사이에 다툼이 있을 때, 어디에 도움을 구할 수 있을까요?

 학습목표

1. 사법부의 의미와 구성에 대해 설명할 수 있다.
2. 법원의 역할과 공정한 재판을 위한 노력을 설명할 수 있다.

 관련 단원 확인하기

영역		제목	관련 내용
기본	정치	20. 한국의 민주 정치	권력 분립
심화	정치	9. 정치 과정과 시민 참여	정치 과정

01 재판은 누가 할까?

법원이라고 불리는 사법부

국회에서 만든 법을 모든 사람이나 기관이 다 잘 지키면 좋겠지만 누군가 어기는 경우가 생긴다. 또한, 일상생활을 하다 보면 서로 다툼이 생기기도 한다. 이때 누군가가 정말 법을 어겼는지, 법을 어겼다면 어떤 대가를 치러야 하는지, 다툼을 해결하기 위해서는 어떻게 해야 하는지 등에 대해 정확한 판단을 내려야 한다.

재판을 통해 그러한 판단을 내려주는 기관이 사법부이다. 사법부는 법을 해석하고 적용하여 사람들 사이의 분쟁*을 해결하고, 법을 어긴 사람이 있으면 그 잘못에 대해 법에 따라 처벌* 하기도 한다. 사법부는 법원이라고도 불린다.

* **분쟁**
말썽을 일으켜 다툼

* **처벌**
벌을 줌

법원의 구성

법원의 종류에는 대법원, 고등법원, 지방법원, 가정법원 등이 있다. 지방법원은 18개로 전국의 주요 지방에 설치 되어 있다. 일반적으로 해당 지역에서 발생한 사건이나 분쟁에 관한 재판을 진행한다. 가정법원은 가족이나 친척 관계, 소년 문제 등에 관한 재판을 전문적으로 담당한다.

▲ 서울특별시 서초구 대법원 청사

* **판결**
법원이 소송 사건에 대하여 판단하고 결정을 내림

▶ 대법원장 임명장 수여 모습

(사진출처: 대통령실)

지방법원이나 가정법원의 판결*을 받아들일 수 없는 경우에는 고등법원에서 다시 재판을 받을 수 있다. 고등법원은 모두 6개로 서울, 부산, 대구, 광주, 대전, 수원에 각각 설치되어 있다. 고등법원의 판결도 받아들일 수 없는 경우에는 대법원으로 사건을 가져갈 수 있다. 대법원 은 사법부에서 가장 높은 기관으로 대법원장 1명과 그 외 대법관 13명으로 구성되어 있다. 대법원에서 판결한 내용은 법원의 최종적인 판단으로 인정받으며 변경할 수 없다.

알아두면 좋아요 소송 구조 제도 안내책, 이젠 16개국 언어로 읽자!

법원행정처가 다문화 가족, 이주민 근로자 등의 권리 보호를 위한 소송 구조 제도 안내 책자를 영어, 러시아어, 중국어, 베트남어 등 16개 언 어로 번역해 발간했다. 소송 구조 제도는 재판 과정에 필요한 돈을 내기 어려운 사람들을 대상으로 변호사 비용 등을 면제해 주거나 납부 기간 을 연장해 주는 제도이다. 법원행정처는 "번역된 소송 구조 제도 안내 책자를 통해 내국인은 물론 다문화 가족과 국내 거주 외국인 근로자 등에 대한 소송 구조 제도가 활성화되고 권리 구제 기회가 늘어날 것으로 기대된다."라고 밝혔다.

[출처] 법률신문뉴스(2019.08.28)

02 법원은 어떤 일을 할까?

재판을 통한 권리 보호와 질서 유지

일상생활에서 사람들 사이의 크고 작은 다툼이 생기기도 하고 국가나 지방자치단체의 잘못으로 개인이나 기업이 피해를 입기도 한다. 또한, 자신의 욕심 때문에 법을 어기고 사회에 피해를 끼치는 일도 발생한다. 이러한 경우에 법원은 법에 따른 재판을 통해 다툼을 해결하고 잘못을 바로잡는다. 이는 국민의 권리와 이익을 보호하고 사회 질서를 유지하기 위한 것이다.

▲ 공개 재판 방청 모습
(사진 출처: 〈연합뉴스〉)

공정한 재판을 위한 제도

재판이 공정*하게 이루어져야 국민의 권리를 보호하고 질서를 유지할 수 있다. 이를 위해 한국에서는 몇 가지 제도를 실시하고 있다.

첫째, 사법부의 독립을 헌법에서 보장하고 있다. 재판을 담당하는 판사(법관)에게 그 누구도 간섭할 수 없고 판사는 오직 헌법과 법률과 양심*에 따라 재판해야 한다.

둘째, 같은 사건에 대해 재판을 세 번까지 받을 수 있다. 일반적인 사건이라면 지방법원(1심), 고등법원(2심)을 거쳐 대법원(3심)의 판결까지 받을 수 있다. 이를 삼심제라고 한다.

셋째, 재판 과정은 특별한 이유가 없다면 공개한다. 재판부*의 허가가 있으면 재판 장면의 일부를 촬영하거나 중계방송을 할 수도 있다.

재판의 종류

재판에는 민사 재판, 형사 재판, 가사* 재판 등이 있다. 민사 재판은 사람들 간의 다툼을 해결하기 위한 재판이다. 예를 들어 아파트 층간 소음으로 인해 누군가 피해를 입고 그와 관련해 다툼이 일어났다면 민사 재판을 통해 피해의 정도를 결정할 수 있다. 형사 재판은 범죄와 형벌을 결정하기 위한 재판이다. 예를 들어, 다른 사람의 물건을 훔쳐 간 사람이 있다면 형사 재판을 통해 그 사람에게 어떤 죄를 묻고 벌을 얼마나 줘야 하는지 결정할 수 있다. 가사 재판은 결혼, 이혼, 재산 상속*, 자녀 양육 등과 관련된 분쟁을 해결하기 위한 재판이다.

● 공정
공평하고 올바름

● 양심
착하고 나쁨을 구별하는 도덕적 의식이나 마음씨

● 재판부
재판을 담당하고 이끌어가는 판사(들)

● 가사
가정과 관계된 일

● 상속
물려주고 이어받는 것

알아두면 좋아요 대법원의 결정이 우리 생활에 영향을 준다

'환경 오염 우려'를 이유로 폐기물 시설 허락하지 않은 결정은 정당하다!

거주 지역과 가까운 곳에 폐기물 재활용 시설을 설치하지 못하도록 한 지방자치단체의 결정이 정당하다는 대법원의 판결이 나왔다. A사는 ○○군에 폐기물 재활용 시설 설치를 허가해 달라는 사업 계획서를 제출했으나, ○○군은 이를 거부했다. 대법원은 "환경은 한 번 오염되면 원래대로 회복하는 것이 거의 불가능하므로 오염되지 않도록 예방하는 것이 중요하다. ○○군 주민의 건강이나 주변 환경에 미칠 수 있는 부정적인 영향을 이유로 부적합 통보를 한 것은 위법이 아니다."라고 하였다.

[출처] 연합뉴스(2020.01.20)

주요 내용정리

01 재판은 누가 할까?

- (   )는 법을 해석하고 적용하여 문제를 해결하고 사회 질서를 유지한다.
- (   )은 가족이나 친척 관계, 소년 문제 등에 관한 재판을 전문적으로 담당한다.
- 사법부에서 가장 높은 기관은 (   )으로 여기서는 최종적인 판결을 내린다.

02 법원은 어떤 일을 할까?

- 법원은 법에 따른 재판을 통해 다툼을 해결하고 잘못을 바로잡는다. 이는 국민의 (   )와 이익을 보호하고 사회 질서 유지를 위한 것이다.
- 공정한 재판을 위해 같은 사건에 대해 일반적으로 ( )번까지 재판을 받을 수 있다.
- (   ) 재판은 사람들 간의 다툼을 해결하기 위한 재판이고, (   ) 재판은 범죄와 형벌에 관한 재판이다.

 ## 이야기 나누기

[피의자(범죄를 저질렀을 것으로 의심받는 사람)의 인권도 보호해요!]

영장주의	사람을 체포하거나 구속할 때, 누군가의 물건을 압수하거나 어떤 장소를 수색(찾아서 조사)할 때는 반드시 법원이 발행한 영장(명령을 담은 문서)을 제시해야 해요.
미란다원칙	사람을 체포할 때는 다음과 같은 내용을 말해 주어야 한다. "당신은 변호인을 선임할 권리가 있고 변명의 기회가 있다. 이 체포가 부당하다고 생각하면 법원에 심사를 요청할 권리가 있다."
무죄추정의 원칙	재판을 통해 최종적으로 유죄 판결이 확정되기 전까지는 무죄인 것으로 추측하여 판단한다.

▲ 미란다 원칙 고지

★ 피의자의 인권을 보호해야 하는 이유는 무엇일까요? 자신의 고향 나라에서는 피의자의 인권을 어떻게 보호하는지 이야기해 봅시다.

 **선거와 지방자치**

 생각해 봅시다

다음은 A도시의 지역 사회 문제와 관련된 사진입니다.

01 사진 속에 나타난 A도시의 문제는 무엇이고, 누가 해결해야 합니까?

02 자신이 살고 있는 지역 사회의 문제에는 어떤 것이 있습니까? 어떤 해결 방법이 있을까요?

 학습목표

1. 선거의 원칙과 종류를 설명할 수 있다.
2. 지방자치제도와 주민 생활을 설명할 수 있다.

 관련 단원 확인하기

영역		제목	관련 내용
기본	정치	20. 한국의 민주정치	선거
심화	정치	10. 선거와 정당	선거

01 선거는 어떻게 이루어지고 있을까?

선거의 의미

선거는 국민이 자신을 대표할 사람을 직접 뽑는 것으로, 민주주의 국가에서 국민이 정치에 참여하는 기본적인 방법이다. 한국에서는 18세* 이상의 국민이면 선거에 참여할 수 있다.

• 선거권연령
선거권연령은 2019년 12월 공직선거법 개정안 통과로 기존 19세에서 18세로 하향 조정됨

선거의 4대 원칙

공정한 선거를 위해 한국 헌법에서는 보통·평등·직접·비밀선거라는 선거의 4대 원칙을 규정하고 있다.

보통 선거	선거에 참여할 수 있는 나이인 18세가 되면 한국 국민 누구나 참여할 수 있다.
평등 선거	성별·재산·학력·권력 등의 조건에 관계없이 공평하게 1인 1표씩 투표한다.
직접 선거	투표권을 가진 사람이 다른 사람을 거치지 않고 직접 투표하여 자신의 대표를 뽑는다.
비밀 선거	어떤 후보나 정당에 투표했는지 다른 사람이 알지 못하게 한다.

▶ 민주선거 원칙의 반의어
보통선거→제한선거
평등선거→차등선거
직접선거→간접선거
비밀선거→공개선거

선거의 종류

한국에서 실시되는 주요 선거의 종류는 다음과 같다.

▶ 투표하는 모습

선거	실시 간격	실시 시기	당선되는 사람	외국인의 참여 여부
대통령 선거 (대선)	5년	3월	대통령 1명	허용 안 됨
국회의원 총선거 (총선)	4년	4월	국회의원 300명	허용 안 됨
지방 선거	4년	6월	각 지역의 지방자치단체장, 지방의회의원, 교육감	영주권을 얻은 지 3년이 지난 18세 이상의 외국인 중 지방자치단체의 외국인 등록 대장에 올라 있는 사람은 참여 가능

알아두면 좋아요 투표일에 투표할 수 없다면? 사전 투표를 이용하세요!

각 선거의 투표일은 임시 공휴일로 정해져 있다. 그런데 그날 회사에 중요한 일이 있거나 개인적으로 사정이 생겨서 투표하지 못하는 상황이 생길 수도 있다. 이러한 경우에도 투표할 수 있도록 하기 위해 한국에서는 사전 투표를 실시한다. 사전 투표는 선거가 실시되기 전주 금요일과 토요일 아침 6시부터 저녁 6시까지 이루어진다. 사전 투표 기간에는 본인의 주소지와 상관없이 전국 어디든 본인이 가기 편리한 곳에서 투표할 수 있다. 사전 투표는 국민의 정치 참여를 높이기 위한 제도이다.

02 우리 지역을 위한 정치는 어떻게 할까?

지방자치제의 의미

● 지방자치제
'국가의 주인은 국민이고 국가와 그 권력은 국민으로부터 나온다.'라는 민주주의의 가장 근본적이고 일반적인 원리로부터 나온 제도

지역 주민이 스스로 자기 지역의 대표자를 뽑아서 지역의 정치를 담당하도록 하는 것을 지방자치제●라 한다. 각 지역마다 처한 상황이나 문제점이 다르기 때문에 정부에서 각 지역의 요구를 모두 처리하기가 어렵다. 그래서 각 지역의 자치단체와 주민이 지역의 일에 스스로 참여하고 해결하는 지방자치제가 필요하다.

▲ 지방 선거 홍보 포스터

지방자치제는 중앙 정부가 권력을 함부로 사용하는 것을 막을 수 있고 지역 주민이 일상적으로 정치에 참여할 수 있다는 점에서 민주주의를 잘 실현할 수 있는 제도이다. 지방자치제는 지역 주민의 삶에 가까이 붙어 있다는 의미에서 '풀뿌리 민주주의'라고도 불린다.

지방자치의 모습

● 광역
큰 도시와 그 근처의 작은 시와 군을 포함하는 하나의 넓은 행정 단위

지방자치는 각 지역의 지방자치단체와 지역 주민의 협력과 참여를 통해 이루어진다. 지방자치단체는 광역●자치단체와 기초자치단체로 구분된다. 각 지방자치단체는 지방의회와 지방자치단체장을 두고 있다. 4년에 한 번씩 열리는 지방 선거를 통해 지방의회의원과 지방자치단체장을 뽑는다.

	지방의회		지방자치단체장	
	특별(광역)시의회, 도의회		특별(광역)시장, 도지사	
광역자치단체	예	서울특별시의회 대전광역시의회 경상북도의회	예	광주광역시장 경기도지사 제주도지사
	시의회, 군의회, 구의회		시장, 군수, 구청장	
기초자치단체	예	춘천시의회 순창군의회 수성구의회	예	충주시장 포천군수 해운대구청장
기능	- 지방의원으로 구성 - 지역의 실정에 맞는 정책 결정		- 지방자치단체를 대표 - 지방의회가 결정한 정책 집행	

알아두면 좋아요 외국인 주민 회의도 개최해요

서울시외국인주민대표자회의

서울에 사는 외국인이 자국의 대표가 되어 시정에 참여하는 협의체로 정책을 제안함.

부산외국인주민대표자회의

부산에 거주하는 외국인 주민들이 부산시민과 함께 구성원으로서 조화를 이루며 잘 정착할 수 있도록 실효성있는 정책을 마련하고자 힘씀.

주요 내용정리

01 선거는 어떻게 이루어지고 있을까?

- 한국에서는 (   )세 이상의 국민이면 선거에 참여할 수 있다.
- 성별, 재산, 학력, 권력 등의 조건에 관계없이 공평하게 1인 1표씩 투표하는 원칙은 (   ) 선거이다.
- 영주권을 얻은 지 (   )년이 지난 18세 이상의 외국인 중 지방자치단체의 외국인 등록 대장에
  올라 있는 사람은 (   ) 선거에 참여할 수 있다.

02 우리 지역을 위한 정치는 어떻게 할까?

- (   )는 지역 주민이 스스로 자기 지역의 대표자를 뽑아서 지역의 정치를 담당하도록 하는
  것이다.
- 지방자치제는 지역 주민의 삶에 매우 가까이 붙어 있다는 점에서 (   ) 민주주의라고도 불린다.
- 지방자치단체는 (   )와 (   )로 구분한다.

 ## 이야기 나누기

['우리동네 시민경찰'로 임명된 외국인 자율방범대!]

○○경찰서는 외국인 자율방범대를 '우리동네 시민경찰'로 선정했다. 외국인 자율방범대가 우리동네 시민경찰로 임명된 것은 전국에서 이번이 처음이다. ○○경찰서 외국인 자율방범대는 중국, 필리핀, 베트남, 네팔 등 국적의 외국인 50명으로 구성된 단체이다. 중국 국적 자율방법대원은 "국적을 초월해서 다 같이 안전하고 살기 좋은 우리 동네를 만들기 위해 노력할 수 있어 기쁘다."고 소감을 밝혔다.

▶외국인 자율방범대 발대식(사진 출처: 〈연합뉴스〉)

[출처] 경기일보 (2019.08.28)

★ 지역 주민으로서 자신이 살고 있는 지역을 위해 할 수 있는 일이 무엇인지 이야기해 봅시다.

대단원 정리

한국의 민주 정치	정치와 민주주의 의미, 주권, 권력 분립
입법부	국회의 구성, 국회의원의 특권과 의무, 국회가 하는 일(입법, 국가 재정, 국정)
행정부	정부의 구성, 국무회의, 대통령의 권한, 정부가 하는 일
사법부	법원의 구성, 재판을 통한 권리 보호와 질서 유지, 공정한 재판을 위한 제도, 재판의 종류
선거와 지방자치	선거의 의미, 선거의 4대 원칙, 선거의 종류, 지방자치제의 의미, 지방자치의 모습

정부24
www.gov.kr

청와대
www.president.go.kr

대한민국 국회
www.assembly.go.kr

중앙선거관리위원회
www.nec.go.kr

QUIZ 가로 세로 퀴즈

가로 열쇠

㉮ 주인으로서의 권리, 한국 국민은 국가의 주인으로서 이것을 가지고 있음
㉯ 국민의 기본권을 규정하고 있는 국가 최고의 법
㉰ 국민에게 필요한 정책을 직접 집행하면서 나라의 살림을 하는 기관
㉱ 대한민국 대통령이 일하는 곳
㉲ 국민을 대표하는 기관인 국회의 구성원

세로 열쇠

① 국민이 권력을 가지고 스스로 다스린다는 것을 의미하는 정치 제도
② 법을 적용하여 재판을 담당하는 기관
③ 국회에서 필요한 경우에 당사자, 증인, 참고인 등을 불러 질문하고 사실이나 의견을 듣는 제도
④ 공정한 재판을 위해 한 사건에 대하여 세 번 심판을 받을 수 있는 제도

01 한국의 민주주의 발전과 <u>관계없는</u> 것은?

① 4·19혁명   ② 6월 항쟁   ③ 6·25전쟁   ④ 5·18 민주화 운동

02 다음 중 선거의 기본 원칙에 속하지 <u>않는</u> 것은?

① 간접 선거   ② 보통 선거   ③ 평등 선거   ④ 비밀 선거

03 다음 중 민주주의 국가의 특징에 해당하지 <u>않는</u> 것은?

① 국민의 대표를 국민이 직접 선출한다.
② 권력을 가진 한 사람이 모든 것을 결정한다.
③ 모든 국민이 나라의 주인으로서 권리를 갖는다.
④ 국가 권력을 여러 기관에서 나누어 견제와 균형을 이룬다.

04 〈보기〉의 ㉠, ㉡에서 설명하는 용어로 옳은 것은?

─────| 〈보기〉 |─────
ㄱ. 지역 주민이 스스로 자기 지역의 대표자를 뽑아서 지역의 정치를 담당하도록 하는 제도.
ㄴ. 공정한 재판을 위해 같은 사건에 대해 세 번까지 재판을 받을 수 있도록 한 제도.

	㉠	㉡		㉠	㉡
①	지방자치제	삼권분립	②	지방자치제	삼심제
③	의원내각제	삼권분립	④	의원내각제	삼심제

05 다음 〈보기〉에서 설명하는 기관으로 알맞은 곳은?

─────| 〈보기〉 |─────
• 국무회의를 통해 국가의 주요 정책을 의논하고 결정한다.
• 대통령이 최고 책임자이며, 국무총리, 장관 등이 속해 있는 기관이다.

① 법무부   ② 사법부   ③ 입법부   ④ 행정부

06 다음 〈보기〉에서 선거에 대한 옳은 설명을 모두 고른 것은?

─────| 〈보기〉 |─────
ㄱ. 친한 사람끼리는 비밀 선거의 원칙을 지킬 필요 없다.
ㄴ. 선거는 국민이 자신을 대표할 사람을 직접 뽑는 것을 말한다.
ㄷ. 보통 선거는 17세가 되면 국민 누구나 참여할 수 있는 것이다.
ㄹ. 평등 선거는 조건에 관계없이 공평하게 1인 1표씩 투표하는 것이다.

① ㄱ, ㄴ   ② ㄱ, ㄷ   ③ ㄷ, ㄹ   ④ ㄴ, ㄹ

다수결: 다양한 의견을 하나로 모으기 위해 많은 사람들의 의견에 따라 결정하는 것.

다수결 결정 방식으로는 선거와 같은 대표자 선출, 학급회장 선출, 학급에서 소풍 장소 결정 등이 있다.

관용: 자신의 신념만을 절대시하지 않고 다른 사람의 이익과 신념, 가치도 인정하고 포용하는 생각과 태도.

관용은 민주주의의 다양성의 전제이며 소수자들이 어떠한 탄압이나 소외 없이 더불어 살아가는 것을 보장하는 데 있어 중요한 요소이다.

토론: 어떤 문제에 대해 찬성과 반대의 의견을 말하며 논의하는 것.

토론은 찬성하는 쪽과 반대하는 쪽이 있어서 서로 자기의 주장이 옳음을 내세우며 각각 자기 쪽의 주장을 받아들이도록 상대방 또는 제3자를 설득하는 것이다.

타협: 어떤 일을 서로 양보해서 협의하는 것.

타협은 민주주의 의사 결정 과정에서 합의를 이끌어 내는 하나의 방식이다.
서로 다른 주장이 있을 때 서로의 입장에서 조금씩 물러나 양보와 타협을 하게 되면 더 많은 사람이 만족할 만한 결과를 얻을 수도 있다.

한국 대통령과 만난 정상들

사진 출처: 대통령실

2023년 11월 아시아·태평양경제협력체(APEC) 정상들이 미국 샌프란시스코에 모였다. 한국은 국가 간 디지털 격차가 해소되어야 함을 강조하고, 적극적으로 지원할 의지를 표명하였다.

사진 출처: 대통령실

인도 뉴델리에서 개최된 2023 G20 정상회의에서 각국 정상들과 중요한 의제에 대해 논의를 하고 있는 모습이다. 공동선언에는 기후변화에 능동적으로 대처하고, 지구촌 현안을 해결하며 지속 가능한 성장을 위해서 필요한 방안들이 담겼다.

사진 출처: 대통령실

2023 한-아세안 정상회의에 참석한 정상들과 함께 촬영한 모습이다. 이 회의에서는 필리핀, 싱가포르, 태국, 베트남, 인도네시아, 라오스, 브루나이, 캄보디아, 말레이시아, 동티모르 등 아세안 국가와의 경제 및 문화 협력 방안, 국제적으로 함께 공조할 사안에 대해 의견을 나눴다.

제 5 편

경제

일상생활과 경제 활동

 생각해 봅시다

다음은 일상생활에서 경제 활동과 관련된 선택 상황입니다.

비용 : 1,200원
소요시간 : 30분

비용 : 5,000원
소요시간 : 10분

01 이와 같은 상황에서 나라면 어떤 방법을 선택할까요? 그 이유는 무엇입니까?

02 자신의 고향 나라와 한국에서 생활하면서 이처럼 경제적 선택을 해야 했던 경험을 이야기해 볼까요?

 학습목표

1. 일상생활 경제 활동의 의미와 물가의 개념에 대해 설명할 수 있다.
2. 한국의 화폐와 결제 수단에 대해 이해하고, 합리적인 경제 활동에 대해 설명할 수 있다.

 관련 단원 확인하기

영역		제목	관련 내용
기본	경제	27. 장보기와 소비자 보호	시장의 유형, 장보는 방법

01 경제 활동이란 무엇일까?

경제 활동의 의미

사람이 살아가기 위해서는 기본적인 의식주*와 함께, 다양한 욕구와 필요를 채울 수 있는 재화와 서비스가 갖추어져 있어야 한다. 한국어 교재, 스마트폰, 화장품 등과 같은 상품을 재화라고 하고, 한국어 수업, 물건 배달, 의사의 진료 등을 서비스라고 한다.

이처럼 사람이 살아가는 데 필요한 재화와 서비스를 만들어 사고 팔며 사용하는 모든 활동을 경제 활동이라고 말한다. 한국은 개인들의 자유로운 경제 활동을 보장하는 시장경제체제를 채택하고 있어서 경제 활동이 매우 활발하게 일어난다.

● **의식주**
입고 먹고 집에서 사는 것

한국의 물가

물가란 여러 가지 재화나 서비스의 가치를 종합하여 계산한 평균적인 가격을 뜻한다. 물가는 사람들의 경제 활동에 큰 영향을 미친다.

한국의 물가는 전 세계적으로 어떤 수준일까? 한국은 버스나 지하철과 같은 대중교통 요금, 수도 요금, 전기 요금과 같은 공공 요금*은 상당히 싼 편이다. 한국의 공공 요금이

● **공공 요금**
공적인 이익을 목적하는 하는 사업에 대한 요금

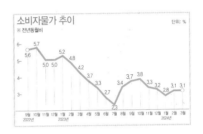
▲ 소비자물가동향(통계청, 2024)

싼 이유는 교통, 수도, 전기 등 공공 서비스를 제공할 때 한국 정부나 정부 관련 기관이 관여하기 때문이다.

반면, 쌀, 고기, 채소, 과일 등과 같은 식재료 가격은 상당히 비싸다는 평가를 받는다. 넓은 지역에서 농산물이나 가축을 대규모로 키우는 외국에 비해 한국의 농지나 목장이 상대적으로 좁다는 점도 이와 관련이 있다. 한편, 서울과 그 주변 지역, 그리고 지방 대도시의 경우에는 부동산 가격이 매우 높다. 서울을 비롯한 대도시에는 직장, 학교, 문화 시설 등이 많고 그에 따라 인구가 집중되어 있기 때문이다.

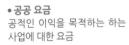
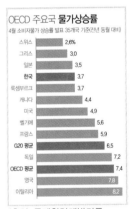

(출처: 국제협력개발기구, 연합뉴스, 2023)

알아두면 좋아요 내 것, 남의 것에서 '우리'의 것으로, 공유경제

21세기 세상을 바꿀 수 있는 아이디어 중 하나인 '공유경제'가 한국에서도 활성화되고 있다. 공유경제란 일방적인 소유의 개념이 아닌 빌려 쓰고, 나눠 쓰는 경제 활동을 의미한다. 서울의 따릉이와 같은 공공 자전거 서비스는 전국적으로 활성화되어 있으며, 자동차나 주택 공유 서비스도 많은 사람들이 유용하게 활용하고 있다. 그 밖에 지방 자치단체를 중심으로 장난감, 우산, 가정용 공구, 도서 등을 저렴한 가격에 빌려주기도 한다.

02 경제 활동에서 합리적인 선택은 왜 필요할까?

경제 활동에 사용되는 한국의 화폐와 그 변화

재화나 서비스를 사고파는 경제 활동을 하는 과정에서 화폐가 사용된다. 한국의 화폐는 동전과 지폐로 나뉜다. 동전은 1원, 5원, 10원, 50원, 100원, 500원이 있고, 지폐는 1,000원, 5,000원, 10,000원, 50,000원이 있다. 일상생활에서 1원, 5원짜리 동전은 거의 사용되지 않는다. 그 밖에 100,000원 이상의 수표*를 사용할 수도 있다. 수표를 사용할 경우에는 본인의 신분증*을 제시하고, 일반적으로 수표 뒷면에 이름이나 서명, 연락처를 적는다.

최근에는 동전이나 지폐와 같은 화폐 사용이 줄어들고 신용카드나 체크카드 사용 비중이 늘고 있다. 또한, 스마트폰이 널리 활성화되면서 모바일 간편 결제 서비스를 활용하는 사람도 크게 늘어나고 있다. 모바일 간편 결제 서비스는 주로 '○○ 페이'라는 이름을 가지고 있다.

- **신분증**
개인의 정보를 나타내는 증명서
(주민등록증, 외국인등록증,
운전면허증, 여권 등)

- **십만원권 수표**

▶ 모바일 간편 결제
서비스 이용 현황(2023)

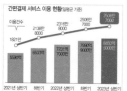

(출처: 한국은행, 세계일보, 2023)

▲ 신용카드 결제 모습

▲ ○○페이 결제 모습

한국에서 합리적인 경제 활동하기

빠르게 변화하는 한국의 경제 상황에서 능동적*으로 생활하려면 합리적으로 선택하는 능력을 길러야 한다. 예를 들어, 월급을 받으면 옷을 살까, 영화를 볼까, 저축을 한다면 얼마를 할까 등과 같이 어디에 어떻게 사용하는 것이 좋을지 결정해야 한다. 돈이나 시간이 충분하다면 이와 같은 고민을 할 필요가 없을 것이다. 그러나 현실적으로는 제한된 비용과 시간으로 모든 것을 다 할 수는 없기 때문에 다양한 기준과 대안을 살펴보면서 더 가치 있고 필요한 것을 선택해야 한다. 경제 활동을 잘 하기 위해서는 이러한 합리적 선택이 필요하다.

- **능동적**
다른 것의 영향을 받지 않고,
스스로 움직이는 것

알아두면 좋아요 '○○페이 됩니다' 간편 결제 서비스란?

간편 결제 서비스란 지갑에서 플라스틱 카드를 꺼내지 않고도 온·오프라인에서 스마트폰으로 결제할 수 있는 서비스를 말한다. 기존 모바일 결제는 액티브X, 키보드 보안프로그램 등 각종 플러그인을 설치하고 매번 카드 정보나 개인정보를 입력해야 하는 번거로움이 있었다.

간편 결제는 이런 복잡한 단계를 없앴기 때문에 카드 정보를 한 번만 입력해 놓으면 이후에는 아이디와 비밀번호, 휴대 전화 번호, SMS 등을 이용한 간단한 인증만으로 빠르고 간편하게 결제할 수 있다.

주요 내용정리

01 경제 활동이란 무엇일까?

- 사람이 살아가는 데 필요한 재화와 서비스를 만들어 사고 팔며 사용하는 모든 활동을 (   )
  이라고 한다.
- 여러 가지 재화나 서비스의 가치를 종합하여 계산한 평균적인 가격을 (   )라고 한다.
- 한국의 공공 요금은 다른 나라와 비교하여 대체로 (싼, 비싼) 편이고, 식재료 가격은 상대적으로
  (싼, 비싼) 편이다. (해당되는 단어에 ○표 하기)

02 경제 활동에서 합리적인 선택은 왜 필요할까?

- (   )는 사람들 간에 재화나 서비스를 사고 팔 때 사용하는 수단이다.
- 한국의 지폐 중 가장 높은 가치를 가지고 있는 것은 (   )권이고, 십만 원 이상은 (   )를
  사용할 수도 있다.
- 한국에서 경제 활동을 잘 하기 위해서는 다양한 기준과 대안을 살펴보면서 더 가치 있고 필요한
  것을 선택해야 한다. 이를 (   ) 선택이라고 한다.

 ## 이야기 나누기

[이 돈으로 무엇을 할 수 있을까?]

경제 활동에서 여러 가지 중에 하나를 결정해야 하는 상황, 즉 합리적인 선택을 하기 위해서는 다음과 같은
과정이 필요하다.

자신이 사용할 수 있는 돈을 확인한다.

⇩

사려고 하는 재화나 서비스의 종류를 탐색한다.

⇩

재화나 서비스의 비용을 살펴본다.

⇩

비용 대비 나에게 가장 이익이 되고 필요한 것을 선택한다.

⇩

재화나 서비스 선택의 결과를 평가한다.

★ 위의 과정을 참고하여 본인에게 50,000원이 생겼다면, 이번 주말에 이 돈을 어떻게 사용하고 싶은지 이야기
  해 봅시다.

26 경제 · 경제 성장

 생각해 봅시다

다음은 세계 여러 나라로 수출하는 한국의 주요 품목입니다.

▲ TV 디스플레이

▲ 스마트폰

▲ 자동차

▲ 김

01 한국에서 생산한 물건 중 어떤 것을 사용해 봤습니까?

02 사용해 본 한국 제품이나 식품의 특징(장·단점)은 무엇입니까?

 학습목표

1. 한국의 경제 성장 과정을 설명할 수 있다.
2. 한국과 다른 나라와의 경제 교류에 대해 설명할 수 있다.

 관련 단원 확인하기

영역		제목	관련 내용
심화	경제	16. 국민경제와 국제거래	한국의 경제 지표, 경제 교류

01 한국 경제는 어떻게 성장해 왔을까?

'한강의 기적'을 이루다

한국은 1950년대에 6·25 전쟁을 겪으면서 산업 시설이 대부분 파괴되었고, 국토 전체가 폐허●가 되었다. 이후 한국은 전쟁으로 인한 피해를 복구●하고 잘 사는 나라를 만들기 위해 힘썼다.

한국은 경제 성장을 위해 특히 수출●에 많은 노력을 기울였다. 1950~60년대에는 옷, 신발, 가방, 가발 등을 주로 수출하였고, 1970년대 기계, 배, 철강 등에 이어 1980년대부터는 자동차, 전기·전자 제품 등의 수출이 크게 늘었다. 1990~2010년대를 지나면서 반도체, 휴대폰, 신소재● 등으로 수출 품목을 늘렸고, 더 나아가 드라마나 노래와 같은 문화 콘텐츠, 의료 서비스 등의 분야에서도 수출을 많이 하고 있다.

1997년 한국의 외환 위기●, 2008년 세계적인 금융 위기●로 한때 어려움을 겪기도 했지만 결국 이를 극복하였다. 과거에 매우 가난했던 한국이 지금처럼 눈부신 성장을 한 것을 가리켜 사람들은 '한강의 기적'이라고 부른다. 1953년 67달러였던 한국의 1인당 국민 소득은 2023년 33,745달러로 대폭 증가하였다.

경제 성장에서 사람이 중요한 역할을 하다

한국이 빠르게 경제 성장을 할 수 있었던 요인은 무엇일까? 그중 몇 가지를 제시하면 다음과 같다. 첫째, 풍부한 노동력이다. 한국은 영토가 좁고 자원이나 기술, 돈이 많지 않았지만 인구는 많은 편이었다. 이를 경제 성장에 적극 활용하였다. 둘째, 뜨거운 교육열●이다. 단지 일할 사람이 많았다는 사실보다는 그들이 적절하고 필요한 교육을 받아 우수한 노동력이 되었다는 점이 중요하다. 셋째, 경제적 위기를 극복하겠다는 의지이다. 한국은 지속적인 경제 성장을 위해 우수한 인재를 확보하고 첨단 기술을 개발하기 위한 노력을 계속하고 있다.

●**폐허**
무너지고 부서져 못 쓰게 됨

●**복구**
원래 상태로 돌아감

●**수출**
외국에 물건을 파는 것

●**신소재**
미래의 기술을 이끌어갈 새로운 재료

●**외환 위기**
1997년 한국 정부가 가진 외환(외국 돈)이 부족해지면서 겪은 경제 위기

●**금융 위기**
2008년 미국에서 시작되어 한국을 비롯한 전 세계로 확산된 대규모의 경제 위기

●**교육열**
교육에 대한 열정

알아두면 좋아요 독일로 간 광부와 간호사

1963년 한국인 광부 247명이 처음 독일에 도착한 것을 시작으로 1977년까지 8,395명의 광부가 독일의 광산(석탄을 캐는 곳)에서 일했다. 1965년부터는 한국인 간호사의 독일 취업이 허용되어 1976년까지 모두 10,371명이 독일로 떠났다.

광부들은 지하 1,000m의 탄광(석탄이 묻혀 있는 광산)에서 힘든 노동을 견뎌야 했으며, 간호사들도 처음에는 병원의 어려운 일을 도맡았다. 이들의 월급은 한국으로 보내져 가족의 생계비와 학비로 쓰였고 국가의 경제 성장에도 큰 도움이 되었다.

[출처: 김육훈(2011). 살아있는 한국 근현대사 교과서.]

02 한국은 세계 여러 나라와 어떻게 교류하고 있을까?

무역 강국이 된 한국

• **수입**
외국에서 물건을 사오는 것

• **첨단 제품**
높은 수준의 과학 기술로 만든 제품

• **자유무역협정(FTA)**
국가 간 상품이나 서비스의 자유로운 수출과 수입을 위한 약속

• **관세**
수출되거나 수입되는 물건에 매겨지는 세금

한국의 수출과 수입•을 합친 무역 규모는 지난 2011년 세계 9번째로 1조 달러를 넘어선 이후로 꾸준히 상위권을 유지하고 있다. 2023년에도 수출액 약 6,327억 달러, 수입액 약 6,427억 달러를 기록하였다.

한국은 무역 강국의 지위를 유지하기 위해 첨단 제품•의 수출을 계속 확대하고 있다. 또한, 한국 제품을 수출할 해외 시장을 확보하고 경제의 경쟁력을 강화하기 위해 여러 나라와의 자유무역협정(FTA)•을 추진해 왔다. 2004년 칠레와의 자유무역협정을 시작으로 중국, 베트남, 미국, 유럽연합 등 50개 이상의 국가와 자유무역협정을 맺고 있다. 자유무역협정은 수출이나 수입을 할 때 내는 관세•를 줄이거나 없앨 수 있어서 무역을 활발하게 하는 데 크게 기여할 수 있다.

수출상품	수입상품
반도체	원유
자동차	반도체
석유제품	천연가스
자동차부품	정밀화학원료
합성수지	석유제품

▲ 한국 주요 수출입품 (2023)

한강의 기적, 이제는 나눔으로

• **경제협력기구(OECD)**
세계 경제의 발전과 인류의 복지 증진을 위한 경제 기구

• **저개발 국가**
경제 성장의 정도가 낮은 나라

• **원조**
물건이나 돈 등으로 도와줌

6·25 전쟁이 끝날 무렵 세계에서 가장 가난한 나라 중 하나였던 한국은 국제 사회의 지원과 스스로의 노력을 통해 경제 성장의 기틀을 마련하였다. 그러한 기반 위에서 꾸준히 성장을 거듭해 온 결과, 이제 경제 강국이 된 한국은 다른 나라의 경제 성장을 도와주는 역할에 참여하고 있다.

한국은 2009년에 경제협력개발기구(OECD)•의 개발원조회의(DAC)에 가입한 후 저개발국가•의 경제 성장을 지원하고 있다. 또한, 한국국제협력단(KOICA)과 대외경제협력기금(EDCF)을 중심으로 경제 상황이 어려운 나라의 보건, 교육, 위생, 교통 환경을 개선하고, 물이나 에너지 부족 등과 관련된 문제가 해소될 수 있도록 돕고 있다. 이러한 노력에 대해 해외에서는 한국이 과거에 원조•를 받다가 이제는 원조를 하게 된 최초의 나라라고 평가한다.

알아두면 좋아요 전세계 코로나19 극복을 위한 한국의 지원

코로나19가 전세계로 확산되고 있을 때, 한국은 신속한 진단검사부터 치료까지의 과정이 큰 주목을 받았다. 특히 이를 K-방역이란 이름으로 시스템을 구축하고 경험을 공유하여 다른 나라에서도 코로나19 위기를 극복하는데 큰 도움을 주었다. 또한 약 110개국(2020.6.3.기준/외교부)에서 코로나19 관련 인도적 지원을 요청해 왔다. 이에 한국은 피해 상황이 심각하고, 보건 체계가 어려운 나라 중심으로 생산된 진단키트와 마스크 등 방역물품을 지원하기도 하였다.

▲ 에티오피아에 방역물품을 기증하는 모습

주요 내용정리

01 한국 경제는 어떻게 성장해 왔을까?

- 한국은 6·25 전쟁 이후 경제 성장을 위해 특히 (   )에 많은 노력을 기울였다.
- 한국이 가난을 극복하고 빠르게 경제 성장을 한 것을 가리켜 (   )이라고 부른다.
- 한국이 빠르게 경제 성장을 할 수 있었던 요인으로는 풍부한 (   ), 뜨거운 (   ), 경제적 위기를 극복하겠다는 의지 등을 꼽을 수 있다.

02 한국은 세계 여러 나라와 어떻게 교류하고 있을까?

- 한국은 제품을 수출할 해외 시장을 확보하고 경제의 경쟁력을 강화하기 위해 여러 나라와 (   )을 적극 추진해 왔다.
- 한국은 과거에 국제사회의 (   )를 받았다가 이제는 (   )를 하게 된 최초의 나라라는 평가를 받는다.

 ## 이야기 나누기

[한국의 세계 수출시장 점유율 1위 제품에는 무엇이 있을까?]

한국의 세계 수출시장 점유율 1위 품목은 2018년 기준, 총 63개로 세계 13위를 차지하고 있다. 1위 품목 중 화학제품(27개), 철강(12개), 섬유제품(5개)이 69.8%의 비중을 보였다. 대표적인 제품으로는 메모리 반도체, 선박, 세탁기, 오토바이 헬멧, 손톱깎이, 의약 캡슐, 스키 장갑, 텐트, 낚싯대, 컬러 모니터, 전자레인지, 부탄가스 등이 있다.

특히, 한국산 김은 세계 점유율 1위를 차지하고 있으며, 동전의 원자재인 '소전'도 세계의 50%를 점유하고 있다.

[출처] 한국무역협회, 국제무역통상연구원(2020)

★ 자신의 고향 나라에서 한국으로 수출하거나 한국에서 자신의 고향으로 수입하는 제품에 대해 이야기해 봅시다.

장보기와 소비자 보호

 생각해 봅시다

다음은 한국에서 볼 수 있는 여러 가지 시장의 모습입니다.

▲ 전통 시장

▲ 대형 마트

01 사진 중에서 자신이 한국에서 이용해 본 시장은 어디입니까?

▲ 텔레비전 홈쇼핑

▲ 온라인 쇼핑

02 자신이 가장 자주 이용하는 시장과 그 이유는 무엇입니까?

 학습목표

1. 다양한 장보기 방법을 알고, 이를 일상생활에서 활용할 수 있다.
2. 소비자의 권리와 책임에 대해 설명할 수 있다.

 관련 단원 확인하기

영역		제목	관련 내용
기본	경제	25. 일상생활과 경제 활동	경제 활동의 의미, 결제 방법

01 어디에서 장을 보면 될까?

다양한 종류의 시장

한국에는 다양한 종류의 시장이 있다. 날마다 열리는 시장을 상설 시장이라고 하는데 전통 시장, 대형 마트, 백화점, 슈퍼마켓, 편의점 등이 여기에 해당한다. 먼저, 전통 시장은 작은 상점들이 모여 있는 곳으로 상점 주인이 물건을 직접 파는 경우가 많아 가격 흥정●을 하는 모습도 흔히 볼 수 있다. 이러한 점 때문에 국내외 관광객들이 많이 찾기도 한다.

▲ 백화점

▲ 편의점

●흥정
물건 값이나 양에 대해 의논하는 것. 사는 사람은 값을 깎아 달라고 하거나 더 많은 양을 달라고 하고, 파는 사람은 그렇게 안 하려고 함

다음으로 대형 마트와 백화점은 농수산물부터 공산품에 이르기까지 다양한 종류의 물건을 팔고 있는 현대식 시장이다. 주차장이 넓고 물건 종류가 많아 한꺼번에 많은 물건을 사려는 소비자에게 인기가 있다. 백화점은 대형 마트에 비해 좀 더 비싸고 고급스러운 물건을 많이 판다.

그리고 슈퍼마켓과 편의점에서는 주로 식료품과 간단한 생활용품을 판다. 슈퍼마켓과 편의점은 사람들이 많이 모여 살거나 이동이 많은 곳에서 주로 볼 수 있다. 특히 편의점은 판매하는 품목의 종류가 2,000개에 달하고, 24시간 이용할 수 있어서 젊은 층이 많이 찾는 곳이다. 한편, 3일에 한 번씩 열리는 3일장, 5일에 한 번씩 열리는 5일장과 같은 정기 시장도 아직 남아 있다. 정기 시장에서는 그 지역의 특산품이나 상인이 직접 키운 농산물 등을 사고 팔 수 있다.

텔레비전 홈쇼핑과 온라인 쇼핑

정보 통신 기술이 발달하면서 텔레비전 홈쇼핑과 온라인 쇼핑 비중이 늘고 있다. 홈쇼핑은 텔레비전을 통해 소개되는 상품을 직접 보면서 전화로 주문할 수 있어 편리하다. 인터넷이나 쇼핑 앱을 이용하는 온라인 쇼핑의 인기도 매우 높다. 특히, 코로나 19 이후에는 사람들의 이동이 줄어들면서 온라인 쇼핑을 통해 식료품, 생활물품을 주문하는 사람들이 많아졌다. 홈쇼핑이나 온라인 쇼핑을 이용할 때는 물품을 직접 볼 수 없으므로 먼저 구매한 사람들의 상품평 등을 참고하는 것이 좋다.

모바일쇼핑 거래액
7조 2,146억 원   8조 7,833억 원
21.7%
2019년 7월   2020년 7월
▲ 모바일쇼핑 거래액 (통계청, 온라인 쇼핑 동향(2020.7))

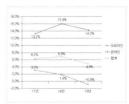
▶ 오프라인-온라인 쇼핑 현황
(통계청, 2019)

알아두면 좋아요   지역사랑 상품권을 아시나요?

지역사랑 상품권은 각 지역의 지방자치단체에서 발행하는 상품권으로 그 지역에 있는 가맹점(사용하기로 약속을 맺은 상점)에서만 사용할 수 있고 농협, 신협, 새마을금고 등에서 구입할 수 있다. 이 상품권을 이용하면 기본적으로 0.5~10% 정도 할인을 받을 수 있고 명절에는 추가 할인도 받을 수 있다. 전통 시장뿐만 아니라 주유소, 식당, 서점, 학원 등 가맹점 스티커가 붙어 있는 곳이라면 어디에서든 현금처럼 사용이 가능하다.

02 소비자의 권리와 책임에는 어떤 것이 있을까?

소비자가 보호 받을 권리

• 수리
고장나거나 잘못된 곳을 고침

• 환불
이미 낸 돈을 돌려 받음

• 소비자기본법
소비자의 권리와 책임을 정해 놓고 있는 법으로 안정적인 소비 생활과 경제 발전을 목적으로 함

소비자가 제품을 구입하거나 서비스를 이용할 때 피해를 입거나 불만을 느끼는 경우가 발생한다. 이러한 경우에 소비자는 수리•, 교환, 환불•, 피해 보상 등과 같은 보호를 받을 수 있다. 한국에서는 소비자가 제품을 구입하고 사용할 때 누릴 수 있는 권리를 소비자기본법•으로 정해 놓고 있다. 구입한 제품에서 문제가 발생한 경우에는 먼저 그 물건을 구입한 상점이나 그

▲ 한국소비자원 누리집
(http://www.kca.go.kr)

것을 만든 기업과의 상담을 통해 피해 보상을 받을 수 있다. 만약 여기에서 문제가 해결되지 않고 전문가의 협조가 필요한 경우에는 한국소비자원, 소비자 단체 등 소비자를 지원해 주는 전문 기관의 도움을 받을 수 있다. 이들 기관은 생산자와 소비자 중 누구에게 책임이 있는지 밝혀 주고 생산자의 잘못일 경우 적절한 보상이 이루어지도록 소비자를 도와준다.

소비자의 책임

• 유통기한
상품이 사람들 사이에 안전하게 거래될 수 있는 기한

• 영수증
상품을 구입했음을 증명하는 문서

소비자는 자신의 안전과 권리 보호를 위해 책임감있는 소비자로서 행동해야 한다. 예를 들어, 소비자는 상품을 구입할 때 가격과 품질을 비교하고, 음식물의 경우 유통기한•을 반드시 확인해야 한다. 그리고 물건 구입 후에는 영수증•을 통해 정확한 금액을 지불했는지 확인하며, 교환이나 환불할 일이 생길 경우에는 영수증을 제시해야 한다.

▲ 소비자의 책임

또한 제품의 사용 설명서 및 주의 사항을 반드시 읽어 보고 상품을 안전하게 사용해야 한다. 소비에 필요한 지식과 정보를 얻기 위해 노력해야 하며, 자원을 절약하고 환경을 보호하는 현명한 소비 생활을 해야 한다.

알아두면 좋아요 소비 과정에서 피해를 입었을 때는?

■ 1372 소비자 상담센터에 연락하기
　▶ 한국말을 잘하는 사람
　　전화: 1372 + 통화버튼 누르고 안내에 따라 상담
　　인터넷:1372소비자상담센터(www.1372.go.kr) 접속하여 인터넷상담 클릭
　▶ 한국말을 잘 못하는 사람
　　다누리콜센터(1577-1366)로 전화→상담원의 통역→1372 소비자 상담센터에 연락

▲ 한국소비자원, 소비자상담 절차

주요 내용정리

01 어디에서 장을 보면 될까?

• (   )은 작은 상점들이 모여 있는 곳으로 상점 주인과 가격 흥정을 하는 모습도 흔히 볼 수 있고 국내외 관광객들이 많이 찾기도 한다.

• (   )은 24시간 문을 여는 상점으로 특히 젊은 층이 많이 찾는 곳이다.

• (   )이나 (   )을 이용할 때는 물품을 직접 볼 수 없으므로 먼저 구매한 사람들의 상품평 등을 참고하여 신중하게 결정할 필요가 있다.

02 소비자의 권리와 책임에는 어떤 것이 있을까?

• 구입한 상품에서 문제가 발생해 전문가의 협조가 필요한 경우에는 (   )과 소비자 단체 등 소비자를 지원하는 전문기관의 도움을 받을 수 있다.

• 한국에서는 소비자가 상품을 구입하고 사용할 때 누릴 수 있는 권리를 (   )으로 정해 놓고 있다.

• 소비자는 상품을 구입할 때 가격과 품질을 비교하고, 음식물의 경우 (   )을 반드시 확인해야 한다.

 # 이야기 나누기

[소비자 스스로 안전과 권리 지키기]

소비자는 스스로 자신의 안전과 권리를 지키기 위해 상품을 구매하기 전에 가격과 품질을 꼼꼼하게 살펴야 한다. 그리고 상품의 생산자와 판매자는 품질과 안전에 대해 책임을 져야 한다. 한국에서는 소비자의 권리와 이익을 위해 다음과 같이 여러 가지 제도를 마련해 놓고 있다.

제조물 책임법	리콜 제도	의무표시제
상품에 대한 책임을 제조업체가 지게 하는 법	생산자가 소비자에게 상품의 문제를 알려주고, 그 상품을 수리·교환해 주는 제도	원산지 표시, 유통기한, 영양 성분 표시 등 소비자 안전 등에 중요한 표시를 반드시 하게 하는 제도

★ 자신의 고향 나라에서는 소비자를 보호하는 제도가 무엇이 있는지 이야기해 봅시다.

금융기관 이용하기

 생각해 봅시다

다음은 은행에서 볼 수 있는 모습입니다.

▲ 예금

▲ 대출

01 각각의 장면은 무엇을 하는 모습입니까? 이 중 자신이 한국에서 해 본 것은 무엇입니까?

▲ 송금

▲ 환전

02 자신의 고향 나라와 한국에서 은행 관련 일을 할 때의 공통점과 차이점은 무엇입니까?

 학습목표

1. 금융기관의 종류와 특징을 설명할 수 있다.
2. 금융 거래 하는 방법을 알고 이를 활용할 수 있다.

 관련 단원 확인하기

영역		제목	관련 내용
심화	경제	14. 금융과 자산관리	금융기관 활용, 자산관리

01 금융 기관에는 어떤 것이 있을까?

은행에서 하는 일

한국의 은행에서는 사람들의 돈을 맡아 주거나 돈을 필요로 하는 사람 또는 기업에게 빌려주기도 한다. 또한 다른 사람에게 돈을 보내 주기도 하며, 한국 돈과 외국 돈을 서로 바꿔 주기도 한다. 공과금, 아파트 관리비, 대학 등록금 등도 은행을 통해 납부할 수 있고 신용카드, 체크카드 등을 만드는 것도 가능하다. 은행 업무 시간은 일반적으로 평일 오전 9시부터 오후 4시까지이다.

은행의 종류

한국에는 다양한 은행이 있다. 우선, 화폐를 발행하는 한국은행이 있다. 그리고 사람들이 많이 이용하는 은행으로는 시중은행과 지방은행이 있다. 시중은행은 개인이 돈을 맡기거나 빌리는 대표적인 금융기관으로, 전국 곳곳에 지점이 많이 설치되어 있어서 이용하기 편리하다. 신한은행, 국민은행, 하나은행, 우리은행, 기업은행, 농협은행 등이 여기에 해당한다.

▲ 한국은행

지방은행은 특히 지역 경제의 발전에 필요한 돈을 공급하는 것을 주된 목적으로 광역시나 도에 설립된 은행이다. 경남은행, 광주은행, 대구은행, 부산은행, 전북은행, 제주은행 등이 여기에 해당한다. 이 외에도 단위농협, 우체국, 새마을금고 등도 전국에 많은 지점이 있고 안전성이 높기 때문에 안심하고 편리하게 이용할 수 있다. 지금까지 소개한 금융기관은 모두 대체로 안전성이 높은 반면 금리는 낮은 편이다.

시중은행, 지방은행, 농협 등이 제공하는 낮은 금리에 만족하지 못한다면 상호저축은행을 이용할 수 있다. 상호저축은행은 시중은행 등에 비해 금리가 높은 장점이 있지만, 대체로 규모가 작고 지점 수가 많지 않다.

최근에는 지점을 따로 만들지 않고 온라인 네트워크를 통해 금융 서비스를 제공하는 인터넷 전문 은행도 등장하였다. 케이뱅크, 카카오뱅크 등이 그 예이다. 인터넷 전문 은행은 기존의 은행에 비해 사용 절차가 간단하고 수수료가 낮으며 언제 어느 때나 이용할 수 있다는 점에서 인기가 높다.

▲ 인터넷 전문 은행

글•금융
돈이 돌고 도는 것

•공과금
국가나 지방자치단체가 국민에게 내도록 하는 것으로 각종 세금, 전기요금, 수도요금 등이 있음

•납부
공과금 등을 내는 것

•금융기관
개인이나 기업의 돈을 맡아 주고 다른 개인이나 기업에게 빌려주는 일 등을 하는 기관

•금리
맡긴 돈이나 빌린 돈에 붙는 이자

•수수료
어떤 일을 맡아서 처리해 준 대가로 받는 요금

알아두면 좋아요 저축 상품에는 어떤 것이 있을까?

돈을 모으기 위해서는 매달 소득 중 일부를 저축하는 것이 중요하다. 저축 상품에는 입금, 출금이 자유로운 보통 예금, 일정 금액을 일정 기간 동안 맡겨 두는 정기 예금, 일정 기간 동안 저축할 금액을 정해 놓고 그만큼씩 내는 정기 적금 등이 있다. 보통 예금은 정기 적금이나 정기 예금에 비해 금리가 매우 낮다.
[정기 예금의 예] 100만원을 일정 기간 동안 은행에 맡겨두는 것
[정기 적금의 예] 10만원씩 매달 같은 날에 저축하는 것

02 금융 거래는 어떻게 하면 될까?

은행 계좌 만들기

● **금융실명제**
가짜 이름이나 다른 사람이 아닌, 오직 본인의 이름으로만 금융 거래를 할 수 있도록 한 제도

은행 계좌를 만들기 위해서는 반드시 본인이 신분증을 가지고 직접 은행을 방문해야 한다. 한국에서는 모든 금융 거래를 본인 자신의 이름으로만 하도록 하는 금융실명제°가 실시되고 있기 때문이다. 자신의 이름을 다른 사람에게 빌려주거나 다른 사람의 이름을 빌려서 계좌를 만들면 처벌을 받게 된다.

외국인이 은행에서 계좌를 만들 때도 신분증(여권, 외국인등록증, (외국국적동포) 국내 거소 신고증 등)이 필요하며, 경우에 따라 재직증명서나 재학증명서 등의 서류를 요청하기도 한다. 이때 인터넷 뱅킹, 현금 인출 카드 등도 함께 신청할 수 있다. 계좌 비밀번호와 현금 인출 카드 비밀번호는 본인만 알 수 있는 번호로 신중하게 정해야 한다. 신용카드를 신청한 경우에는 며칠 후에 집이나 직장으로 배송된다.

금융 거래° 하기

● **거래**
돈이나 물건을 주고 받는 것

● **ATM(현금자동입출금기)**

은행에 계좌를 만든 후에는 ATM°(현금자동입출금기), 인터넷 뱅킹, 스마트폰 뱅킹 등 자신이 편리한 방법을 자유롭게 선택하여 금융 거래를 할 수 있다.

ATM에서는 출금, 입금, 이체(송금), 계좌조회 등을 할 수 있다. 주의해야 할 점은 자신의 계좌가 있는 은행이 아닌 ATM 기기를 사용할 때나 은행 업무 시간 외에 출금을 하거나 이체를 할 때 수수료가 붙는다는 점이다.

▲ OTP (토큰형, 카드형)

인터넷 뱅킹이나 스마트폰 뱅킹은 컴퓨터나 스마트폰을 통해 어디에서든 자유롭게 은행 관련 업무를 볼 수 있다. 이를 활용하려면 먼저 신분증을 가지고 은행에서 신청서를 작성한 후 제출해야 한다. 그리고 안전한 이용을 위해 공동인증서를 발급받고, OTP를 통해 1회용 비밀번호를 입력한다.

한편, 입금과 출금을 알려주는 문자 서비스를 신청하면 자신의 통장에 돈이 들어오고 나가는 것을 스마트폰을 통해 곧바로 확인할 수 있다. 만약 자신이 모르는 돈이 들어오거나 빠져 나갔을 경우에는 반드시 은행이나 경찰서에 신고해야 한다.

알아두면 좋아요 예금자 보호 제도란 무엇일까?

한국에서는 사람들이 안심하고 예금할 수 있도록 '예금자 보호 제도'를 시행하고 있다. 이 제도에 의해 원금(원래 맡긴 돈)과 이자(원금에 붙는 돈)를 합쳐 금융기관 별로 1인당 최고 5천만 원까지 보호 받을 수 있다(2024년 기준). 그러므로 예금액이 5천만 원을 넘을 경우에는 여러 금융기관에 나누어 맡기는 것이 더 안전하다.

주요 내용정리

01 금융기관에는 어떤 것이 있을까?

- 한국의 은행 업무 시간은 일반적으로 평일 오전 (　　　)부터 오후 (　　　)까지이다.
- 시중은행이나 지방은행은 대체로 안정성은 높은 반면 (　　　)가 낮은 편이다.
- 최근에는 지점을 따로 만들지 않고 온라인 네트워크를 통해 금융 서비스를 제공하는 (　　　　　　　　　)이 인기를 끌고 있다.

02 금융 거래는 어떻게 하면 될까?

- 은행 계좌를 만들기 위해서는 반드시 본인이 (　　　)을 가지고 직접 은행을 방문해야 한다.
- 한국에서는 모든 금융 거래를 본인 자신의 이름으로만 하도록 하는 (　　　　　)가 실시되고 있다.
- 인터넷 뱅킹이나 스마트폰 뱅킹은 (　　　)나 스마트폰을 통해 어디에서든 자유롭게 은행 관련 업무를 볼 수 있다.

 이야기 나누기

[인터넷과 스마트폰을 이용한 금융 사기를 조심해요!]

메신저 피싱이란 카카오톡, 페이스북 등과 같은 소셜 미디어의 계정에 몰래 로그인한 뒤 거기에 등록된 친구나 가족에게 메시지를 보내 돈을 빼가는 범죄이다. 누가 아프다거나 교통사고를 당해서 급히 돈이 필요하니 돈을 보내 달라고 해서 다른 사람 계좌로 입금하도록 하는 방식을 사용한다.

[실제 사례] K씨는 스마트폰으로 메신저를 확인하던 중 친구로부터 "갑자기 아이가 많이 아파서 급하게 병원에 가야 하는 데 돈이 필요하니 100만 원을 빌려줘"라는 메시지를 받고 친구가 알려준 계좌번호로 100만 원을 송금했습니다. K씨는 나중에 친구에게 안부 전화를 하는 과정에서 메신저가 피싱(Phishing)을 당했다는 사실을 뒤늦게 깨달았습니다.

메신저 피싱을 예방하기 위해서는 다음을 반드시 지키도록 한다.

1 메신저로 돈을 요구하는 경우 반드시 전화를 걸어 본인인지 아닌지 확인해야 합니다.
2 메신저를 통해서는 절대 개인 정보를 주고받아서는 안 됩니다.
3 메신저 비밀번호를 자주 바꿔 줍니다.
4 메신저에 출처가 분명하지 않은 첨부 파일이나 링크가 있을 때는 클릭하지 않습니다.
5 공공장소에 설치되어 있는 컴퓨터로는 금융 거래를 하지 않습니다.

★ 안전한 금융 거래를 위해 주의해야 할 점에 대해 이야기를 나눠 봅시다.

취업하기

 생각해 봅시다

다음은 외국인 근로자 지원 사업에 신청한 지원자의 면접 모습입니다.

01 취업을 위해 면접을 해 본 경험이 있습니까? 취업과 관련된 면접에서 지원자에게 필요한 것은 무엇입니까?

02 한국에서 취업을 하게 된다면 어떤 일을 하고 싶습니까?

 학습목표

1. 한국의 일자리 상황을 설명할 수 있다.
2. 한국에서 취업을 하기 위한 방법을 이해하고 활용할 수 있다.

 관련 단원 확인하기

영역		제목	관련 내용
기본	사회	11. 고등 교육과 입시	대학 입학 방법, 고등 교육 기관
심화	경제	15. 기업과 근로자	한국의 기업, 한국 근로 조건

01 한국의 일자리 상황은 어떠할까?

일자리 찾기가 쉽지 않네요

사람들은 직업을 통해 기본적인 생계*를 유지하고 자신의 꿈을 이룰 수 있다. 또한 많은 사람들이 직장에서 안정적으로 일을 하면 나라의 경제 발전에도 기여할 수 있다. 일하기를 원하는 사람은 많지만 모든 사람이 다 일을 할 수 있는 것은 아니다.

한국의 실업률*은 유럽의 여러 나라에 비해서는 낮은 편이다. 그러나 한국은 유럽에 비해 자영업*을 하는 사람들이 많고, 여성이 경제 활동에 참가하는 비율이 낮기 때문에 실업률이 낮게 나타난다. 최근 한국에서도 직업을 구하기 위한 경쟁이 매우 치열*하다. 또한, 전체 근로자 중에서 비정규직* 근로자가 차지하는 비중이 높아지면서 임금이나 근로 조건 등에서 상대적으로 불리함을 겪는 경우도 나타나고 있다.

OECD 국가별 15~24세 실업률 추이

(단위: %)

국가	2018년	2019년	2020년
한국	10.4	11.0	11.9
독일	6.2	5.4	5.3
일본	3.6	3.7	4.0
미국	8.5	8.5	8.9
프랑스	20.7	19.1	19.5
스페인	34.4	32.9	31.1
이탈리아	32.2	29.3	29.7

▲ 주요국 청년 실업률 비교
(통계청, KOSIS 국가통계 포털(2020))

● **생계**
살림을 꾸려나가는 것, 살아가는 형편

● **실업률**
일할 의지와 능력을 가진 사람들 중에서 취업하지 못하는 사람이 차지하는 비율

● **자영업**
자신이 스스로 경영하는 사업

● **치열**
어떤 일의 정도가 맹렬하고 뜨거움

● **비정규직**
정규직으로서 보장받지 못하는 계약직, 임시직, 일용직 등

일자리 지원을 위한 정부의 노력

일자리를 둘러싼 어려움을 극복하기 위해 한국 정부는 많은 노력을 기울이고 있다. 실업자가 다시 취직할 수 있도록 돕기 위해 여러 가지 교육 프로그램을 제공하거나 실업자와 근로자의 기본적인 생활을 보장하기 위한 사회보장제도를 확대하는 것 등이 그 예이다.

한국 정부는 대상에 따른 맞춤형 일자리 정책을 제공하고 있다. 예를 들어 직장을 구하는 청년에게는 구직 활동 지원금을 제공하거나 개인별로 취업 계획을 세우고 단계적으로 이를 실천하도록 지원하는 취업성공패키지 제도가 실시되고 있다.

▲ 취업성공패키지 누리집
(www.work.go.kr/pkg)

또한 일과 육아를 함께 할 수 있는 환경을 만들기 위해 여성과 남성 모두에게 출산 및 육아 휴직제도를 권장하고 있다. 그리고 여성의 시간선택제* 근무가 가능한 일자리가 증가하고 있다. 한편, 최근에는 은퇴 후에도 일하고자 하는 사람들이 많기 때문에 60세 이상 인구의 고용 안정과 재취업을 위한 지원도 이루어지고 있다.

● **시간선택제**
근로자가 필요에 따라 자신의 일할 시간을 선택해 일반적인 근무시간보다 짧게 일하는 방식임

알아두면 좋아요 한국 일자리 정보의 모든 것, 워크넷

워크넷은 고용노동부와 한국고용정보원이 운영하는 구직(직장을 구하는 것) 및 구인(일할 사람을 구하는 것) 정보와 직업·진로정보를 제공하는 누리집(www.work.go.kr)이다. 워크넷의 통합 일자리 서비스를 통해 지방자치단체나 기업이 제공하는 일자리 정보를 쉽고 빠르게 검색할 수 있다. 여기서는 온라인 구직 신청, 이메일 입사(회사에 들어가는 것) 지원, 맞춤 정보 서비스, 구직 활동 사항 조회/출력 등의 서비스를 이용할 수 있다.

02 취업하기 위해서는 무엇을 준비해야 할까?

외국인이 한국에서 취업하려면

한국에서는 체류자격(사증)이 허용되는 범위 내에서 직업을 선택할 수 있다. 한국에서 오랜 기간 거주할 수 있는 자격이 주어진다면 취업할 수 있는 범위는 넓어진다. 직업을 갖고자 하는 사람은 적극적으로 자신이 원하는 직업을 탐색하고, 그 직업에 필요한 능력을 갖추기 위해 준비해야 한다.

먼저 취업 관련 정보에 관심을 가지고 누리집이나 모집 공고문 등에 올라온 구인 광고*를 자세히 살펴보면서 그 일자리가 자신의 상황이나 능력에 맞는지 확인해 보아야 한다. 일자리를 구할 때 가장 중요한 것은 해당 분야에 필요한 능력을 갖추는 것이다. 특히 외국인의 경우 한국어 능력과 한국 사회 이해 수준을 높이면 취업에 더 유리할 수 있다. 또한, 각종 직업 학교나 평생 교육

▲ 한국산업인력공단 누리집
(http://www.hrdkorea.or.kr/)

기관, 한국산업인력공단* 등에서는 여러 가지 전문적인 직업 교육 프로그램을 운영하고 있는데 이를 통해 자신의 능력을 더욱 높이는 노력이 필요하다. 한편, 자신이 어떤 분야에 전문성을 가지고 있다는 것을 보여주는 자격증을 따거나 관련 분야의 현장에서 일한 경험을 증명하면 취업에도 도움이 되고 나중에 더 좋은 대우를 받을 수도 있다. 그러므로 자신이 가지고 있는 자격증이나 경력 등을 이력서*에 꼼꼼히 기록해야 하며, 취업을 위한 면접을 할 때는 자신이 일할 능력이 있고 의지가 높다는 점을 적극적으로 표현하는 것이 좋다.

• 구인 광고
어떤 일자리에 사람을 구하는 광고

• 한국산업인력공단
근로자들의 능력을 개발하는 프로그램을 통해 산업에 필요한 인력을 길러내는 국가기관

• 이력서
그동안 쌓은 학력이나 직업 관련 경험을 적은 것

취업할 때 반드시 챙겨야 할 점

취업할 때에는 자신이 취업하려고 하는 업체가 하는 일은 무엇이며, 정식으로 등록되어 있는지 확인해야 한다. 취업을 하게 되면 근로 계약서를 반드시 작성하고, 취업 이후에도 임금이나 근로 조건 등에서 부당한 대우를 받지 않도록 근로자가 누릴 수 있는 기본적인 권리에 관해 살펴볼 필요가 있다. 이민자나 외국인의 경우 일자리와 관련된 문제가 발생했을 경우에 고용노동부*나 한국산업인력공단, 각 지역의 외국인 근로자 지원센터 등에 문의하여 도움을 받는 것이 좋다.

• 고용노동부
일자리와 관련된 도움을 주기 위한 정부 부처

알아두면 좋아요 외국인 취업 박람회, 나에게 맞는 한국의 직장은?

2014년부터 해마다 서울에서 개최되는 '외국인 취업 박람회'는 한국의 기업과 외국인 우수 인재들이 만나 취업 관련 정보를 나누고 실제로 취업의 기회를 제공하기도 하는 자리이다. 여기서는 외국인 구직자에게 적합한 한국 기업이 어디인지 추천해 주고 이력서 잘 쓰는 방법, 면접 잘 보는 방법, 한국에서 유학 생활 잘하는 방법 등을 알려준다. 또한, 외국인의 취업을 지원하는 기관 정보, 한국어 교육 정보, 한국 행정 기관 이용 정보 등도 제공한다.

(사진 출처: 〈연합뉴스〉)

 ## 주요 내용정리

01 한국의 일자리 상황은 어떠할까?

- 한국은 유럽의 여러 나라에 비해 자영업자의 비율이 높고 여성의 경제 활동 참가 비율이 낮아 (　　　　)이 낮게 나타나는 편이다.
- 최근에는 전체 근로자 중에서 (　　　　) 근로자의 비중이 높아져 임금이나 근로 조건 등에서 상대적으로 불리함을 겪는 사례도 많아지고 있다.

02 취업하기 위해서는 무엇을 준비해야 할까?

- 일자리를 구할 때 자신이 어떤 분야에 전문성을 가지고 있다는 것을 보여주는 (　　　　)을 따면 큰 도움이 된다.
- 자신이 가지고 있는 자격증이나 경력 등을 (　　　　)에 꼼꼼히 기록해 두는 것이 취업에 유리하다.
- 취업을 하게 되면 (　　　　　)를 반드시 작성하여 임금이나 근로 조건 등과 관련한 근로자의 권리를 보호 받을 수 있도록 한다.

 ## 이야기 나누기

[외국인 인력 지원센터에 고마움을 나눕니다.]

"빈은 현재 직장에서 4년 10개월을 일하고 나서 베트남으로 귀국했다가 성실 근로자로 다시 한국에 들어왔습니다. 어느덧 9년이라는 시간 동안 같은 직장에서 일했습니다.

하지만 빈에게도 처음에는 한국 생활이 쉽지 않았습니다. 특히, 빈은 한국어에 어려움을 많이 느꼈는데 직장 동료들은 빈을 도와주기 위해 저희 외국인 인력 지원센터를 찾아왔습니다.

빈은 저와 함께 매주 일요일마다 외국인 인력 지원센터에서 진행되는 한국어 공부와 베트남 커뮤니티 활동에 참여하였고 한국 생활에도 점점 잘 적응했습니다.

빈은 자신이 그랬던 것처럼, 자신이 했던 고민을 하고 있는 외국인 친구들을 위해 이제는 먼저 다가가 돕고 있습니다. 베트남에서 온 빈은 그렇게 외국인 인력 지원센터에서 고마움을 나누고 있습니다."

[출처] 한국산업인력공단(2015). HRDKOREA Newsletter 3호

★ 자신이 한국에 잘 적응할 수 있도록 도움을 주었던 사람이나 기관에 대해 이야기해 봅시다.

대단원 정리

일상생활과 경제 활동	• 경제 활동이란 재화와 서비스를 만들고 사고 파는 모든 활동을 말함 • 합리적 선택의 필요성: 희소성으로 인해 가치 있는 것을 결정하는 것이 필요함	국가지표체계 www.index.go.kr
경제 성장	• 한국의 빠른 경제 성장 과정을 '한강의 기적'이라 부름 • 자유무역협정(FTA)을 통해 무역 규모를 확대함	통계청 www.kostat.go.kr
장보기와 소비자 보호	• 최근에는 모바일 기기를 활용한 온라인 쇼핑이 증가함 • 소비자에게는 권리와 책임이 있음	한국무역협회 www.kita.net
금융기관 이용하기	• 은행은 입금, 출금, 대출, 송금, 공과금 납부 등의 업무를 맡고 있음 • 최근에는 지점을 따로 만들지 않고, 온라인 네트워크를 통한 인터넷 전문 은행이 등장함	한국소비자원 www.kca.go.kr
취업하기	• 일자리 지원을 위해 정부는 맞춤형 정책을 시행하고 있음 • 취업할 때는 근로 계약서를 반드시 작성하고, 근로자의 기본 권리를 알아두어야 함	한국은행 www.bok.or.kr 한국산업인력공단 www.hrdkorea.or.kr

가로 세로 퀴즈

가로 열쇠

㉮ 한국에서 화폐를 발행하는 은행

㉯ 제품을 구입하고 사용할 때 누릴 수 있는 권리를 ○○○기본법으로 정해 놓음

㉰ 본인의 이름으로만 금융 거래를 할 수 있도록 한 제도

㉱ 대형 마트에 비해 좀 더 비싸고 고급스러운 물건을 많이 파는 시장

㉲ 은행 계좌를 만들기 위해서는 반듯이 본인이 ○○○을 가지고 은행을 방문해야 함

세로 열쇠

① 한국의 빠른 경제 성장을 '○○의 기적'이라고 부름

② 국가 간 상품이나 서비스의 자유로운 수출과 수입을 위한 약속

③ 사람이 살아가는 데 필요한 재화와 서비스를 만들어 사고 팔며 사용하는 모든 활동

④ 사람들이 많이 이동하는 곳에 주로 있고, 24시간 이용할 수 있는 시장

단원 종합 평가

01 한국의 경제 성장 과정을 '한강의 기적'이라고 부르는 이유는?

① 한강이 없었다면 경제 성장을 할 수 없었기 때문이다.
② 한강 주변의 공장에서 생산된 제품이 많았기 때문이다.
③ 세계가 놀랄 정도로 빠른 경제 성장을 이루었기 때문이다.
④ 로봇 산업, 생명 공학, 신소재 산업이 발달하고 있기 때문이다.

02 시장에 대한 설명으로 옳지 <u>않은</u> 것은?

① 전통 시장에서는 가격 흥정을 하는 모습을 흔히 볼 수 있다.
② 5일장은 교통이 편리해지고 도시의 인구가 늘어나면서 활성화되고 있다.
③ 대형 마트는 주차장이 넓고 물건의 종류가 많아 사람들에게 인기가 있다.
④ 슈퍼마켓은 주로 집 근처 동네에 위치하고 있으며 식료품을 구매할 수 있다.

03 소비자가 보호 받을 권리에 대한 설명으로 옳은 것을 〈보기〉에서 모두 고른 것은?

─────| 〈보기〉 |─────
ㄱ. 한국에는 법으로 소비자의 권리를 규정하고 있다.
ㄴ. 제품을 구입한 후에는 교환이나 환불이 되지 않는다.
ㄷ. 외국인의 경우 소비 생활에서 문제가 발생한 경우 해결할 수 없다.
ㄹ. 제품에서 문제가 발생한 경우에는 우선 구입한 상점이나 기업과 상담을 한다.

① ㄱ, ㄴ   ② ㄱ, ㄹ   ③ ㄴ, ㄷ   ④ ㄷ, ㄹ

04 금융기관에 대한 설명으로 옳은 것은?

① 농협에서는 예금 업무가 가능하지만 우체국에서는 할 수 없다.
② 은행은 사람들의 돈을 맡아주는 예금, 빌려주는 대출 업무만 담당하고 있다.
③ 상호저축은행은 시중은행보다 금리가 낮은 편이지만 그에 비해 안전성은 높다.
④ 점포를 마련하지 않고 온라인 네트워크를 통해 금융 서비스를 제공하는 은행도 있다.

05 〈보기〉에서 설명하는 것으로 옳은 것은?

─────| 〈보기〉 |─────
가짜 이름이나 다른 사람이 아닌 오직 본인의 이름으로만 금융 거래를 할 수 있도록 한 제도

① 리콜제   ② 금융실명제   ③ 자유무역협정   ④ 인터넷 뱅킹

06 일자리 지원을 위한 정부의 대책에 대한 설명으로 옳지 <u>않은</u> 것은?

① 60세 이상 국민의 재취업 지원을 하고 있다.
② 임신 또는 육아 여성의 근로 시간을 연장하고 있다.
③ 실업자에게 다양한 교육 프로그램을 제공하고 있다.
④ 청년에게는 구직 활동 지원금 정책을 시행하고 있다.

화폐 이야기: 동전

화폐는 물건을 사고 팔 때 사용하는 수단인 동시에 각 나라의 특색이 반영되어 있다. 즉, 화폐에는 그 나라나 지역을 대표하는 훌륭한 인물이나 상징이 담겨있다. 한국의 화폐에도 인물, 자연, 동물 등이 소재로 활용되었다. 최초 발행 시기와 담겨 있는 그림에 대한 설명은 다음과 같다.

■ 동전

1원 (일 원)	**최초 발행**	1966년 8월 16일 (현재 사용되는 모습과 같은 동전은 1983년 1월 15일)
	그림	무궁화
5원 (오 원)	**최초 발행**	1966년 8월 16일 (현재 사용되는 모습과 같은 동전은 1983년 1월 15일)
	그림	거북선
10원 (십 원)	**최초 발행**	1966년 8월 16일 (현재 사용되는 모습과 같은 동전은 2006년 12월 18일)
	그림	다보탑
50원 (오십 원)	**최초 발행**	1972년 12월 1일 (현재 사용되는 모습과 같은 동전은 1983년 1월 15일)
	그림	벼이삭
100원 (백 원)	**최초 발행**	1970년 11월 30일 (현재 사용되는 모습과 같은 동전은 1983년 1월 15일)
	그림	충무공 이순신
500원 (오백 원)	**최초 발행**	1982년 6월 12일
	그림	두루미

화폐 이야기: 지폐

◼ 지폐

1,000원 (천 원)	최초 발행	1975년 8월 14일 (현재 사용되는 모습과 같은 지폐는 2007년 1월 22일)
	그림	앞: 이황, 성균관 명륜당, 매화 뒤: 정선의 계상정거도
5,000원 (오천 원)	최초 발행	1972년 7월 1일 (현재 사용되는 모습과 같은 지폐는 2006년 1월 2일)
	그림	앞: 이이, 오죽헌과 오죽 뒤: 신사임당의 초충도
10,000원 (만 원)	최초 발행	1973년 6월 12일 (현재 사용되는 모습과 같은 지폐는 2007년 1월 22일)
	그림	앞: 세종대왕, 일월오봉도, 용비어천가 뒤: 혼천의, 천상열차분야지도, 보현산 천문대 망원경
50,000원 (오만 원)	최초 발행	2009년 6월 23일
	그림	앞: 신사임당, 묵포도도, 초충도수병의 가지 뒤: 어몽룡의 월매도, 이정의 풍죽도

제 6 편

법

30 법 외국인과 법

 생각해 봅시다

다음은 한국에서 쓰레기 및 재활용품을 분리하여 배출한 모습입니다.

01 사진을 통해 한국에서 쓰레기와 재활용품을 어떻게 분리배출하는지 말해봅시다.

02 세계 많은 나라 중에서 유독 한국은 쓰레기와 재활용품 분리배출이 잘 이뤄지고 있습니다. 그 이유는 무엇일까요?

 학습목표

1. 한국 사회에서 법이 얼마나 중요한 것인지 설명할 수 있다.
2. 법에 정해진 외국인의 권리와 의무를 설명할 수 있다.

 관련 단원 확인하기

영역		제목	관련 내용
기본	법	31. 한국 체류와 법	외국인에게 적용되는 법률
	법	32. 한국 국적과 법	국적의 의미와 한국 국민의 기준

01 한국에서 법은 어떤 의미를 가지고 있을까?

법의 목적과 역할

법은 사회 구성원의 지혜와 합의를 통해 만들어진 규범˙이다. 법의 목적은 정의를 실현하는 것이다. 정의란 옳고 그름을 판단하여 각자가 받아야 할 정당한 몫을 주는 것을 말한다. 열심히 노력한 사람에게는 그에 따른 보상을 주고, 잘못을 저지르거나 다른 사람에게 피해를 준 사람에게는 그에 맞는 벌을 주는 것이다. 이를 통해서 각 개인의 자유와 권리를 보호하고 사회 질서도 안정적으로 유지할 수 있다.

이처럼 법이 중요한 역할을 하고 있기 때문에 오늘날 한국 사회에서는 더 좋은 법을 만들기 위해 끊임없이 노력하고 있다. 법이 시대에 맞지 않거나 잘못된 내용을 포함하고 있을 때는 국회의원을 비롯한 정치인˙과 시민들이 그에 대해 문제를 제기하고 고쳐 나가고 있다.

▲ 한국의 대법원 앞 정의의 여신상

● 규범
인간이 마땅히 따르고 지켜야 할 공동의 기준

● 정치인
정치에 활발히 참여하거나 매우 밀접한 관련을 갖는 직업을 가진 사람. 주로 국회의원을 가리키는 경우가 많다.

준법의 중요성

법을 통해 사람들의 권리를 보호하고 사회 질서를 유지하기 위해서는 좋은 법을 만드는 노력과 함께 준법 정신˙이 필요하다. 아무리 좋은 법이 있어도 사람들이 그것을 지키지 않는다면 소용이 없다. 한국에서는 법을 지키고 다른 사람이나 사회에 피해를 주지 않는 것을 중요하게 생각한다. 대한민국 국민뿐만 아니라 한국에서 생활하는 외국인 또한 법을 잘 이해하고 지킴으로써 자신과 타인의 권리를 보호하며 더욱 안전하게 생활할 수 있다.

● 준법 정신
법률이나 규칙 등을 잘 지키는 정신

알아두면 좋아요 순천의 외국인 유학생 자율방범대

2019년 6월 순천에서는 외국인 범죄 예방을 위한 외국인 유학생 자율 방범대 활동이 시작되었다. 이들은 외국인이 밀집되어 있는 지역과 대학교 주변을 중심으로 한 달에 한 번 이상 집중 순찰에 나서며 지역 안전을 위해 노력하고 있다. 이처럼 대한민국 지역 곳곳에서 외국인들이 자율적으로 방범대를 꾸리고 지역 경찰과 협력하여 범죄 예방 활동에 나서고 있다. 이들의 활동은 지역의 치안을 개선하여 많은 주민들의 호응을 얻고 있으며, 외국인들의 어려움을 해결하는 데도 도움을 주고 있다.

▲ 순천경찰서, 외국인 유학생 자율방범대 발대식

02 외국인에게는 어떤 법적 권리와 의무가 있을까?

외국인의 권리

● 인권
사람으로서 당연히 누려야 할 인간답게 살 권리

● 국제법
국가들 간의 관계를 정해 놓은 법

한국은 국적과 상관없이 누구에게나 인간으로서 누려야 할 기본적인 권리인 인권●을 보장한다. 또한 국제법●에 따라 외국인의 기본적인 지위와 권리를 보장하고 있다. 따라서 한국에서 외국인은 생명이나 재산 등을 위협받지 않고 행복한 삶을 추구할 수 있으며, 임금이나 노동조건 등에서도 부당한 이유로 차별받아서는 안 된다.

▲ 국내 외국인의 지방선거 참여 모습 - 해외문화홍보원 (kocis.go.kr) (사진 출처: 〈연합뉴스〉)

한국은 외국인의 정치 참여나 사회생활 등에서도 일정한 권리를 보장하고 있다. 예를 들어, 영주권을 얻고 나서 3년이 지난 외국인 중 일정 조건을 갖춘 경우에는 지역 주민의 대표를 뽑는 선거에 참여할 수 있다. 또한, 외국인의 자녀도 초·중등교육을 받을 권리가 있으며, 6개월 이상 체류하는 외국인은 건강보험을 통한 의료 서비스를 받을 수 있다. 또한 한국에서는 감염병 예방법에 따라 외국인 감염병 환자의 치료 비용 등을 지원하여 국내 방문 외국인의 건강을 보호하고 감염병 확산을 방지하고 있다.

외국인의 의무

● 출입국관리법
한국에 입국하거나 한국에서 출국하는 사람들의 출입국 관리 및 한국에 체류하는 외국인 등록 등을 정해 놓은 법

● 강제퇴거
한국에 체류하는 외국인이 질서를 어지럽히거나 안전을 위협할 경우 강제로 본국이나 제3국으로 추방하는 것

한국에서는 법을 통해 외국인의 권리뿐만 아니라 의무도 규정하고 있다. 기본적으로 외국인도 한국의 법과 공공질서를 잘 지키고 법이 정하는 세금을 내야 한다. 특히 출입국관리법●에 따라 대한민국의 이익, 공공안전, 사회질서 등을 해칠 우려가 있는 외국인은 입국이 금지되거나 강제퇴거●될 수도 있다. 예를 들어, 2020년 한국에서는 코로나 19 의심 증상으로 자가격리 권고를 받고도 이를 따르지 않은 외국인에 대해 범칙금을 부과하고 출국하도록 하였다.

연도	외국인 소득세 납부액(억원)
2019년	5,101
2020년	5,712
2021년	5,878
2022년	8,659

▲ 외국인의 소득세 신고 현황(국세청, 2024)
세금 납부는 기본적인 의무이며, 외국인도 한국의 법에 따라 세금을 내고 있다.

알아두면 좋아요 외국인 자녀의 교육받을 권리를 보장하고 있어요

한국은 유엔아동권리협약에 따라 미등록외국인의 자녀를 포함하여 체류 자격이나 국적과 관계없이 아동의 교육받을 권리를 보장하고 있다. 공식적인 서류가 없는 경우 임대차계약서 등 거주 사실을 확인할 수 있는 서류만으로도 초중고 입학을 신청할 수 있다. 아동이 기존 학력을 증명하기 어려운 경우에는 교육청에 문의하여 학력 심의를 거친 후에 입학이 가능하다. 아동이 한국어를 모르는 경우 예비학교 등을 통해 한국어 교육을 지원하기도 한다.

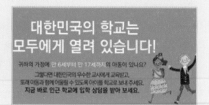
대한민국의 학교는 모두에게 열려 있습니다!
귀하의 가정에 만 6세부터 만 17세까지의 아동이 있나요?
그동안 대한민국의 우수한 교사에게 교육받고, 또래 아동과 함께 어울릴 수 있도록 아동을 학교로 보내 주세요. 지금 바로 인근 학교에 입학 상담을 받아 보세요.

주요 내용정리

01 한국에서 법은 어떤 의미를 가지고 있을까?

- 법은 사회 구성원의 지혜와 합의를 통해 만들어진 규범으로 (   )를 실현하는 것을 목적으로 한다.
- 법을 통해 각 사람의 자유와 (   )를 보호할 수 있고 사회 (   )도 안정적으로 유지할 수 있다.
- 법이 본래의 목적과 역할을 잘 수행하도록 하기 위해서는 좋은 법을 만드는 노력과 함께 (   ) 정신이 필요하다.

02 외국인에게는 어떤 법적 권리와 의무가 있을까?

- 한국에서 외국인은 인간으로서 누려야 할 기본적 권리인 (   )을 보장받으며, (   )에 따라 외국인의 기본적 지위와 권리를 보장받는다.
- 한국에서 (   )을 얻고 나서 3년이 지난 외국인 중 일정 조건을 갖춘 경우에는 지역 주민의 대표를 뽑는 선거에 참여할 수 있다.
- 한국에 입국하거나 한국에서 출국하는 외국인이 주의해야 할 사항이나 외국인 등록에 관한 내용 등을 정해 놓은 (   )은 한국에 체류하는 외국인이라면 특히 잘 알아두어야 하는 법이다.

 ## 이야기 나누기

[한국에 거주하는 외국인도 국민연금에 가입해야 합니다]

한국에 거주하고 있는 외국인도 국민연금에 가입해야 한다. 18세 이상 60세 미만의 외국인의 경우 사업장에서 근로자로 일하면 사업장 가입자로서, 자영업자인 경우에는 지역가입자로서 국민연금에 가입하여 혜택도 누릴 수 있다. 이는 외국인들에게도 한국인 근로자와 동등한 권리와 의무를 누리게 하는 정책이라고 할 수 있다. 다만, 외국인의 본국에서 대한민국 국민에게 연금 가입을 보장하지 않을 경우 또는 한국과 외국인의 본국 사이에 연금과 관련한 별도의 협정이 있는 경우에는 해당되지 않는다.

★ 한국에서 외국인에게 제공하는 권리에는 어떤 것이 있는지, 어떤 권리를 더 제공해야 한다고 생각하는지 이야기해 봅시다.

31 _법 한국 체류와 법

 생각해 봅시다

다음은 공항을 통해 한국에 들어올 때 입국심사를 하는 모습입니다.

01 한국 공항의 입국심사에서 본인이 받은 질문은 무엇이었습니까? 한국에서 입국심사를 받을 때 어떤 인상을 받았습니까?

02 다른 나라와 한국의 입국심사를 비교해 봤을 때 어떤 공통점이나 차이점이 있다고 생각합니까?

※ 입국심사: 다른 나라에 들어가기 전에 공항에서 받는 심사

 학습목표

1. 외국인의 한국 입국 및 체류 절차를 설명할 수 있다.
2. 외국인의 정착을 돕는 한국의 법과 제도를 설명할 수 있다.

 관련 단원 확인하기

영역		제목	관련 내용
기본	법	30. 외국인과 법	외국인의 법적 권리와 의무

01 외국인이 한국에 머무르려면 어떤 절차가 필요할까?

외국인이 한국에 들어오는 과정

한국으로 들어오고자 하는 외국인은 유효 기간*이 남아 있는 여권과 비자(VISA)를 가지고 있어야 한다. 여권은 외국을 여행하는 사람의 국적이나 신분을 증명해 주는 문서이다. 비자는 '사증'이라고도 하는데 한국 정부가 외국인의 입국을 허가하는 증명서를 의미한다.

▲ 한국 입국자에 대한 코로나 19 선별 진료소 검사 모습

● **유효 기간**
어떤 물건을 정상적으로 사용할 수 있는 기간

비자를 가지고 있더라도 입국심사를 통과하지 못하면 입국하지 못할 수도 있다. 예를 들어 전염병에 걸린 것으로 의심되거나 마약 중독자 등과 같이 공중위생*을 해칠 수 있는 사람, 총이나 칼, 화약 등과 같이 위험한 물건을 가지고 있는 사람, 한국에서 여러 사람의 안전이나 이익을 해칠 가능성이 있다고 판단되는 사람은 입국 허가를 받을 수 없다. 또한 모든 입국자는 감염병 유행 상황에서는 진단검사를 받고 자가격리나 시설격리 등 한국의 방역* 조치를 따라야 한다.

● **공중위생**
다수의 사람들에게 영향을 줄 수 있는 질병을 예방하고 건강을 유지하는 것

● **방역**
전염병 등을 퍼지지 않도록 예방하는 것.

외국인이 한국에 머무르는 과정

외국인이 한국에 머무르기 위해서는 체류* 자격을 갖추어야 한다. 체류 자격은 체류 기간에 따라 다르다. 단기체류는 관광이나 가족 방문 등을 목적으로 90일 이내로 머무르는 것이고, 장기체류는 유학, 연수*, 결혼, 투자* 등의 목적으로 90일을 초과하여 머무르는 것이다.

장기체류를 위해서는 입국한 날로부터 90일 이내에 관할 출입국·외국인청을 방문하여 외국인으로 등록해야 한다. 등록 이후에 체류지를 변경한 경우에는 전입한 날로부터 14일 이내에 출입국·외국인청 또는 행정복지센터에 체류지 변경 신고를 해야 한다.

● **체류**
어떤 지역에 오래 머물러 있는 상태

● **연수**
지식이나 기술을 연구하고 훈련함

● **투자**
사업을 하기 위해 돈을 댐

알아두면 좋아요 대한민국 비자에 대해 알아봅시다

① 비자번호: 비자발급 일련번호
② 체류자격: 외국인이 국내에 체류하면서 행할 수 있는 활동이나 신분 종류
③ 체류기간: 대한민국 입국일부터 체류할 수 있는 기간
④ 종류: 비자의 종류(S: 단수비자, D: 더블비자, M: 복수비자)
⑤ 발급일: 비자 발급일자
⑥ 입국만료일: 비자유효기간
⑦ 발급지: 비자를 발급한 재외공관에 대한 정보

※ 참고: 2020년 7월부터 대한민국 비자 발급 시 여권에 부착하는 비자 스티커가 비자발급확인서로 대체되었다. 대한민국 비자포털 누리집(www.visa.go.kr)에 접속하여 여권번호, 성명, 생년월일을 입력하면 즉시 확인 및 출력이 가능하다.

02 외국인의 정착을 돕는 법에는 어떤 것이 있을까?

재한 외국인*을 지원하는 법

• 재한 외국인
한국에 있는 외국인

한국에서는 외국인이 한국 사회에 적응하고 개인의 능력을 발휘하여 행복한 생활을 할 수 있도록 지원하고 있다. 대표적인 예가 바로 2007년에 만들어진 재한외국인처우기본법이다.

이 법에서는 재한 외국인과 그 자녀에 대한 차별 방지 및 인권교육, 재한 외국인의 사회 적응, 영주권자 및 난민의 처우 등을 규정하고 있다. 이 법에 따라 국가 및 지방자치

▲ 외국인주민을 위한 시민교육 장면
(수원시 외국인복지센터)

• 다문화
한 사회 안에 다양한 인종, 민족, 집단, 문화 등이 어우러져 사는 현상

단체에서는 다문화*에 대한 이해를 증진하기 위해 노력하고 있으며, 매년 5월 20일을 세계인의 날*로 정하여 한국인과 재한 외국인이 서로의 문화와 전통을 존중하도록 돕고 있다.

• 세계인의 날
한국 국민과 재한 외국인이 서로 존중하며 살아갈 수 있도록 2007년 한국에서 법으로 정한 기념일

외국인의 편리한 생활을 돕기 위한 제도

재한외국인처우기본법 등을 근거로 외국인이 보다 편리하게 생활하는 데 도움을 줄 수 있는 제도가 실시되고 있다. 예를 들어, 외국인의 언어소통 문제를 해결하기 위해 법무부, 여성가족부, 고용노동부 등을 중심으로 다국어* 전화상담서비스를 실시하고 있다. 한국에 온 지 오래되지 않아 아직 한국어를 자유롭게 하지 못하는 사람은 이 서비스를 통해 자신의 모국어*로 도움을 받을 수 있다. 인권을 침해당했을 때 신고나 법률 상담을 받을 수도 있고 직장이나 학교, 가정생활과 관련한 어려움에 대한 상담도 받을 수 있다. 한편, 각 지역의 외국인주민지원센터 등을 중심으로 한국어 교육도 제공하고 있다.

• 다국어
여러 나라의 말

• 모국어
자기 나라의 말

▶ 통역 서비스 제공 상담기관
외국인종합안내센터 1345
다누리콜센터 1577-1366
외국인력상담센터
1577-0071

한국에서는 외국인 근로자의 경우 한국의 건강보험 등을 통해 의료 혜택을 받을 수 없는 상황에서도 1회 500만원 내에서 입원부터 퇴원까지 진료비를 지원받을 수 있다(2023년 기준). 이를 긴급의료지원 서비스라고 하는데 외국인 근로자가 전국 17개 시·도가 지정한 의료기관에 신청하여 받을 수 있다.

알아두면 좋아요 **한국에 있는 외국인 마을을 찾아 떠나 볼까요?**

한국에 거주하는 외국인이 늘어나면서 외국인이 모여 사는 외국인 마을도 증가하고 있다. 서울에서는 한남동(미국, 유럽), 이태원(서아시아, 아프리카), 서래마을(프랑스), 이촌동(일본), 광희동(몽골), 창신동(네팔, 파키스탄), 혜화동(필리핀) 등이 유명하며, 대림동과 신길동을 잇는 '영등포 차이나타운'에는 중국에서 온 사람들이 많이 살고 있다. 경기도 안산에는 원곡동 국경 없는 마을을 중심으로 고려인을 비롯한 많은 외국인이 거주하고 있다.

주요 내용정리

01 외국인이 한국에 머무르려면 어떤 절차가 필요할까?

- 외국인이 한국에 들어오려면 여행자의 신분을 증명해 주는 문서인 (　　　)과 한국 정부에서 외국인의 입국을 허가하는 증명서인 (　　　)를 가지고 있어야 한다.
- 관광이나 가족 방문 등을 목적으로 90일 이내로 머무르는 것은 (　　　)체류, 유학, 결혼 등을 목적으로 90일을 초과하여 머무르는 것은 (　　　)체류라고 한다.
- 장기체류를 위해서는 (　　)일 이내에 관할 출입국·외국인청을 방문하여 외국인으로 등록해야 한다.

02 외국인의 정착을 돕는 법에는 어떤 것이 있을까?

- 한국에서는 외국인이 한국 사회에 잘 적응하고 행복한 생활을 할 수 있도록 지원하기 위해 (　　　　　　　　　)을 만들었다.
- 한국어를 아직 자유롭게 하지 못하는 사람을 위해서는 그 사람의 모국어로 다양한 상담을 받을 수 있는 (　　　　　　　　)를 제공하고 있다.
- 건강보험 등의 혜택을 받을 수 없는 외국인이 긴급 의료 지원을 받아야 하는 경우에는 2019년 기준으로 1회 (　　　)원 내에서 진료비를 지원받을 수 있다.

 이야기 나누기

[한국에 난민이 더 많이 들어온다면?]

2018년 예멘인이 자국 내의 전쟁을 피해 한국의 제주도로 들어왔다. 제주도는 외국인이 비자 없이 입국해서 30일까지 머물 수 있는 곳이기 때문이다. 당시 다수의 예멘인이 한국 정부에 난민(전쟁이나 재난, 종교적 괴롭힘 등으로 자신의 고향 나라를 떠난 사람)을 신청하자 이를 두고 한국 사회 내에서 수많은 논쟁이 벌어졌다.

2018년 제주에 입국한 예멘인 현황

구분	인원
인도적 체류 허가	412명
난민 불인정 후 이의신청	52
자진 출국	30
난민 인정	2
기타	

인도적 체류 중인 예멘인 취업 현황
※ 미신고자는 미취업자, 육아, 환자, 미신고 근로자 등

구분	인원
미신고자	162명
조선소	145
농장	62
양식장	25
요식업	17
어선	1

[자료] 법무부

결국 2019년 12월 기준 제주도에 입국한 561명 중 2명이 난민으로 인정받고, 412명이 인도적 체류허가를 받았다. 이들 중 많은 사람들이 제주도에서 일하면서 한국 사회에 정착하기 위해 노력하였다. 한편, 관광을 위해 만들어 놓은 제주도의 무비자 입국 제도가 잘못 사용되지 않도록 해야 한다는 주장도 있어서 한국 정부가 이와 관련한 대책을 계속 마련하고 있다.

★ 한국 사회에 난민이 많아지면 어떤 변화가 생길까요? 한국 사회의 난민 수용에 대한 본인의 생각을 말해 봅시다.

32 법 한국 국적과 법

 생각해 봅시다

다음은 귀화를 통해 한국 국적을 갖게 된 사례입니다.

▲ 베트남 출신 팜티프엉 씨는 지난 2007년 한국인 남편과 함께 충청북도 음성에 자리를 잡았다. 그녀는 경찰이 되고 싶었지만 한국 국적이 없었기 때문에 경찰학교에 도전할 수 없었다. 그래서 귀화를 결심했고 2016년 결국 꿈을 이루게 되었다. 팜티프엉 씨는 한국의 경찰로서 한국에 와 있는 결혼이민자, 외국인 근로자, 유학생 등을 돕는 일을 하고 싶다고 말했다.

01 팜티프엉 씨가 한국 경찰이 되기 어려웠던 이유는 무엇입니까?

02 한국 국적을 얻으면 한국에서 생활할 때 어떤 점이 좋은지 말해 볼까요?

 학습목표

1. 한국 국적을 얻는 것의 의미와 기준을 설명할 수 있다.
2. 귀화의 유형과 절차를 설명할 수 있다.

 관련 단원 확인하기

영역		제목	관련 내용
기본	법	30. 외국인과 법	국적과 관계 없이 보장되는 외국인의 권리

01 한국 국적은 어떤 의미를 가지며 어떤 기준으로 결정될까?

국적의 의미

국적이란 한 사람이 어느 국가의 국민으로서 인정받는 자격을 가리킨다. 그러므로 한국 국민은 대한민국 국적을 갖고 있는 사람으로서 대한민국 헌법이 보장하는 자유와 권리를 누릴 수 있고 일정한 의무도 수행해야 한다.

▲ 대한민국 영주증의 모습

일반적으로 영주권*자도 상당히 많은 권리와 의무를 가지고 있지만 국적을 얻은 국민과 똑같지는 않다. 예를 들어 영주권자는 국민과 달리 대통령 선거에 참여할 수 있는 권리가 없으며, 한국 영주권을 가진 성인 남자의 경우에는 한국 군대에 입대* 할 의무가 없다.

한국과 달리 미국, 캐나다, 호주 등의 국가는 국적 제도가 아니라 시민권 제도를 운영한다. 이들 나라에서는 시민권자가 곧 그 나라의 국민으로서 각종 권리와 의무의 주체가 된다.

● **영주권**
일정한 요건을 갖춘 외국인에게 주는, 그 나라에서 영구적으로 오랫동안 거주할 수 있는 권리

● **입대**
군에 들어가 군인이 되는 것

국적을 결정하는 방법

국적을 결정하는 방법은 나라마다 차이가 있다. 미국이나 캐나다에서는 태어난 장소(국가)를 중요하게 여긴다. 그래서 미국에서 태어난 아이는 미국 국적을 가질 수 있다. 이를 출생지주의(속지주의)*라고 한다. 중국이나 호주 같은 경우에는 태어난 아이의 부모의 국적을 중시한다. 이를 혈통주의(속인주의)*라고 한다.

한국의 국적법*은 혈통주의를 따른다. 즉, 태어난 아이의 부모 국적이 어디인가에 따라 아이의 국적이 결정된다. 태어난 아이의 아버지나 어머니 중 한 명 또는 두 사람이 모두 한국 국민이라면 그 아이는 한국 국민이 될 수 있다. 다만, 한국에서 태어난 아이의 부모가 누구인지 분명하지 않거나 아이의 부모나 아이 본인이 무국적자*인 경우에는 한국에서 태어난 것만으로도 한국 국민이 될 수 있다.

● **출생지주의(속지주의)**
아이가 태어난 장소(국가)를 기준으로 아이의 국적을 결정하는 것

● **혈통주의(속인주의)**
태어난 아이의 부모가 가진 국적을 기준으로 아이의 국적을 결정하는 것

● **국적법**
한국 국민이 되는 요건을 정하는 법

● **무국적자**
국적이 없는 사람

알아두면 좋아요 보편적 출생등록 제도

한국에서는 국내에서 태어난 외국 국적 아동의 경우 본국 대사관을 통해 출생 신고를 하도록 하고 있다. 하지만 미등록 외국인의 자녀는 어느 국가의 보호도 받지 못하는 무국적 상태에 놓이게 된다. 이런 문제를 해결하기 위해 유엔 아동권리위원회 등은 한국에 '보편적 출생 등록 제도'를 통해 그와 같은 아동을 보호하도록 요청하고 있다. 이에 따라 한국 국회는 외국인이 국내에서 낳은 자녀를 한국에서 출생신고를 할 수 있도록 하는 법률안을 논의하고 있다.

02 귀화는 어떤 절차로 이루어질까?

귀화의 유형과 절차

• **허가**
허락하여 할 수 있도록 함

외국인은 자신의 의지와 노력을 통해 요건을 갖춘 후, 법무부 장관으로부터 허가•를 받아 한국 국민이 될 수 있다. 이를 귀화라고 한다. 귀화에는 일반귀화, 간이귀화, 특별귀화의 3가지 유형이 있다.

일반귀화는 한국과 혈연적, 지연적 관계가 없는 외국인이 한국 국적을 얻는 방법이다. 일반귀화를 신청하려면 한국에서 5년 이상 계속 생활한 주소, 영주(F-5) 자격을 가지고 있어야 하며 귀화 신청 당시에 19세 이상의 성인이어야 한다. 또한, 품행이 단정하고 생계유지 능력이 있어야 하며 한국어 능력 등 국민으로서 기본적인 소양을 갖추어야 한다.

> 1. 귀화 신청 및 접수 → 2. 귀화시험 및 요건 심사 → 3. 범죄 경력 및 신원조회 후 심사 결정 → 4. 국민선서 → 5. 법무부가 귀화허가를 받은 사람이 정한 등록기준지의 시·읍·면의 장에게 통보하면 가족관계등록부 생성 → 7. 허가 후 1년 내 외국 국적 포기 또는 외국 국적 불행사 서약 → 8. 주소지 행정복지센터에서 주민등록 및 외국인 등록증 반납

▲ 귀화 절차

• **배우자**
남편에게는 아내가, 아내에게는 남편이 각각 배우자임

간이귀화는 대한민국과 일정한 관계가 있는 외국인이 한국 국적을 얻는 방법이다. 예를 들어, 외국인이 한국에서 3년 이상 계속 생활했고 그의 부모 중 어느 한쪽이 한국 국민이었다면 그는 간이귀화를 신청할 수 있다. 혼인을 통한 귀화도 간이귀화에 해당한다. 한국 국민의 배우자•이거나 배우자였던 외국인의 경우 일반적으로 한국에 2년 이상 계속 거주하는 경우 간이귀화를 신청할 수 있다.

• **가족관계등록부**
한국 국민 개개인이 등록한 주소, 성명, 생년월일 등 신분에 관한 사항과 가족관계에 관한 사항 등을 기록한 문서

특별귀화는 일반귀화나 간이귀화에 비해 절차가 더 간단하다. 부모 중 어느 한쪽이 현재 한국 국민인 외국인, 한국에 특별한 공로가 있는 외국인, 특정 분야에서 매우 우수한 능력을 보유한 사람으로서 한국 국익에 도움을 줄 것으로 인정되는 외국인은 특별귀화를 신청할 수 있다.

	인원(명)
일반귀화	1,037
간이귀화	7,953
특별귀화	2,064
기타	502
합계	11,556

▲ 귀화에 의한 국적 취득 현황(법무부(2019))

알아두면 좋아요 국적법 개정에 따라 '국민선서'를 해야 합니다

2018년 12월 20일부터 개정된 국적법이 시행되었다. 이 법에 따르면 귀화나 국적 회복 허가를 받은 사람이 한국 국적을 갖기 위해서는 국적증서 수여식에 참여하여 국민선서를 해야 한다. 국민선서 내용은 다음과 같다.

"나는 자랑스러운 대한민국의 국민으로서 대한민국의 헌법과 법률을 준수하고 국민의 책임과 의무를 다할 것을 엄숙히 선서합니다."

국민선서 이후에 한국 국민이 되었다는 사실을 법무부가 귀화허가를 받은 사람이 정한 등록기준지의 시·읍·면의 장에게 통보하면 가족관계등록부•가 만들어진다.

▲ 귀화자 국민선서 모습
(사진 출처:〈연합뉴스〉)

주요 내용정리

01 한국 국적은 어떤 의미를 가지며 어떤 기준으로 결정될까?

- 한국 국민은 대한민국 (   )을 가진 사람을 말한다. 한국 국적을 가지고 있는 사람은 대한민국 (   )이 보장하는 자유와 권리를 누릴 수 있고 일정한 의무도 수행해야 한다.
- (   )은 외국인이 어떤 나라에 영구적으로 거주할 수 있는 권리를 의미한다.
- 한국은 아이가 태어난 장소보다 아이 부모의 국적이 어디인가를 중시한다. 이것을 (   ) 또는 혈통주의라고 한다.

02 귀화란 무엇일까?

- 외국인은 본인의 의지와 노력에 의해 요건을 갖춘 후, (   )으로부터 허가를 받아 한국 국민이 될 수 있다.
- 일반귀화를 신청하려면 한국에서 (   ) 이상 생활한 주소가 있어야 하고 (   ) 자격을 가지고 있어야 한다. 또한, 귀화 신청 당시 (   )세 이상의 성인으로서 품행이 단정하고 생계유지 능력과 국민으로서 기본적인 소양을 갖추어야 한다.
- 혼인을 통한 귀화는 (   )에 해당한다. 한국 국민의 배우자이거나 배우자였던 외국인의 경우 일반적으로 한국에 (   )년 이상 계속 거주하는 경우 (   )를 신청할 수 있다.

이야기 나누기

[당신에게 국적은 어떤 의미인가요?]

다큐멘터리 〈귀화〉는 여러 가지 이유로 대한민국 국적을 갖게 된 사람들의 이야기를 다루고 있다. 김주현(방글라데시 출신)씨는 한국 국적이 없을 때는 휴대폰 하나 구입하기도 힘들었다고 하며 이제 한국인이 되어 다시 출입국사무소를 가지 않아서 너무 좋다고 한다. 최무빈(파키스탄 출신)씨는 한국 국적을 갖고 나니 사업을 하면서 국내외 이동이 편리해졌다고 한다. 특히 대통령 선거나 국회의원 선거에도

▲ 다큐멘터리 '귀화'의 한 장면

참여하게 되면서 스스로 이제는 완전히 한국인이 되었다고 말한다. 이들의 이야기를 통해 우리 자신에게 국적이란 어떤 의미를 가지고 있는지, 어떤 역할을 하는지 생각해볼 수 있다.

★ 자신에게 한국 국적이 생긴다면 어떤 변화가 생길까요? 자신이 한국 국적을 필요로 한다면 어떤 점에서 그러한지 말해 봅시다.

 생각해 봅시다

다음은 '결혼'과 관련된 물건입니다.

▲ 반지

▲ 청첩장

01 각 사진에 나타난 물건들이 결혼에서 어떤 역할을 하는지 말해 봅시다.

▲ 웨딩드레스

▲ 부케

02 자신의 고향 나라에서 결혼을 할 때 꼭 준비하는 물건이나 절차에는 무엇이 있습니까?

 학습목표

1. 부부의 권리와 의무에 관한 법의 기본 내용을 설명할 수 있다.
2. 가정 폭력 및 이혼에 적용되는 법의 기본 내용을 설명할 수 있다.

 관련 단원 확인하기

영역		제목	관련 내용
심화	법	17. 가족 문제와 법	가족과 친족, 법률혼·사실혼·동거, 이혼의 종류, 이혼의 절차와 방법

01 법은 결혼생활에 어떤 영향을 줄까?

부부로 인정받기 위한 절차

결혼은 사랑하는 두 사람이 만나 부부가 되는 것이다. 두 사람이 법적인 부부로 인정받기 위해서는 시청, 구청, 군청 등에 혼인 신고*를 해야 한다. 결혼식을 올리지 않은 부부라도 혼인 신고를 하면 부부로 인정되고 법의 보호를 받을 수 있다. 혼인 신고를 하지 않은 부부는 재산, 자녀 양육 등과 관련하여 법적인 권리를 누리지 못할 수 있다.

▲ ○○시청에 있는 혼인 신고 기념 포토존

● **혼인 신고**
결혼한 사실을 행정 기관에 공식적으로 신고하는 일

부부의 권리와 의무

한국에서는 부부가 각자 자신의 재산을 가질 수 있고 자신의 뜻에 따라 그 재산을 처분*할 수 있는 권리가 있다. 이를 부부 별산제*라고 한다. 그런데 부부 중 어느 한쪽의 이름으로 되어 있는 재산이라고 해도 부부가 결혼 후에 함께 노력하여 얻은 것은 공동 재산으로 본다. 부부는 일상적인 물건이나 돈을 거래할 때 서로를 대신하여 물건을 구입하거나 돈을 빌릴 수도 있다.

부부 간에는 서로 지켜야 할 의무도 있다. 부부는 기본적으로 함께 살아야 한다. 또한 부부는 정신적, 경제적으로도 서로 돕고 의지하는 관계이므로 생활에 필요한 비용을 공동으로 부담해야 한다. 부부 중 한 사람은 직장에서 돈을 벌고 다른 사람은 가사노동*을 하는 경우에도 법적으로는 두 사람 모두 생활비를 번 것으로 인정한다. 만약 부부 중 누군가가 가사노동을 직접 하지 않는다면 그 가사노동을 맡아줄 다른 사람을 고용해야 하는데 그 비용도 생활비에 해당하기 때문이다.

▲ 부부는 함께 살아야 하지만, 일시적으로 따로 살 수밖에 없는 경우도 있다.

● **처분**
일정한 대상을 어떻게 처리할 것인가에 대해 결정함

● **부부 별산제**
부부가 혼인하기 전부터 각자 가졌던 재산 또는 혼인생활 중 자기 이름으로 얻은 재산을 각자의 것으로 인정하는 제도

● **가사노동**
청소, 빨래, 요리 등 가정을 유지하고 살림을 꾸려나가기 위해 하는 노동

알아두면 좋아요 **결혼을 하면 혼인 신고! 아이를 낳으면 출생 신고!**

결혼을 하고 혼인 신고를 하지 않으면 법적인 부부로 인정받지 못하듯이 아이가 태어났을 때 출생 신고를 하지 않으면 그 아이의 권리를 법적으로 보호받지 못할 수 있다. 아이가 태어나면 일반적으로 병원에서 출생증명서를 발급해준다. 출생증명서에는 부모의 이름과 주소, 출생한 장소(병원, 집 등), 출생한 날짜와 시간, 아이의 성별, 키, 몸무게, 건강 상태, 병원 이름, 의사 이름 등이 기록되어 있다. 아이의 엄마나 아빠가 출생증명서를 가지고 본인이 살고 있는 지역의 행정복지센터에 가서 출생신고를 하면 그 아이는 한국 사회의 구성원으로 인정받는다. 출생신고는 아이가 태어난 후 1개월 내에 해야 한다. 1개월을 넘기면 최대 5만원의 과태료를 내야 한다. 최근에는 인터넷으로도 출생 신고를 할 수 있게 되었다.

02 가족관계에서 생기는 문제를 법으로 어떻게 해결할 수 있을까?

가정 폭력의 해결

● 인격
사람으로서의 품위와 자격

▶ 가정폭력 발생 시 상담센터
여성긴급전화 1366

한국여성의전화
(02) 2263-6464

안전Dream 아동 여성 장애인
경찰지원센터 117

한국남성의전화
(02) 2653-1366

건강가정지원센터
1577-9337

한국가정법률상담소
1644-7077

다누리 콜센터 1577-1366

가족은 가장 가깝고 친밀한 관계를 맺고 있지만 그렇다고 해서 함부로 대하면 안 된다. 가족은 서로 존중하고 각자의 인격●과 권리를 지켜주어야 한다. 만약 가족 구성원 사이에 신체적, 정신적, 재산적 피해를 주는 행동을 한다면 그것은 가정 폭력으로 간주되어 처벌을 받게 된다.

한국의 법에서는 가족을 때리거나 가족에게 물건을 던지는 것, 가족에게 욕설을 하거나 협박하는 것, 어린이나 노인을 제대로 돌보지 않거나 괴롭히는 것, 필요한 생활비를 주지 않는 것 등을 모두 가정 폭력으로 규정하고 있다. 가정 폭력이 발생하면 경찰에 신고하거나 상담센터 등에 요청하여 도움을 받을 수 있다.

이혼의 종류와 방법

부부가 더 이상 결혼 생활을 유지하기 어렵다고 생각하면 합의나 재판을 통해 이혼을 할 수 있다. 협의 이혼은 부부가 서로 합의하여 이혼을 하는 것이고, 재판상 이혼은 부부 중 한쪽은 이혼을 원하는데 다른 한쪽이 동의하지 않을 때 법원의 판결에 따라 이혼을 결정하는 것이다. 예를 들어 부부 중 한쪽이 부정한 행위를 하는 등 배우자로서의 의무를 제대로 이행하지 않고 상대방을 고통스럽게 한 경우에는 법원에서 판결로 이혼을 명령할 수 있다.

● 위자료
다른 사람의 불법적인 행위로 인해 생긴 정신적 고통이나 피해에 대해 물어주는 돈

이혼에 책임이 있는 배우자는 상대방에게 위자료●를 줘야 한다. 부부가 이혼을 하더라도 부모와 자녀의 관계는 그대로 유지된다. 누가 자녀를 키울 것인가의 문제는 이혼을 하는 두 사람의 합의로 결정한다. 만약 합의가 이뤄지지 않으면 가정법원의 판결에 따른다. 자녀를 키우게 된 쪽은 상대방에게 자녀 양육에 필요한 비용의 일부를 요구할 수 있다. 자녀를 키우지 않게 된 쪽은 제한된 범위 내에서 자녀와 만나는 것이 허용된다.

알아두면 좋아요 이혼한 상대방이 위자료나 양육비를 주지 않는다면?

이혼의 책임이 있는 배우자는 상대방에게 위자료를 지급해야 한다. 또한 자녀를 양육하지 않는 측에서는 상대방에게 자녀 양육비를 지급해야 한다. 하지만 가정법원의 판결에도 불구하고 위자료나 자녀 양육비를 지급하지 않는다면 가정법원에 이행 명령(양육비를 지급하라는 명령)을 신청하면 된다. 가정법원이 이행 명령을 내렸는데도 3회까지 이행하지 않을 때는 과태료를 내게 된다. 경우에 따라서는 지급할 때까지 교도소에 갇힐 수도 있다.

▲ 가정의 문제를 해결하는 가정법원 (서울)

주요 내용정리

01 법은 결혼생활에 어떤 영향을 줄까?

- 결혼한 두 사람이 법적인 부부로 인정받기 위해서는 시청, 구청, 군청 등에 (　　　　)를 해야 한다.
- 한국에서는 남편과 아내가 각자 자기 재산을 가질 수 있고 자신의 뜻에 따라 그 재산을 처분할 수 있다. 그러나 결혼 후 부부가 함께 노력하여 얻은 재산은 (　　　) 재산으로 본다.
- 부부는 기본적으로 함께 살아야 하며 생활 비용을 공동으로 부담해야 한다. 부부 중 한 사람은 직장생활을 하고 다른 사람은 (　　　　)을 하는 경우라도 둘이 함께 생활비를 번 것으로 인정된다.

02 가족관계에서 생기는 문제를 법으로 어떻게 해결할 수 있을까?

- 가족에게 신체적, 정신적, 재산적 피해를 주는 것은 (　　　　)으로 간주되어 법에 따라 처벌을 받는다.
- 두 사람이 합의하여 이혼하는 것을 (　　　) 이혼이라고 하고, 부부 중 한쪽이 이혼에 동의하지 않을 때 법원의 판결을 통해 이혼하는 것을 (　　　) 이혼이라고 한다.
- 이혼에 책임이 있는 배우자는 상대방에게 (　　　)를 줘야 한다.

 ## 이야기 나누기

[이혼의 책임이 주로 한국인 배우자에게 있다면?]

국제결혼을 한 이민자가 이혼을 하게 될 경우 가장 걱정하는 부분 중 하나가 한국에서의 체류 자격을 잃지 않을까 하는 것이다. 과거에는 이혼의 책임이 '전적으로' 한국인 배우자에게 있어야만 결혼 이민자의 체류 자격을 연장해주었다. 그러나 최근 대법원은 한국인 배우자에게 '주로' 책임이 있다면 결혼 이민자에게 체류 자격을 주어야 한다고 판결하였다. 이혼에 이르기까지 결혼이민자에게는 '전혀' 책임이 없는 경우로만 체류 자격 유지 조건을 제한한다면 결혼 이민자의 권리가 제대로 보장되지 않을 수 있다는 것이다. 이것은 이혼과 관련하여 결혼 이민자의 인권 수준을 높이고 보다 나은 결혼생활에도 도움을 줄 수 있는 판결로 평가된다.

★ 국제결혼을 한 이민자의 어려움을 줄이고 권리를 보호하기 위해서는 어떤 노력과 정책이 필요한지 이야기해 봅시다.

34 법 재산과 법

 생각해 봅시다

다음은 돈 거래를 할 때 나타날 수 있는 상황입니다.

▲ 친한 친구가 급하게 돈을 빌려 달라고 합니다. 친한 친구지만 돈 거래를 하는 것이 부담스럽기도 합니다.

01 그림과 같은 일을 직접 경험하거나 주변에서 본 적이 있습니까? 이런 부탁을 받는다면 어떤 점을 주의해야 합니까?

02 자신의 고향나라에서는 다른 사람과 돈을 주고받은 사실을 증명하기 위해 어떤 방법을 사용하나요?

 학습목표

1. 금전 거래와 관련된 법적 내용을 설명할 수 있다.
2. 부동산 거래와 관련된 법적 내용을 설명할 수 있다.

 관련 단원 확인하기

영역		제목	관련 내용
심화	법	18. 재산 문제와 법	죽음과 유언, 상속, 법을 통한 금전 분쟁 해결, 내용증명

01 금전 거래를 할 때 무엇을 알아 두어야 할까?

계약의 의미

금전은 돈을 가리킨다. 금전 거래란 사람들끼리 돈을 빌리고 빌려주는 것을 가리킨다. 금전 거래를 할 때는 일반적으로 계약●을 하게 된다.

계약은 사람들의 자유로운 의사●에 따라 맺어야 한다. 또한 계약 내용이 사회질서에 어긋나는 내용이면 무효●가 될 수 있다. 즉, 개인의 권리를 침해하거나 범죄가 될 수 있는 계약은 허용되지 않는다.

▲ 계약은 두 사람의 의사가 일치하면 바로 성립한다.

●계약
두 명 이상의 사람이 말이나 글로 일정한 약속을 하는 것

●의사
무엇을 하고자 하는 생각이나 뜻

●무효
법률 행위의 효과가 생기지 않는 것

금전 거래를 증명하는 서류

계약은 당사자의 말을 통해서도 이루어질 수 있지만 나중에 혹시 문제가 생겼을 때 계약 내용을 증명하기가 어려워질 수 있다. 그러므로 금전 거래를 할 때는 계약 내용을 확인해 주는 계약서●를 작성하고 각자 서명을 하거나 도장을 찍어야 권리를 보호받을 수 있다.

돈을 빌려주었을 때는 돈을 빌려준 사람에게 증거로 차용증●을 받는 것이 좋다. 또한 빌린 돈을 갚을 때는 돈을 갚은 내용을 증명해 주는 영수증●을 받아야 한다. 차용증이나 영수증에는 돈을 거래한 사람의 이름, 주소, 연락처, 거래한 금액(원금, 이자), 거래한 날짜, 서명 등이 포함되어야 한다.

만약 돈을 빌려간 사람이 돈을 갚기로 약속한 시점까지 돈을 갚지 않을 경우 돈을 빌려준 사람은 돈을 갚으라고 직접 요청한다. 그래도 돈을 갚지 않는다면 법원 등 관련 기관의 도움을 받아 자신의 입은 손해를 배상●받을 수 있다.

●계약서
계약이 성립되었음을 증명하기 위해 작성하는 서류

●차용증
남의 돈이나 물건을 빌린 것을 증명하는 문서

●영수증
돈이나 물품 등을 받았음을 증명하는 문서

●배상
손해를 물어줌

알아두면 좋아요 이자를 무조건 많이 받을 수는 없어요

누군가 돈이 급하게 필요하다면 높은 이자를 내고서라도 돈을 빌리고 싶어 한다. 그런데 한국에서는 돈을 빌려주는 사람이 지나치게 높은 이자를 받지 못하도록 법으로 정해 두고 있다. 은행이나 대부업체(돈을 빌려주는 기업)가 돈을 빌려줄 때 1년에 24%를 넘는 이자를 받으면 불법으로 간주되어 법에 따라 처벌을 받을 수 있다. 개인 간에 10만원 이상의 돈을 거래할 때도 마찬가지다.

02 부동산 거래를 할 때 무엇을 알아 두어야 할까?

부동산과 등기부 등본

• **등기부 등본**
부동산에 관한 권리 관계를 적어둔 증명서

부동산이란 집이나 땅, 건물 등 직접 가지고 다닐 수 없는 재산을 말한다. 부동산을 거래할 때 가장 우선적으로 할 일은 등기부 등본•을 확인하는 일이다. 등기부 등본에는 거래하는 토지나 건물에 대한 권리가 누구에게 있는지, 그동안 어떻게 거래되어 왔는지 등이 기록되어 있다. 예를 들어 실제 소유자가 누구인지, 은행에 빚이 얼마나 있는지 등을 등기부 등본을 통해 알 수 있다. 등기부 등본은 법원의 인터넷 등기소 사이트에서도 확인할 수 있다.

부동산 거래 과정

부동산을 사고팔 때는 일반적으로 거래 가격의 10% 정도의 계약금을 먼저 주고받는다. 계약금에 이어 중간에 내는 돈을 중도금, 마지막에 내는 돈을 잔금이라고 한다. 잔금을 내기 전에도 틈틈이 등기부 등본을 통해 중요한 권리에 변동이 없는지 확인하고, 잔금을 치른 이후에는 부동산 소유권 이전 등기•를 해야 한다.

• **부동산 소유권 이전 등기**
부동산을 소유한 사람이 바뀌었다는 것을 등기소에 신고하는 것

• **전입신고**
거주지를 옮기는 경우 새로운 거주지의 행정복지센터에 그 사실을 신고하는 일. 전입한 날부터 14일 이내에 해야 함

부동산 전자계약은 이렇게!

▲ 2017년부터 부동산 거래에서 온라인 계약서 작성이 가능하다.

부동산을 소유하지 않고 다른 사람의 부동산을 빌려 쓰는 것도 가능하다. 이때 부동산을 빌려주는 것을 임대, 빌려 쓰는 것을 임차라고 한다. 아파트나 상가를 빌려 쓸 때는 주로 전세나 월세 방식을 많이 사용한다.

• **확정일자**
집을 계약한 날짜에 대해 법원이나 행정복지센터 등이 사실임을 증명해 준 날짜

• **경매**
물건을 사려는 사람이 여럿일 때 값을 가장 높이 부르는 사람에게 파는 일

한국에서는 부동산을 빌려 쓰는 사람(임차인)을 약자로 간주하여 법으로 특별히 보호한다. 이때 임차인이 법적 보호를 충분히 받기 위해서는 반드시 전입신고•를 하고 확정일자•를 받아야 한다. 이 경우 임차인은 집주인이 바뀌는 것과 상관없이 최소한 2년 동안 거주할 수 있다. 또한 거주하던 집이 경매• 등으로 팔리는 경우가 생기더라도 원래 맡겼던 보증금을 다른 사람보다 먼저 돌려받을 수 있다.

알아두면 좋아요 **부동산 거래를 도와주는 전문가: 공인중개사(부동산 중개업자)**

부동산 관련 계약을 할 때는 공인중개사를 통해 보다 쉽고 안전하게 거래할 수 있다. 이때 거래 금액에 따라 공인중개사에게 중개수수료(양쪽의 중간에서 일을 맡아 처리해 준 대가로 주는 돈)를 낸다. 부동산 매매(사고파는 것)의 경우 9억원 미만, 임대차(전세나 월세)의 경우 6억원 미만인 경우는 0.3~0.6% 사이에서 중개수수료를 낸다. 거래 금액이 그 이상일 때는 매매의 경우 거래금액의 0.9%, 임대차의 경우 거래금액의 0.8% 내에서 협의를 통해 정할 수 있다.

주요 내용정리

01 금전 거래를 할 때 무엇을 알아 두어야 할까?

- 사람과 사람 사이에서 거래를 할 때 맺는 약속을 계약이라고 하는데, 이 내용이 사회질서에 어긋나는 내용이면 (   )가 될 수 있다.
- 금전 거래를 할 때는 계약 내용을 확인해 주는 (   )를 작성해야 권리를 보호받을 수 있다.
- 돈을 빌려주었을 때는 (   ), 빌린 돈을 갚을 때는 (   )을 받아 놓아야 한다.

02 부동산 거래를 할 때 무엇을 알아 두어야 할까?

- 집이나 땅, 건물 등 직접 가지고 다닐 수 없는 재산을 (   )이라고 하며, 이것을 거래할 때는 반드시 (   )을 확인해야 한다.
- 부동산 계약을 할 때는 일반적으로 거래 가격의 10% 내외에서 (   )을 먼저 주고받으며, 이후 중도금과 잔금을 모두 지급하면 부동산 거래가 마무리된다.
- 다른 사람이 소유한 부동산을 빌려 쓰는 것을 (   )라고 하며, 한국에서는 부동산을 빌려 쓰는 사람들을 법을 통해 특별히 보호하고 있다.

 ## 이야기 나누기

[해외로 보낼 수 있는 돈에는 한도가 있어요]

한국 내에서 본인이 번 돈이라고 하더라도 해외로 송금할 때는 금액에 한도가 있다. 2019년 외국환거래법 개정으로 현재 거래 사유를 증명하지 않고도 해외로 보낼 수 있는 금액은 미국 달러 기준으로 송금 건당 5천 달러, 연간 5만 달러 이내이다. 특히 법개정과 함께 시중은행, 카드사, 저축은행은 물론이고 인터넷 은행이나 공인된 앱 등을 통해서도 해외 송금이 가능하다. 농어촌 외국인 근로자, 다문화 가정 등이 편리하게 외환 거래를 할 수 있도록 우체국에서도 외국인을 대상으로 해외 송금 업무를 실시하고 있다.

해외 송금을 할 때는 수수료를 내야 하는데 은행에 따라 대략 5천 원~1만 원 정도 선이며 인터넷 은행 등은 시중은행보다 수수료가 낮은 편이다. 노인이나 외국인 등을 우대하는 경우도 많으니 미리 알아보고 송금하는 것이 좋다.

★ 자신의 고향 나라에 송금할 때 주로 사용하는 방법은 무엇이며, 어떤 점이 편리하고 불편한지 말해 봅시다.

 **생활 법률**

 생각해 봅시다

다음은 한국의 공공 시설이나 아파트 등에서 쓰레기를 모아 버리는 곳의 모습입니다.

01 사진과 같은 방식으로 쓰레기를 버릴 때의 장점과 단점은 무엇입니까?

02 자신의 고향 나라와 한국의 쓰레기 버리는 방식에는 어떤 차이가 있습니까?

 학습목표

1. 경범죄의 개념과 사례를 설명할 수 있다.
2. 음주 운전과 학교 폭력에 대해 설명할 수 있다.

 관련 단원 확인하기

영역		제목	관련 내용
기본	법	30. 외국인과 법	준법의 중요성

01 경범죄에는 무엇이 있을까?

경범죄

일반적으로 범죄라고 하면 살인, 강도, 폭행 등 중대한 범죄를 떠올린다. 그러나 사소한* 것처럼 보이는 행위라도 남에게 피해를 주거나 공공질서에 맞지 않는 경우에는 제재*를 받을 수 있다. 이는 경범죄에 해당하기 때문이다. 경범죄란 길에 침을 뱉거나 자기 순서를 기다리지 않고 새치기하는 등 일상생활에서 저지르는 비교적 가벼운 위법* 행위를 말한다.

한편, 코로나 19와 같은 전염병이 발생했을 때는 일상생활에서의 안전수칙을 지키는 것이 매우 중요하다. 자가 격리* 등과 같은 안전수칙을 어길 경우 경범죄보다 훨씬 무거운 처벌을 받을 수 있다. 자가 격리 장소를 함부로 벗어난 사람은 벌금을 낼 수도 있고 외국인은 강제 출국이 될 수도 있다.

* **사소하다**
보잘 것 없고 작음

* **제재**
일정한 규칙으로 제한하거나 금지함

* **위법**
법을 위반함

* **자가 격리**
전염병에 걸렸거나 걸렸을 가능성이 있는 사람이 스스로 집에 머물면서 다른 사람으로부터 떨어져 지내는 것

쓰레기 무단투기*

쓰레기를 정해진 곳에 버리지 않거나 종량제 봉투에 넣어 버리지 않는 행위는 경범죄에 해당하며 과태료*를 낼 수 있다. 담배꽁초나 휴지를 아무 데나 버리면 5만 원을, 쓰레기를 종량제봉투에 넣지 않고 일반 봉투에 넣어서 버리면 20만 원을, 땅에 묻어서 버리면 70만 원을 과태료로 내야 한다(2023년 기준). 쓰레기 무단투기에 대해 전국 대부분의 지방자치단체에서는 신고 포상금제*를 실시하고 있다.

▲ 쓰레기 종량제 봉투
(사진 출처: 〈연합뉴스〉)

* **무단투기**
아무렇게나 마구 내던져 버림

* **과태료**
형벌로서 내야 하는 벌금과 달리, 의무를 게을리한 사람에게 내도록 하는 돈

* **신고 포상금제**
쓰레기 무단투기를 한 사람을 신고하면 상으로 돈을 주는 제도

무단횡단*

길을 건널 때는 횡단보도가 있는 곳에서 신호등의 신호를 기다렸다가 건너야 한다. 그런데 도로에 차가 다니지 않는다고 해서 신호를 무시하고 횡단보도를 건너거나(범칙금* 2만원) 횡단보도가 없는 곳에서 길을 건너는 행위(범칙금 3만원)는 자신과 타인을 위험하게 만드는 행위이다. 자동차가 다니는 건널목뿐 아니라 철도 건널목*이 있는 곳에서도 무단횡단을 해서는 안 된다. 최근에는 스마트폰을 보며 걷다가 자신도 모르게 무단횡단을 하는 경우가 있으니 주의해야 한다.

* **무단횡단**
정해진 규칙에 따르지 않고 길을 건넘

* **범칙금**
교통 규칙을 어겼을 때 내는 돈

* **건널목**
철로와 도로가 만나는 곳에서 사람들이 길을 건널 수 있도록 만들어 놓은 곳

알아두면 좋아요 어디에 앉든지 안전띠는 필수!

승용차나 고속버스 등을 탈 때 모든 승객은 반드시 안전띠를 매야 한다. 승용차 운전석이나 조수석은 물론 뒷좌석에 앉는 사람도 안전띠를 매야 한다. 안전띠를 하지 않으면 3만원의 과태료를 내야하고, 13세 미만 어린이가 안전띠를 하지 않았을 때는 6만원의 과태료를 내야 한다. 6세 미만의 영·유아는 카시트에 앉혀야 한다. [출처] 한겨레(2018.09.27)

▲ 뒷좌석 안전띠 필수

02 음주운전과 학교폭력은 무엇일까?

음주운전

음주운전이란 술을 마신 후 정상적인 상태로 회복되기 이전에 운전하는 행위를 말한다. 음주운전을 한 경우에는 사고가 발생하지 않았어도 도로교통법 위반으로 처벌을 받는다. 음주운전은 음주운전을 한 사람뿐만 아니라 다른 운전자와 보행자의 생명까지 위협하는 행위이기 때문에 법으로 강력하게 규제하고 있다.

음주운전을 하다가 적발되면˙ 운전자는 많게는 5년 이하의 징역에 처해지거나 2천만 원 이하의 벌금을 내야 한다. 음주운전으로 인해 사람이 다치거나 사망할 경우 처벌은 더욱 강해진다. 교통경찰이 운전자에게 음주 측정˙을 요구할 때 이를 거부하는 것만으로도 처벌을 받을 수 있으니 반드시 측정에 응해야 한다. 술을 조금이라도 마셨다면 직접 운전하지 말고 대중교통이나 대리운전 서비스를 이용하는 것이 좋다.

● 교통경찰의 음주 측정

● 적발되다
감추어져 있던 일이 찾아져 밝혀짐

학교폭력

학교폭력이란 학교 안팎에서 학생을 대상으로 한 신체적, 정신적, 재산상 피해를 주는 행위이다. 학교폭력이 발생했을 경우에는 학교, 경찰청, 교육부, 여성가족부 등을 통해 도움을 받을 수 있다.

신체적 폭행, 언어나 행동을 통한 모욕˙, 따돌림˙, 돈이나 물건을 빼앗아 가는 행동, 단체 채팅방이나 문자 등을 통한 사이버 폭력 등이 발생하면 우선 학교 교사나 부모에게 알려야 한다. 보다 긴급한 도움이 필요할 경우에는 국번 없이 117로 전화하면 경찰청 학교폭력센터로 바로 연결되어 도움을 받을 수 있다. 또한, 경찰청 사이버 안전국(http://cyberbureau.police.go.kr/)에 신고하여 필요한 안내와 지원을 받을 수도 있다.

▶ 학교폭력 예방 교육 및
　전화·문자 상담
교육부, 여성가족부, 경찰청
117
청소년 사이버상담센터 1388

● 모욕
깔보고 욕되게 함

● 따돌림
누군가를 떼어놓거나 멀리 함

▲ 학교폭력

알아두면 좋아요 **몰래카메라도 범죄예요.**

몰래카메라는 상대방의 동의를 받지 않고 몰래 상대방의 몸이나 행동을 촬영하기 위해 사용하는 카메라 또는 몰래 촬영하는 행위를 말한다. 사람들의 눈에 잘 띄지 않는 곳에 몰래 소형 카메라를 설치하거나 스마트폰 카메라를 이용하여 불법 촬영하는 것은 다른 사람의 사생활을 침해하는 심각한 범죄로서 무거운 처벌을 받는다. 몰래카메라 범죄는 성폭력범죄의 처벌 등에 관한 법에 따라 7년 이하의 징역(감옥에 갇히는 것)이나 5천만 원 이하의 벌금형에 처해진다.

▲ 몰래카메라

주요 내용정리

01 경범죄에는 무엇이 있을까?

- (   )란 중대한 범죄와 달리, 일상생활에서 흔히 일어날 수 있는 비교적 가벼운 위법 행위를 가리킨다.
- 쓰레기 (   )는 종량제봉투를 사용하지 않거나 정해진 장소가 아닌 곳에 버리는 행위이다.
- 교통 신호를 지키지 않고 도로를 가로질러 가거나 횡단보도가 아닌 곳에서 도로를 가로질러 가는 (   )은 자신과 타인을 위험하게 하는 행위이다.

02 음주운전과 학교폭력은 무엇일까?

- (   )이란 술을 마신 후 정상적인 상태로 회복하기 이전에 운전하는 행위이다. 음주운전을 하다가 적발되면 강력한 처벌을 받게 된다.
- (   )이란 학교 안팎에서 학생을 대상으로 한 신체적, 정신적, 재산상의 피해를 주는 행위이다.

 ## 이야기 나누기

[베를린 장벽에 그린 그림, 예술일까? 낙서일까?]

서울 청계천에는 독일 '베를린 장벽'의 일부 조각이 전시되어 있다. 이 베를린 장벽 조각은 한국의 통일을 바란다는 의미에서 독일 베를린시가 실제 장벽의 일부를 서울시에 선물로 준 것이다(2005년). 그런데 그라피티(스프레이나 페인트 등으로 공공장소 또는 벽에 그림, 글자 등을 남기는 것) 작가인 A씨가 2018년 어느 날 이 베를린 장벽

▲ 훼손된 베를린 장벽

조각에 스프레이로 그라피티를 하고 나서 자신의 소셜 미디어에 사진으로 찍어 올렸다. 법원은 베를린 장벽 조각은 한국과 독일의 친밀한 관계를 보여주는 역사적인 상징물이므로 여기에 그라피티를 한 것은 범죄에 해당한다고 보고 벌금 500만 원을 내도록 했다.

★ 한국의 공공장소에 그려진 그림이나 글씨를 다른 나라(자신의 고향 나라 포함)의 것과 비교해 보면 어떤 공통점과 차이점을 찾을 수 있습니까?

36 ^법 범죄와 법

 생각해 봅시다

다음은 서로 다른 법이 적용되는 장면입니다.

01 두 장면에 다른 법이 적용되는 이유는 무엇입니까?

02 국가의 강제적 개입이 필요한 것은 어느 쪽일까요? 그 이유는 무엇인가요?

 학습목표

1. 형법의 의미와 죄형 법정주의에 대해 설명할 수 있다.
2. 법집행기관으로서 경찰과 검찰의 역할을 설명할 수 있다.

 관련 단원 확인하기

영역		제목	관련 내용
심화	법	20. 범죄와 법	범죄와 성범죄, 형벌의 종류, 형사 재판의 과정 및 권리 보장

01 한국에서 형법은 어떤 기능을 할까?

형법의 의미

사회질서를 유지하고 사람들의 자유와 권리를 보호하기 위해서는 사람들의 나쁜 행동을 막고 처벌할 필요가 있다. 이때 기준이 되는 것이 바로 형법이다. 형법은 사람들에게 큰 피해를 주고 사회에 위협이 되는 행위를 범죄•로 규정하고, 범죄를 저지른 사람들에 대한 형벌•을 정해 놓았다.

형법 조항	범죄 내용	형벌 내용
제250조	사람을 살해한 자는	사형•에 처할 수 있다.
제260조	사람의 신체에 대하여 폭행을 가한 자는	벌금형•에 처할 수 있다.
제329조	타인의 재물을 절취•한 자는	징역형•에 처할 수 있다.

죄형 법정주의

죄형 법정주의는 어떤 행위가 범죄인지, 그 범죄에 대해 어떤 처벌을 할 것인지를 미리 법으로 정해 두어야 한다는 원칙이다. 이를 통해 사람들은 우리 사회에서 하지 말아야 할 범죄 행위를 미리 알고 적절하게 행동할 수 있다. 또한 범죄를 저지른 사람이라도 필요 이상의 지나친 형벌을 받지 않고 법에 정해진 만큼의 형벌을 받게 된다.

- **범죄**
사회의 안전과 질서를 해치는 반사회적 행위로 법에 규정되어 있음

- **형벌**
범죄를 저지른 사람에게 국가가 부과하는 처벌

- **사형**
범죄를 저지른 사람의 생명을 빼앗는 형벌

- **벌금형**
범죄를 저지른 사람의 일부 재산을 빼앗는 형벌

- **절취**
몰래 훔쳐감

- **징역형**
일정 기간 동안 교도소에 갇혀 있는 형벌

알아두면 좋아요 점점 늘어나는 사이버 범죄

인터넷과 같은 정보통신망을 통해 이뤄지는 범죄를 사이버 범죄라고 한다. 2019년 경찰청 자료에 따르면 하루 평균 400건이 넘는 사이버 범죄가 발생하고 있다. 범죄 유형으로는 인터넷 사기(68%), 사이버 명예훼손이나 모욕(10.1%), 사이버 저작권침해(6.1%) 등이 있다. 사이버 범죄의 피해자가 되지 않기 위해서는 출처 불명의 파일이나 이메일, 문자메시지는 절대 클릭하지 않도록 하며, 스마트폰에 미확인 앱을 깔지 않는 것이 좋다. 또한 경찰청의 '사이버앱'을 확인하면 상대방의 전화번호나 계좌번호가 사기로 신고된 이력을 조회할 수 있다.

02 범죄를 막기 위해 경찰과 검찰은 어떤 일을 할까?

법을 집행하는 기관

• 수사
범죄가 발생한 것으로 여겨질 때 범인과 증거를 찾고 수집함

법에 따라 범죄 행위를 예방하고 수사*하며 사회질서를 유지하는 국가기관을 법집행기관이라고 한다. 법집행기관은 범죄 피해를 입은 사람들의 신고를 받고 범죄 용의자*를 조사하며 체포하기도 한다. 이와 같은 과정을 통해, 누군가가 법을 위반한 사실이 있었는지를 밝혀내는 일이 바로 법집행기관의 역할이다. 한국에서는 경찰과 검찰이 대표적인 법집행기관이다.

• 범죄 용의자
범죄 혐의가 뚜렷하지는 않으나 가능성이 있어서 조사 대상이 된 사람

경찰의 역할

• 단속
법을 어겼는지를 살피는 것

• 지구대
각 지역의 파출소 3~4개를 하나로 묶어서 지역 내 범죄를 해결할 수 있도록 한 것

다른 사람으로부터 피해를 입었거나 범죄 사실을 알게 되었을 때는 경찰에 연락해야 한다. 경찰은 국민의 생명과 신체, 재산을 보호하는 일, 범죄를 예방하고 수사하는 일, 교통 단속*, 음주운전 단속 등을 통해 공공질서를 지키는 일을 한다. 지역마다 경찰서와 지구대*가 있어서 시민이 직접 찾아가 도움을 요청할 수 있다. 또한, 국번 없이 112에 전화하여 경찰의 도움을 받을 수도 있다.

검찰의 역할

• 청구
어떤 일을 해 달라고 요청하는 것

검찰은 범죄를 수사하고 범죄와 관련한 증거를 모아서 법원에 재판을 청구*한다. 일반적인 범죄의 경우 한국에서는 경찰이나 검찰 모두 수사할 수 있지만 최종적으로 범죄가 된다고 판단하여 재판에 넘길 수 있는 권한은 검찰이 갖고 있다. 검찰 내에서 범죄 관련 업무를 담당하고 책임지는 역할을 하는 사람을 검사라고 한다. 검사는 형사 재판에 직접 참여하여 범죄자의 범죄 사실을 증명하고 범죄자에 대한 형벌을 법원에 청구하는 역할을 한다.

▲ 형사재판의 모습

일아두면 좋아요 고위공직자 범죄수사처(공수처)가 새로 만들어졌어요

2019년 12월 30일 고위 공직자의 범죄를 수사하는 기관을 새로 만드는 법(공수처법)이 국회를 통과했다. 이전까지 한국에서 범죄자를 재판에 넘길 수 있는 권한인 기소권은 검찰이 가지고 있었다. 그런데 공수처법으로 인해 고위 공무원과 그 가족의 범죄 행위에 대해서는 고위공직자 범죄수사처(약칭: 공수처)가 수사할 수 있게 되었다. 판사나 검사, 높은 직급의 경찰 등이 기소 대상이 될 경우에는 공수처가 기소도 할 수 있게 되었다. 공수처가 정치적 중립성을 유지하면서 한국의 법질서 확립에 도움이 되도록 하기 위해서는 지속적인 관심과 노력이 필요하다.

주요 내용정리

01 한국에서 형법은 어떤 기능을 할까?

- 형법은 사람들에게 큰 피해를 주고 사회에 위협이 되는 행위를 (　　　)로 규정하고 그러한 행위를 한 사람들에 대한 (　　　)을 정해 놓았다.
- (　　　　　　)는 어떤 행위가 범죄인지, 그 범죄에 대해 어떤 처벌을 할 것인지를 미리 법으로 정해 두어야 한다는 원칙이다.

02 범죄를 막기 위해 경찰과 검찰은 어떤 일을 할까?

- 법에 따라 범죄 행위를 예방하고 수사하며 사회질서를 유지하는 국가기관을 (　　　　)이라고 한다.
- (　　　)은 국민의 생명과 신체, 재산을 보호하는 일, 범죄를 예방하고 수사하는 일, 교통 단속, 음주운전 단속 등을 실시한다. 국번 없이 (　　　)에 전화하면 경찰의 도움을 받을 수 있다.
- 범죄에 대한 수사 이후 최종적으로 재판에 넘길 수 있는 권한은 (　　　)이 가지고 있다. 검사는 (　　　) 재판에 직접 참여한다.

 ## 이야기 나누기

[외국인을 위한 범죄 예방 교실]

한국에 체류하는 외국인이 증가하면서 외국인이 관련된 범죄도 늘어나고 있다. 이러한 범죄에는 고의적인 것뿐 아니라 한국의 문화를 잘 모르고 칼과 같은 흉기를 가지고 다니는 경우, 주운 물건을 가져가도 된다고 생각하여 남의 물건을 가져가는 경우도 있다. 그래서 한국에서는 국내에 체류하는 외국인을 대상으로 생활 속의 범죄 예방 요령, 기초 질서 등을 교육하는 외국인 범죄 예방 교실 프로그램을 운영하고 있다. 이 프로그램은 외국인 근로자, 결혼 이민자, 다문화가정 자녀 등을 대상으로 하며, 경찰서에 방문하거나 전화로 외국인 범죄 예방 교육을 신청하면 된다.

▲ 외국인 범죄예방교실(사진 출처: 〈연합뉴스〉)

★ 한국에서 생활하면서 본인에게 가장 필요하다고 생각하는 법교육 내용은 무엇인지, 그 이유는 무엇인지 말해 봅시다.

권리 보호와 법

 생각해 봅시다

다음은 2019년 국가인권위원회가 '세계 이주민의 날'을 맞아 발표한 이주민 정책 10대 가이드 라인입니다.

01 각 그림에서 이주민에게 보장하려는 권리는 무엇입니까?

02 이주민의 권리 보호를 위한 한국의 정책 중에서 가장 잘되는 부분과 그렇지 않은 부분은 무엇입니까?

 학습목표

1. 재판을 통한 분쟁 해결 과정을 설명할 수 있다.
2. 재판 외에 분쟁을 해결하고 권리를 보장하는 다양한 제도를 설명할 수 있다.

관련 단원 확인하기

영역		제목	관련 내용
기본	법	33. 가족과 법	가정법원을 통한 가족 문제 해결
		36. 범죄와 법	법집행기관을 통한 범죄 예방 및 권리 보호
심화	법	19. 직장생활과 법	국가인권위원회를 통한 근로자 보호

01 재판은 분쟁 해결에 어떤 도움을 줄까?

재판을 통한 분쟁 해결

외국인이 한국에서 살면서 다른 사람과 분쟁●
을 겪을 수도 있다. 그것이 원만하게 잘 해결
되면 좋지만 그렇지 않을 경우에는 법의 도움
을 받을 수 있다.

법을 통해 분쟁을 해결하고 권리를 보호하
는 대표적인 방법은 소송이다. 소송은 법원에
판결을 요구하는 것을 가리킨다. 개인 간의

▲ 법원의 모습(scourt.go.kr)

●분쟁
사람이나 집단들 간에 문제가
일어나서 다투는 것

재산 문제나 가족 문제로 분쟁이 발생한 경우 당사자●는 법원에 재판해 달라고 요청할 수 있
다. 또한, 국가의 행위로 인해 개인이 피해를 입거나 세금 등을 지나치게 많이 내게 되었다고
판단되면 피해 당사자가 국가를 상대로도 소송을 제기할 수 있다. 이 경우 법원의 판사는
당사자들의 주장을 듣고 법에 따라 판결을 내려 분쟁을 해결한다.

●당사자
어떤 일에 직접 관계된 사람이나
기관

약자들을 위한 법률 지원: 대한법률구조공단

일반적으로 개인이 혼자서 재판을 준비하기는 쉽지 않으므로 변호사와 같은 법률전문가의
도움을 많이 받는다. 그런데 이 경우 비용이 큰 부담이 될 수 있는데 이때 대한법률구조공단
의 도움을 받으면 좋다. 대한법률구조공단은 경제적으로 어렵거나 법을 잘 모르는 사람들을
위해 각종 법률 서비스를 제공한다. 이곳에서는 누구나 무료로 법률 상담, 재판 상담, 소송
대리 등의 지원을 받을 수 있다. 특히 한국에 거주하는 외국인도 대한법률구조공단의 도움
을 받을 수 있다. 이를 위해서는 출입국·외국인청 또는 각 지역의 시·군·구청 또는 행정복지
센터를 통해 외국인등록 사실증명을 받으면 된다. 또한 소득이 일정 수준(중위소득● 125%)
이하인 경우에는 민형사 사건의 경우 무료 또는 대법원이 정한 변호사 보수 규칙의 약 5분의
2 정도에 해당하는 최소 비용으로 소송을 지원받을 수 있다. 소득 증명을 위해서는 건강보험
증이나 근로소득원천징수영수증 등의 서류를 챙기면 된다.

●중위소득
전체 가구의 소득액을 순서대로
늘어놓았을 때 중간에 위치한
소득액을 말함. 중위소득은
가족 구성원 수에 따라 달라지
는데 2024년 4인 가구의 기준
중위소득은 5,729,913원임

알아두면 좋아요 **외국인의 공정한 재판을 위한 통번역 지원**

외국인의 경우 재판 과정에서 언어 소통이 원활하지 않아 제대로 된 판결을 받지 못할 수 있다. 형사 재판 이후에 통번역 인
력 지원이 제대로 되지 않았다는 이유로 재판 결과가 무효가 되는 일이 종종 벌어지기도 한다. 이에 법원행정처에서는 한국
외국어대학교와 협력하여 외국인에게 높은 수준의 통번역 서비스를 제공하기 위해 법정 통역인 인증평가를 실시하고 있다. 수
준 높은 통번역 서비스를 통해 외국인이 공정한 재판을 받을 권리도 더욱 잘 보장될 것으로 기대된다. 관련 내용은 대한민국
법원 누리집(www.scourt.go.kr)을 통해 확인할 수 있다.

▲ 외국인의 재판을 지원하는 통역·번역인
모집 안내문(출처: 서울중앙지방법원)

02 재판 외에 분쟁을 해결하는 방법에는 어떤 것이 있을까?

대안적 분쟁 해결 제도

모든 분쟁을 재판을 통해 해결할 필요는 없다. 왜냐하면 재판에는 많은 시간과 비용이 들기 때문에 재판 과정 자체가 당사자들에게 큰 고통이 될 수도 있기 때문이다. 한국에서는 재판까지 가지 않고도 분쟁을 해결할 수 있는 제도를 마련해 두고 있다. 여기에는 당사자들이 자발적으로 합의하고 대화로 해결하는 협상, 제3자●가 참여하여 조언이나 자문●을 제공하는 조정, 그리고 제3자가 모든 권한을 부여받아 강제로 해결하는 중재가 있다.

●제3자
해당 문제의 직접적인 당사자 외의 사람

●자문
전문가에게 어떤 일을 더 잘 처리하는 방법을 물어보는 것

권리를 보호해 주는 다양한 기관

한국에서는 법원 외에도 국민의 권리 보호를 위해 여러 기관을 운영하고 있다.

국가인권위원회는 모든 사람들의 기본적인 인권을 보호하기 위한 독립된 국가기관이다. 인권침해를 당한 사람은 국가인권위원회에 상담이나 조사, 구제● 등을 요청할 수 있다. 국가인권위원회는 인권침해 사실이 있다고 판단하면 인권을 침해한 당사자에게 문제를 개선하도록 권고●한다.

국민권익위원회는 부패● 방지와 국민의 권익 보호, 권리

▲ 국민권익위원회 블로그

●구제
부당하게 피해를 입은 사람의 권리나 이익을 회복하도록 하는 일

●권고
어떤 행위를 하도록 권하는 것

●부패
지위에 따른 권한과 영향력을 부당하게 사용하여 사회질서에 반하여 자신의 이익을 취하는 것

구제를 목적으로 하는 기관이다. 국가기관에 의해 피해를 입은 국민은 국민권익위원회에 문제를 제기할 수 있으며 자신이 입은 피해를 구제해 달라고 요청할 수 있다.

이민자나 외국인의 권리를 보호해 주는 기관들도 있다. 각 지역에 있는 외국인 지원센터에서는 이민자나 외국인의 한국 사회 적응을 돕고, 한국 생활 중 겪은 피해나 불이익에 대한 상담, 소송 진행에 도움을 준다. 그 외에도 각 지역에 있는 행정복지센터와 같은 공공 기관이나 시민단체 등에 문의하면 기본적인 도움을 받을 수 있다.

알아두면 좋아요 외국인을 위한 마을 변호사 제도를 이용해 보세요.

한국에서는 지역 주민들의 법적 어려움 해결과 권리 보호를 위해 마을 변호사 제도를 운영하고 있다. 특히 2015년부터는 외국인을 위한 마을 변호사 제도가 시행되었고, 2017년부터는 국내에 체류하고 있는 모든 외국인을 대상으로 확대 운영되고 있다. 1345 콜센터로 전화하면 외국인이 무료로 법률 상담을 받을 수 있다. 20여 개 언어로 통역 서비스를 제공하고 있기 때문에 외국인도 쉽게 도움을 받을 수 있다.

주요 내용정리

01 재판은 분쟁 해결에 어떤 도움을 줄까?

- 법을 통해 분쟁을 해결하고 권리를 보호하는 대표적인 방법은 소송이다. 소송은 (　　　)에 분쟁에 대한 판결을 요구하는 것을 가리킨다.
- 일반적으로 개인이 혼자서 재판을 준비하기는 어려우므로 (　　　)와 같은 법률전문가의 도움을 받는 것이 좋다.
- 재판과 관련한 비용이 많이 들기 때문에 경제적 형편이 어려운 경우 (　　　　　)을 통해 무료로 도움을 받을 수 있다.

02 재판 외에 분쟁을 해결하는 방법에는 어떤 것이 있을까?

- 한국에서는 재판까지 가지 않고 분쟁을 해결하도록 돕는 대안적 분쟁 해결 제도를 마련해 두고 있다. 예를 들면 당사자들이 합의하고 대화로 해결하는 (　　　), 제3자가 조언하는 조정, 제3자가 강제로 해결하는 중재가 있다.
- (　　　　　)는 모든 사람들의 기본적인 인권을 보호하기 위한 독립된 국가기관이다.
- (　　　　　)는 부패 방지와 국민의 권익 보호, 권리 구제를 위한 활동을 수행한다.

 ## 이야기 나누기

[한국말이 서툴러도 119 도움을 받을 수 있어요]

2019년 1월 경기 한 지역에서 일하던 방글라데시 출신 이주노동자 A씨가 심장에 문제가 생겨 갑자기 쓰러졌다. 하지만 한국말이 서툴렀던 동료들은 119 응급 구조를 요청하지 못했고 결국 A씨는 끝내 숨지고 말았다.
이처럼 외국인을 비롯하여 음성으로 신고하는 것이 어려운 사람들을 위해 최근에는 119 신고 접수 처리를 영상, 문자, 앱, 웹을 통해서도 할 수 있도록 했다. 예를 들어 119로 영상통화를 하거나 문자 메시지

를 보내서 신고할 수 있게 된 것이다. 또한 스마트폰으로 119 신고앱을 다운받을 수도 있으며, 119.go.kr 에 접속한 후 신고 내용을 입력하는 것도 가능하다.

★ 외국인으로서 어려움을 당했을 때 도움을 받을 수 있는 한국의 기관이나 제도에 대해 말해 봅시다. 어떤 부분이 더 필요하거나 개선되어야 하는지 말해 봅시다.

대단원 정리

법치국가 대한민국
• 치안과 준법이 잘 갖춰진 나라
• 법을 잘 지키는 나라
• 외국인의 권리와 의무

한국인 되기
• 대한민국의 국적, 속인주의
• 일반귀화, 간이귀화, 특별귀화

재산과 법
• 계약, 차용증과 영수증
• 부동산과 등기부등본

범죄와 법
• 형법, 죄형법정주의
• 경찰과 검찰의 역할

한국에 정착하기
• 비자, 단기체류, 장기체류
• 재한외국인처우기본법
• 외국인을 위한 제도

가족과 법
• 부부의 권리와 의무
• 가정폭력과 이혼

생활 법률
• 경범죄, 안전수칙
• 쓰레기 무단투기, 무단횡단
• 음주운전, 학교폭력

권리 보호와 법
• 재판과 분쟁해결, 공정한 재판
• 대안적 분쟁해결제도
• 권리 보호 기관

법무부
http://www.moj.go.kr/

한국법교육센터
http://www.lawedu.or.kr/

법사랑 사이버랜드
http://www.lawnorder.go.kr/

대한법률구조공단
www.klac.or.kr

법무부(2019). 『한국인의 법과 생활: 일반인들이 알아야 할 생활법률 가이드북』. 법무부.

QUIZ

가로 세로 퀴즈

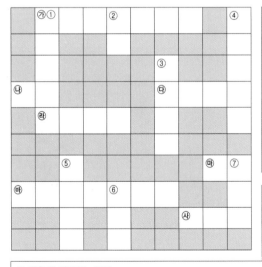

가로 열쇠

㉮ 2007년 한국에서는 외국인들의 적응을 돕고 처우를 개선하고자 ○○○○○○○기본법을 만듦
㉯ 귀화에는 일반귀화, ○○귀화, 특별귀화가 있다
㉰ 법에 따라 나라를 다스리고 운영하는 것
㉱ 법적 부부로 인정받으려면 ○○○○를 해야 한다
㉲ 부동산을 빌려쓰는 것, 임대의 반대말
㉳ 한국에서 모든 사람들의 인권을 보호하기 위해 만든 국가기관
㉴ 돈이나 물품 등을 받았음을 증명하는 문서

세로 열쇠

① 법원에 소송을 제기하여 판결을 통해 이혼하는 것
② 한 사람이 특정한 국가의 구성원으로 공식적으로 인정받는 자격
③ 법을 잘 지키려는 정신
④ 국민과 재한외국인이 서로 존중하며 살 것을 기념하는 날, 매년 5월 20일
⑤ 국적을 부여할 때 태어난 아이의 부모를 중시하는 것, 태어난 장소를 중시하는 것을 속지주의라고 함
⑥ 이혼에 책임이 있는 배우자는 상대방에게 ○○○를 지급해야 한다
⑦ 남의 돈이나 물건을 빌린 것을 증명하는 문서

01 두 사례의 밑줄 친 (가)에 공통적으로 들어갈 내용으로 가장 적절한 것은?

좋은 법이 있다고 해도 국민들이 지키지 않는다면 법이 기능할 수 없다. 따라서 법이 제 역할을 할 수 있도록 하기 위해서는 국민들이 (가)	한국에서는 법을 통해 외국인의 권리와 의무를 규정하고 있다. 따라서 외국인들 역시 (가)

① 직접 법을 제정해야 한다.　　　　② 법을 지키는 것이 중요하다.
③ 처벌의 강도를 높여야 한다.　　　④ 국민권익위원회를 잘 이용해야 한다.

02 〈보기〉에서 설명하는 귀화 방식으로 알맞은 것은?

─── | 〈보기〉 | ───
- 대한민국과 아무런 혈연적, 지연적 관계가 없는 외국인이 한국 국적을 취득하는 절차
- 한국에서 5년 이상 생활한 주소가 있고, 민법상 만 19세 이상 성인이어야 가능함
- 품행이 단정하고, 생계 유지 능력이 있으며, 국민으로서의 기본 소양을 갖추어야 함

① 영주권　　　② 간이귀화　　　③ 특별귀화　　　④ 일반귀화

03 한국에서의 가족 관계 관련 법적 내용에 대한 옳은 설명을 〈보기〉에서 모두 고른 것은?

─── | 〈보기〉 | ───
ㄱ. 결혼식을 하면 법적 부부로 인정받을 수 있다.
ㄴ. 부부는 각자 자신의 재산을 소유하고 관리할 수 있다.
ㄷ. 가정 폭력은 가족들 간의 문제로 국가가 개입하지 않는다.
ㄹ. 이혼을 할 경우 자녀를 키우는 쪽은 상대방에게 자녀 양육 비용을 요구할 수 있다.

① ㄱ, ㄷ　　　② ㄱ, ㄹ　　　③ ㄴ, ㄷ　　　④ ㄴ, ㄹ

04 ㉠에 들어갈 법으로 옳은 것은?

- 한국에서는 2007년 ㉠을 제정하여 외국인에 대한 차별 금지 및 외국인의 사회 적응을 돕고 있다.
- ㉠에 따라 매년 5월 20일을 세계인의 날로 정하여 운영하고 있다.

① 민법　　　② 형법　　　③ 헌법　　　④ 재한외국인처우기본법

05 (가), (나) 사례에 대한 설명으로 옳은 것은?

(가) 최근 일어난 살인 사건에 대해 경찰은 범죄용의자를 체포하여 수사하고 있습니다. 조만간 재판을 받고 법에 따라 처벌될 것으로 예상됩니다.	(나) ○○ 지역에서는 아파트 층간 소음 문제로 피해를 받은 측에서 소송을 걸었습니다. 법에 따라 어떤 판결이 내려질지 기대됩니다.

① (가)에 제시된 재판은 민사재판이다.
② (가)에서는 검찰이 직접 재판에 참여한다.
③ (나)는 가정법원에서 재판을 진행한다.
④ (나)의 재판에서는 범죄 여부와 형벌의 종류를 결정한다.

법 관련 기관 이야기

출입국·외국인청

법무부 소속으로 내외국인의 출입국 심사, 국적 취득, 비자 발급 등과 관련된 업무를 담당한다.

대법원

대법원은 한국 최고의 법원으로 심급제도에서 마지막 재판을 담당한다.

행정복지센터

행정복지센터는 과거 동사무소, 동주민센터로 불리던 것이 2016년부터 이름이 바뀌었다. 주민 자치와 주민 복리를 위한 행정을 담당하고 있다.

대한법률구조공단

대한법률구조공단은 경제적으로 어렵거나 법을 모르기 때문에 법의 보호를 충분히 받지 못하는 사람들을 위해 법률에 관한 각종 지원을 담당한다.

경찰서

경찰서는 각 지역에서 경찰 행정을 맡아 하는 관청이다. 경찰서 밑에는 지구대 및 파출소가 있어서 공공질서를 지키는 역할을 수행한다.

검찰청

검찰청은 범죄수사, 공소 제기 등 검사의 사무를 총괄하는 행정기관이다. 대검찰청과 고등검찰청, 지방검찰청이 있다.

국가인권위원회

국가인권위원회는 모든 사람의 인권 보호와 향상을 위한 업무를 수행한다. 입법, 행정, 사법 3부 어디에도 속하지 않는 독립적 지위를 가지고 있다.

국민권익위원회

국민권익위원회는 국민들의 고충 처리와 관련된 업무를 담당하면서 불합리한 행정제도를 개선하고 부정부패를 규제하는 업무를 담당한다.

제 7 편

역사

고조선의 건국

 생각해 봅시다

다음은 비파형 동검과 고인돌의 모습입니다.

01 비파형 동검과 고인돌은 각각 어떤 용도로 사용되었을까요?

02 이들 유물을 남긴 사람들은 어느 시대 사람들이었을까요?

 학습목표

1. 한국 역사의 흐름을 세계 역사와의 관련 속에서 설명할 수 있다.
2. 고조선의 생활 모습에 대해 설명할 수 있다.

 관련 단원 확인하기

영역		제목	관련 내용
기본	사회	1. 한국의 상징	한국의 국기와 국가

01 한국 역사는 어떻게 변해 왔을까?

한국 역사를 배우는 이유

나라의 교육과 역사가 없어지지 아니하면 그 나라는 망하지 않는다.

-박은식-

한국의 역사학자이자 독립운동가였던 박은식의 말처럼 역사가 바로 서 있으면 나라도 바로 설 수 있다. 현대 한국의 모습뿐만 아니라 한국의 역사를 공부하는 이유는 한국의 어제와 오늘을 정확하게 이해하고 한국을 올바른 방향으로 이끌어 가기 위해서이다. 한국의 역사 속에 한국의 오늘이 들어 있고, 현대 한국 사회의 모습 속에 한국의 과거가 담겨 있다.

한국사의 흐름

한국이 자리 잡고 있는 한반도에서는 어떤 역사가 이어져 오고 있을까? 연표를 보면서 한국의 역사와 다른 나라의 역사가 어떻게 변화해 왔는지 살펴보자.

유럽, 미국 지역	한국	아시아 지역
기원전 3500년경 메소포타미아 문명 시작 기원전 3000년경 이집트 문명 시작	기원전 2333년 고조선 건국	기원전 2500년경 중국 문명, 인도 문명 시작
기원전 27년 로마, 제정 수립	기원전 57년 신라 건국 기원전 37년 고구려 건국	기원전 7세기 베트남, 반랑국 건국
476년 서로마 제국 멸망	기원전 18년 백제 건국 676년 신라, 삼국 통일	기원전 221년 진( ), 중국 통일
1096년 십자군 전쟁 시작	698년 대조영, 발해 건국 918년 왕건, 고려 건국	610년경 이슬람교 성립
		890년 캄보디아, 앙코르 왕조 성립
1337년 영국·프랑스, 백년 전쟁 시작	1392년 이성계, 조선 건국	1206년 칭기즈 칸, 몽골 통일
1517년 루터의 종교 개혁	1592년 임진왜란	1590년 도요토미 히데요시, 일본 통일
1600년 영국, 동인도 회사 설립	1636년 병자호란	1868년 일본, 메이지 유신
1789년 프랑스 혁명	1897년 대한 제국 수립 1910년 대한 제국, 국권 빼앗김	1912년 쑨원, 중화민국 수립
1914년 제1차 세계 대전(1918)	1919년 3·1 운동, 대한민국 임시 정부 수립	1919년 중국, 5·4 운동
1939년 제2차 세계 대전(1945)	1945년 8·15 광복 1948년 대한민국 정부 수립	1937년 중·일 전쟁 발발
1945년 국제 연합(UN) 창설 1948년 세계 인권 선언	1950년 6·25 전쟁(1953) 1960년 4·19 혁명	1949년 중국, 중화 인민 공화국 수립 1976년 베트남 사회주의 공화국 수립
1990년 독일 통일 1991년 소련 해체	1980년 5·18 민주화 운동 1987년 6월 민주 항쟁 2000년 최초의 남북 정상회담	1992년 중국과 베트남, 한국과 수교

02 고조선의 생활 모습은 어떠했을까?

고조선의 건국

> 하늘에서 내려 온 환웅이 인간 세상을 다스리고 있었는데, 어느 날 곰과 호랑이가 찾아와 인간이 되게 해 달라고 빌었다. 환웅은 100일 동안 쑥과 마늘만 먹으며 햇빛을 보지 않으면 인간이 될 수 있다고 했다. 호랑이와 달리, 환웅의 말대로 한 곰은 여자가 되었고, 환웅과 결혼하였다. 둘 사이에서 태어난 단군왕검이 고조선을 세웠다. - 〈삼국유사〉● -

● **삼국유사**
고려 시대의 스님 일연이 고구려·백제·신라 3국의 유사(전해 내려오는 이야기)를 모아 만든 역사책

● **숭배**
우러러 보며 공경함

● **신석기**
돌을 갈아 만든 도구

● **청동기**
구리와 주석 등으로 만든 도구

위의 글처럼 곰이 정말 사람이 된 것일까? 한국인의 조상은 곰일까? 한국 역사의 시작인 고조선 건국 이야기는 다음과 같이 해석되고 있다.

만주 및 한반도에 곰을 숭배●하는 부족과 호랑이를 숭배하는 부족이 살고 있었다. 신석기● 시대가 끝나갈 무렵, 하늘의 자손이라고 주장하는 환웅 부족이 한반도로 이동하여 들어왔다. 청동기●로 만든 우수한 무기를 갖고 있던 환웅 부족은 곰을 숭배하는 부족과 힘을 합쳐 호랑이를 숭배하는 부족을 물리쳤다. 환웅 부족과 곰을 숭배하는 부족은 결혼을 통해 하나가 되었고, 단군왕검을 지배자로 하는 새로운 부족을 만들었다. 이후 단군왕검은 나라를 세웠는데, 그 나라가 바로 한국인이 세운 첫 번째 국가인 고조선이다.

▲ 고조선의 문화 범위

고조선의 생활 모습

고조선은 사회 질서를 유지하기 위해 여덟 가지 내용의 법(8조법)을 만들었다. 이 중 세 가지 내용이 현재까지 전해지고 있다.

● **노비**
사회적으로 가장 신분이 낮은 남자 종(노)과 여자 종(비)을 가리킴

> 1. 사람을 죽인 자는 사형에 처한다.
> 2. 남을 다치게 한 자는 곡식으로 갚는다.
> 3. 도둑질한 자는 도둑맞은 집의 노비●로 삼는데, 죄를 용서 받으려면 50만 전의 돈을 내야 한다.

알아두면 좋아요 강화 참성단과 개천절

인천의 강화도 마니산에 있는 참성단은 단군왕검이 하늘에 제사를 지냈다는 이야기가 전해 오는 곳이다. 기원전 2333년 10월 3일에 고조선이 세워졌다는 기록을 바탕으로 한국에서는 10월 3일을 개천절('하늘이 열린 날'이라는 뜻)이라는 국경일로 정했다. 그리고 개천절이 되면 참성단에서 단군왕검에게 제사를 지낸다. 또한, 한국에서 매년 열리는 체육대회(전국체전)에 사용되는 불(성화)도 이곳에서 만들고 있다.

▲ 강화 참성단

주요 내용정리

01 **한국 역사는 어떻게 변해 왔을까?**

- 한국의 역사학자이자 독립운동가였던 (　　　)은 "나라의 교육과 역사가 없어지지 아니하면 그 나라는 망하지 않는다."라는 말을 통해 역사의 중요성을 강조하였다.
- 현대 한국의 모습뿐 아니라 한국의 (　　)를 공부하는 이유는 한국의 어제와 오늘을 정확하게 이해하고 한국을 올바른 방향으로 이끌어가기 위해서이다.

02 **고조선의 생활 모습은 어떠했을까?**

- 한국인이 세운 첫 번째 국가는 (　　　)이다.
- 고조선을 세운 사람은 (　　　)이다.
- 고조선의 사회 질서를 유지하기 위해 (　　　)을 만들었는데, 현재는 그중 3가지만 전해지고 있다.

 ## 이야기 나누기

[『삼국유사』에 기록된 단군의 고조선 건국 이야기]

하늘을 다스리는 환인에게는 환웅이라는 아들이 있었다. 환웅은 늘 땅을 굽어보며 인간 세상을 다스리고 싶어 했다. 마침내 환웅은 비, 구름, 바람을 각각 맡은 신들을 이끌고 한반도의 태백산에 내려왔다. 이후 환웅은 '널리 인간을 이롭게 한다.'라는 홍익인간의 뜻을 펼치며 인간 세상을 다스렸다. 그러던 어느 날 인간 세계를 다스리던 환웅에게 곰과 호랑이가 찾아와서 말했다.

"저희는 사람이 되고 싶습니다. 사람이 되게 해 주세요."

그러자 환웅이 곰과 호랑이에게 쑥과 마늘을 주며 대답하였다.

"100일 동안 동굴에서 이것을 먹고 지내라. 그러면 사람이 될 수 있을 것이다."

곰과 호랑이는 환웅의 말대로 동굴에 들어가서 쑥과 마늘을 먹으며 지냈다. 하지만 호랑이는 그것을 견디지 못하고 도중에 동굴을 나와 도망치고 말았다. 끝까지 잘 견뎌 낸 곰은 여자로 변하여 환웅과 결혼하였다. 둘 사이에 건강한 아이가 태어났는데 그 아이가 바로 단군왕검이다. 무럭무럭 자란 단군왕검은 청동기 문화를 바탕으로 나라(고조선)을 세웠다.

★ 자신의 고향 나라에 전해지는 건국 신화나 건국 이야기를 말해 봅시다. 단군의 고조선 건국 이야기와 어떤 차이점과 공통점이 있는지 이야기를 나눠 봅시다.

삼국 시대와 남북국 시대

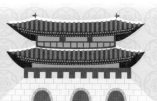

 생각해 봅시다

다음은 고구려, 백제, 신라의 건국 이야기입니다.

하늘 신의 아들인 해모수와 물을 다스리는 신의 딸인 유화 사이에서 한 남자 아이가 태어났다. 그는 알을 깨고 나왔는데 어릴 때부터 활을 잘 쏘아 사람들은 그를 주몽이라고 불렀다. 다른 왕자들이 주몽을 미워하여 죽이려고 하자 주몽은 자신을 따르는 무리를 이끌고 남쪽으로 내려와 졸본에 고구려를 세웠다.

주몽에게는 부여에서 낳은 아들 유리, 졸본에서 낳은 아들 비류와 온조가 있었다. 유리가 주몽을 찾아와 다음 왕의 자리를 잇게 되자 비류와 온조는 고구려를 떠났다. 비류가 죽은 뒤 비류를 따르던 사람들은 위례성에 자리 잡은 온조에게 왔다. 온조는 백성이 많아지고 나라가 커지자 나라 이름을 십제에서 백제로 바꾸었다.

여섯 마을로 이루어진 작은 나라가 있었다. 어느 날, 이 나라의 한 촌장이 우물가에서 울고 있는 흰말과 커다란 알을 발견하였다. 얼마 후 알에서 남자아이가 나왔다. 촌장들은 세상을 밝게 한다는 뜻에서 이 아이에게 혁거세라는 이름을 지어 주었다. 사람들은 그를 하늘에서 내려온 아이라고 생각하여 사로국(신라의 옛 이름)의 첫 번째 왕으로 삼았다.

01 이와 같은 건국 이야기는 어떤 역사적인 의미가 담겨 있을까요?

02 고구려, 백제, 신라는 각각 어느 지역에서 세워졌을까요?

 학습목표

1. 삼국 시대의 성립과 발전 과정을 설명할 수 있다.
2. 남북국 시대의 발전과 문화에 대해 설명할 수 있다.

 관련 단원 확인하기

영역		제목	관련 내용
기본	문화	16. 명절	추석

01 삼국은 어떻게 발전했을까?

삼국의 건국

고조선 이후 한반도에는 여러 나라가 세워졌다. 주몽은 압록강 유역 졸본 지역에 고구려를 세웠고, 주몽의 아들로 알려진 온조는 한강 유역●으로 내려와 백제를 세웠다. 한편, 박혁거세 는 경주 지역에 신라를 세웠다. 이 세 나라는 더 넓은 영토를 차지하기 위해 때로는 경쟁하고 때로는 교류하며 발전하였다. 이 시기를 삼국 시대라고 부른다.

●유역
강물이 흐르는 지역의 주변

삼국의 발전

삼국 중 가장 먼저 전성기●를 맞이한 나라는 백제였다. 4세기에 백제는 한강 북쪽 지역은 물론 남해안까지 영토를 넓혔고 중국, 일본 지역과도 활발하게 무역을 하였다. 특히 화려하고 섬세한 문화를 발전시켜 왜●에 전해 주었다.

고구려는 5세기에 영토를 크게 넓혔다. 북쪽으로 만주 지역을, 남쪽으로는 한강 유역을 포함 한 한반도 중부 지역까지 차지하였다. 백제와 신라는 이에 맞서기 위해 동맹●을 맺기도 했다. 왜가 신라에 침입했을 때는 신라를 도와 왜를 물리치기도 하였다.

신라는 6세기에 크게 발전하였다. 귀족과 평민의 청년들로 구성된 화랑도라는 조직을 바탕 으로 나라의 힘을 키웠다. 그 결과 한강 유역을 차지하면서 삼국 통일의 기반을 마련하였다.

●전성기
가장 발전한 시기

●왜
7세기 말 이전에 일본 또는 일본인을 부르던 호칭. 7세기 말 이후부터 '일본'이라고 부름.

●동맹
둘 이상의 개인이나 단체가 힘을 합치기로 약속함.

●충주 고구려비(충북 충주)
5세기에 고구려가 한반도 중부 지역을 차지했다는 기록이 있다.

4세기: 백제의 전성기

5세기: 고구려의 전성기

6세기: 신라의 전성기

알아두면 좋아요 삼국은 왜 한강 유역을 차지하려고 했을까?

한강 유역은 한반도의 중심에 위치해 있으며, 넓은 평야가 있어 농사짓기에 좋은 곳이다. 또한 한강에서 배를 이용해 물건을 여러 지역 으로 쉽게 실어 나를 수 있으며, 바다를 통해 중국과 직접 교류하기에도 유리한 지역이다. 이러한 장점 때문에 한강 유역은 삼국 시대는 물론 고려, 조선 시대에도 매우 중요한 곳으로 여겨졌다. 뿐만 아니라 현재 대한민국의 수도인 서울도 한강 유역에 자리잡고 있다.

▲ 한강 유역의 삼국 시대 유적 지 분포

02 남북국 시대에는 어떤 나라들이 발전했을까?

신라의 삼국 통일

● **인재**
재주가 뛰어난 사람

● **연합**
서로 힘을 합쳐 하나가 됨

신라는 삼국 중 가장 먼저 세워졌지만 꾸준히 나라의 인재●를 기르고 다른 나라와 외교를 하면서 성장하였다. 한반도의 중심인 한강 유역을 차지한 이후 신라는 중국의 당나라와 힘을 합쳐 백제(660년)와 고구려(668년)를 차례로 멸망시켰다.

그런데 신라와 연합●했던 당이 신라까지 지배하려고 하자 신라는 당에 맞서 전쟁을 벌였다. 신라군은 매소성 전투, 기벌포 해전 등에서 잇달아 당에 승리하였고 마침내 당을 몰아내고 삼국을 통일하였다(676년).

통일 신라와 발해

● **관직**
국가가 맡기는 일

● **유민**
멸망하여 없어진 나라의 백성

▶ **발해의 기와(위)와 고구려의 기와(아래)**
기와의 제작 기법, 모양 등을 통해 발해 문화가 고구려의 문화를 계승하였음을 짐작할 수 있다.

삼국을 통일한 신라는 한반도에 사는 모든 사람이 한마음이 되도록 하기 위한 정책을 실시하였다. 예를 들어, 옛 백제와 고구려 사람에게도 관직●을 주거나 그들을 군인으로 뽑았다. 또한 한때 전쟁을 벌였던 당과도 화해하고 활발하게 교류하였다. 통일 신라 시대에는 석굴암, 불국사와 같은 불교 문화가 크게 발달하였고 동양에서 가장 오래된 천문대인 첨성대가 만들어지기도 했다.

▲ 통일 신라와 발해

한편, 고구려가 멸망한 후 고구려를 되찾기 위한 노력이 나타났다. 고구려 장군 출신이었던 대조영은 고구려 유민●들과 함께 한반도 북부 지역과 중국 만주 지역에 발해를 세웠다(698년). 발해는 고구려 문화를 바탕으로 주변 나라의 문화를 받아들이며 문화를 발전시켰다. 발해 지역에 남아 있는 불상과 석등, 연꽃무늬 기와● 등을 통해 발해의 수준 높은 불교문화를 짐작할 수 있다. 남쪽의 통일신라와 북쪽의 발해가 함께 존재한 시기를 남북국 시대라고 한다.

알아두면 좋아요 남북국은 어떤 나라들을 의미할까?

부여씨(백제 왕족 성씨)가 망하고 고씨(고구려 왕족 성씨)가 망하게 되니 김씨(신라 왕족 성씨)가 그 남쪽 땅을 차지하고, 대씨(대조영)가 그 북쪽 땅을 차지하여 발해라 하였다. 이를 남북국이라고 한다. 마땅히 남북국의 역사가 있어야 했음에도 고려가 이를 편찬하지 않은 것은 잘못이다. -「발해고」-

통일 신라와 발해는 서로 교류하고 경쟁하며 220여 년을 함께 존재했다. 이 시기를 남북국 시대라고 하는 것은 조선 시대의 학자 유득공이 쓴 『발해고』라는 책에서 비롯된 것이다. 유득공은 발해가 멸망한 후 고려가 발해의 역사를 기록해 두지 않아서 나중에 발해의 영토를 차지했던 다른 나라(여진, 거란)에게 발해 땅이 우리 땅임을 주장하지 못하게 되었다고 비판하였다. 이러한 주장을 받아들여 오늘날 한국의 역사 교과서에서는 통일 신라와 발해가 함께 있던 시기를 '남북국 시대'라고 기술하고 있다.

주요 내용정리

01 삼국은 어떻게 발전했을까?

- 삼국 중 고구려는 (   )이, (   )는 주몽의 아들로 알려진 온조가 세웠다. (   )를 세운 사람은 박혁거세이다.
- 삼국 중 가장 먼저 전성기를 맞이한 나라는 (   )이다.
- 고구려, 백제, 신라가 각각 가장 발전했을 때 공통적으로 차지한 지역은 (   ) 유역이다.

02 남북국 시대에는 어떤 나라들이 발전했을까?

- 신라는 중국의 (   )과 연합하여 백제와 고구려를 멸망시켰다.
- 고구려의 장군 출신인 (   )이 고구려 유민을 모아 발해를 세웠다.
- 남쪽의 통일 신라, 북쪽의 발해가 함께 존재했던 시기를 가리켜 (   ) 시대라고 한다.

 ## 이야기 나누기

[한국의 명절 한가위의 뿌리는 신라 시대의 '가배']

추석(음력 8월 15일)은 봄부터 여름까지 정성 들여 가꾼 곡식과 과일 수확(다 익은 농작물을 거두어 들이는 것)을 앞두고 있을 때 맞이하는 명절이다. 추석은 한가위라고 하는데, '한'은 '크다', '가위'는 '가운데'라는 뜻이다. 즉, 한가위는 8월의 한가운데 있는 큰 날이라는 뜻이다.

『삼국사기』에 따르면 '가위'라는 말은 신라 시대 때 길쌈놀이(여자들이 함께 모여 옷감을 짜며 노는 놀이)인 '가배'에서 나온 말이기도 하다. 신라의 유리왕이 한가위 한 달 전에 베(옷감) 짜는 여자들을 궁궐에 모아 두 편으로 나누어 베를 짜게 하였다. 한 달 동안 베를 짠 양을 비교하여 진 편이 이긴 편에게 음식을 대접하고 노래를 부르며 잔치를 벌였는데, 이를 '가배'라고 하였다. 이후 '가배'는 '가위'라는 말로 변했다.

* 길쌈: 여자들이 가정에서 베, 모시, 명주, 무명 등의 옷감을 짜는 과정을 일컫는 용어

★ 자신의 고향 나라에 한국의 추석(한가위)과 비슷한 명절이 있는지, 있다면 어떻게 보내는지 이야기해 봅시다. 또한 그와 같은 명절의 이름이나 풍습이 어떻게 생겨난 것인지 이야기해 봅시다.

 생각해 봅시다

다음은 18세기 프랑스의 지도 제작자 장 당빌(Jean D'Anville)이 만든 동아시아 지도입니다.

01 왼쪽 지도의 빨간색 동그라미 부분이 한국을 가리키는 이름입니다. COR E를 어떻게 읽을 수 있습니까?

02 한국은 언제부터 COREA(또는 KOREA)라고 불렸을까요?

 학습목표

1. 고려의 성립과 발전 과정을 설명할 수 있다.
2. 고려의 사회와 문화에 대해 설명할 수 있다.

 관련 단원 확인하기

영역		제목	관련 내용
기본	역사	43. 한국의 역사 인물	서희

01 고려는 어떻게 발전했을까?

고려의 건국과 후삼국 통일

신라 말기에는 사회가 혼란스러웠고 왕의 힘이 약했던 반면 지방에서 경제력이나 군사력이 강한 세력(호족)의 힘이 커졌다. 호족 중에서 특히 힘이 강했던 견훤은 후백제(900년)를, 궁예는 후고구려를 세웠다(901년). 이로써 나라가 다시 세 개로 나누어졌는데 이를 후삼국 시대•라고 한다.

한편, 궁예의 신하였던 왕건은 다른 신하•들과 함께 궁예를 몰아내고 나라 이름을 고려로 바꾸었다(918년). 이것은 고구려를 계승•한다는 의미를 띤다. 이후 고려는 후백제와 치열한 전쟁을 벌였는데, 결국 신라의 항복을 받은 뒤(935년) 후백제를 공격하여 후삼국을 통일하였다(936년).

고려의 발전과 변화

고려 태조• 왕건은 백성의 생활을 안정시키기 위해 세금의 비율을 10%로 정해 놓고 그 이상 거두지 못하도록 했다. 또한 불교를 권장하여 그동안 전쟁으로 지쳐 있던 백성의 마음을 모으고자 하였다.

▲ 고려궁터
강화도로 도읍을 옮긴 후 1234년에 세운 궁궐과 관아가 있던 곳이다. 지금 남아 있는 건물은 조선 후기에 복원한 것이다.

원래 문신• 중심의 귀족 사회였던 고려는 무신•들의 반란(무신 정변) 이후 한동안 지배층이 무신으로 바뀌었다. 무신들은 불법적인 방법으로 땅과 노비를 더 많이 차지하였고 백성에게서 많은 세금을 거두었다. 그래서 이에 저항하는 농민들의 반란이 일어나기도 했다.

고려는 한반도 북쪽에 있는 나라들과 여러 차례 전쟁을 치르면서 영토를 넓혔다. 13세기에는 몽골의 침략을 받아 수도를 개경(개성)에서 강화도로 옮겨 가면서까지 약 40년에 걸친 전쟁을 벌였다. 고려 말기에는 일본 해적인 왜구와 중국 도적떼인 홍건적이 고려를 침략하였다. 이들을 물리치는 과정에서 이성계 등 새로운 군인 세력이 성장하였다. 이성계는 당시 혼란스럽던 사회를 바꾸기를 원했던 사람들과 힘을 합쳐 고려를 멸망시키고 조선을 세웠다(1392년).

•후삼국 시대

•신하
왕을 섬기며 벼슬(나랏일)하는 사람

•태조
왕조의 첫 번째 왕

•계승
이어 받음

•권장
무언가를 권하여 하도록 함.

•문신
나랏일을 하는 신하 중 군인이 아닌 사람

•무신
군인으로서 나랏일을 하는 신하

알아두면 좋아요 **왕건 청동상이 가진 비밀**

1992년 북한의 개성에 있는 왕건의 묘(현릉) 근처에서 청동상이 발견되었다. 역사학자들이 조사해 보니 황제들이 사용한 관(모자)을 쓰고 앉아 있는 이 청동상은 고려를 세운 왕건을 나타낸 것이었다. 고려 시대 사람들은 나라를 세운 왕건을 신처럼 모셨다. 그래서 청동으로 동상을 만들어 국가의 중요한 행사 때 사용하였다.
그런데, 왕건의 청동상은 왜 벌거벗은 모습을 하고 있을까? 원래는 청동상에 얇게 금을 입히고, 그 위에 비단 옷을 입혀 놓았다. 그러나 고려가 멸망하고 나서 조선 시대가 되자 왕건의 동상에게 제사를 지내는 것이 유교의 예절에 맞지 않는다고 생각하여 청동상을 땅속에 묻어 두었다. 이후 수백 년의 시간이 지나면서 금이 벗겨지고 옷도 썩어버린 것이다.

▲ 왕건의 청동상

02 고려 시대 사람들은 어떻게 살았을까?

고려와 다른 나라의 관계

고려는 옛 고구려와 백제, 신라의 다양한 문화를 통합하면서도 세계 여러 나라와 활발하게 교류하면서 문화를 발전시켰다. 이러한 점에서 고려의 문화는 개방성과 다양성을 띤다고 할 수 있다.

고려의 벽란도는 중국인, 일본인, 아라비아 상인까지 와서 물건을 사고파는 등 국제적인 무역항으로 널리 알려졌다. 당시 아라비아 상인들을 통해 고려가 '코리아'라는 이름으로 세계에 알려졌다. 이후에 한반도에 다른 나라가 세워져도 외국에서는 '고려'라는 이름으로 기억할 정도였다.

▲ 고려의 대외무역

• **고려의 상감 청자**
상감 청자 특유의 맑고 투명한 색과 부드럽고 생동감 넘치는 모습

• **정교**
정확하고 치밀함

• **팔관회 모습(상상도)**

고려의 사회 모습

고려의 귀족 문화는 화려함과 섬세함으로 이름이 높았다. 예를 들어, 상감 청자*라는 아름답고 독창적인 도자기를 만들었고 정교*한 기술을 바탕으로 세계 최초의 금속 활자를 만들어 문화를 보급하였다.

고려 시대에는 불교를 중심으로 유교, 도교, 무속 신앙 등 여러 종교가 발달하였다. 특히 불교는 귀족부터 백성에 이르기까지 많은 사람들이 믿었던 종교로 고려의 건축과 예술 등에 많은 영향을 끼쳤고, 절이나 불상과 같은 불교 유적도 많이 남겼다. 또한, 나라의 발전과 개인의 행복을 비는 팔관회*, 연등회 등과 같은 불교 행사도 많이 열렸다. 이 기간에는 온 나라가 축제 분위기 속에서 한마음 한뜻이 되었고, 중국이나 일본에서도 많은 상인이나 관리들이 고려를 방문하였다.

고려 시대에는 남편 1명과 부인 1명이 결합하는 일부일처가 일반적으로 자리를 잡았다. 또한, 가족 내에서 남녀가 거의 비슷한 수준으로 권리를 누렸다는 점에서 상당히 진보적이었다는 평가를 받기도 한다.

알아두면 좋아요 **세계 최초의 금속활자로 찍은 책 『직지심체요절』**

1955년에 프랑스로 유학을 떠난 박병선은 파리 국립 도서관에서 일하게 되었다. 어느 날 박병선은 도서관 서고의 한구석에서 먼지를 뒤집어 쓴 채 끼어 있던 『직지심체요절』을 발견하였다. 연구를 계속한 그녀는 이 책이 세계에서 가장 오래된 금속 활자로 찍은 책이라는 것을 알아냈다. 이후 1972년 프랑스 파리에서 열린 '세계 도서의 해 기념 도서 전시회'에서 다른 아시아 나라들의 서적과 함께 『직지심체요절』을 처음으로 소개하였다. 그 결과 현재 존재하는 세계 최초의 금속활자로 찍은 책(1377년)이라는 것을 공식적으로 인정받게 되었다. 이것은 독일의 구텐베르크가 발명한 금속활자로 찍은 책보다 78년이나 앞선 것이다.

▲ 『직지심체요절』과 박병선

주요 내용정리

01 **고려는 어떻게 발전했을까?**

- 고려의 (   )은 신라와 후백제의 항복을 받아 후삼국을 통일하였다.
- 고려는 원래 문신 중심의 귀족 사회였는데 (   )들의 반란으로 인해 한동안 지배층이 (   )으로 바뀌기도 하였다.
- 고려는 몽골의 침략에 맞서 수도를 개경에서 (   )로 옮겨 저항하였다.

02 **고려 시대 사람들은 어떻게 살았을까?**

- (   )는 중국인, 일본인뿐만 아니라 아라비아 상인들까지 와서 물건을 사고파는 등 국제적인 무역항으로 이름이 높았다.
- 아라비아 상인들이 부른 고려의 외국식 발음인 (   )가 세계에 알려지게 되었다.
- 고려 시대에 (   )는 귀족부터 백성에 이르기까지 많은 사람들이 믿는 종교였다.

 ## 이야기 나누기

[대외 교류(다른 나라와의 교류)로 더욱 풍성해진 고려의 문화]

고려 시대 때에는 개방적인 대외 정책을 펼치면서 거란, 여진, 몽골 등 한반도 북쪽의 외국인이 고려에 많이 들어왔다. 이들이 고려에 자리를 잡고 살면서 고려의 주민 구성과 문화가 다양해졌다. 특히 고려 후기에는 몽골과 교류하면서 지배층 사이에서 옷의 아랫도리 부분에 주름을 잡아 활동하기 편하게 만든 철릭과 같은 몽골식 옷이 유행하였다. 또한 몽골인이 즐겨 먹던 만두, 순대, 설렁탕, 소주와 같은 증류 방식(액체에 열을 가해 증기로 만든 다음 차갑게 하여 다시 액체로 만드는 방식)으로 술을 만드는 방법이 몽골을 통해 전파되어 오늘날에 이르고 있다. 한편, 벼슬아치(벼슬을 하는 사람)나 장사치(장사를 하는 사람)처럼 말끝에 직업을 나타내는 '치'도 몽골어에서 유래하였다.

▲ 철릭

▲ 설렁탕

▲ 소주

★ 자신의 고향 나라의 풍속이나 옷, 음식 등에서 다른 나라로부터 전래된 것은 무엇인지 이야기해 봅시다.

조선의 건국과 발전

 생각해 봅시다

다음은 서울 광화문에 세워져 있는 한 왕의 동상입니다.

01 이 왕은 한국의 어느 화폐에 들어 있습니까? 이 왕을 '대왕'이라고 부르는 이유는 무엇일까요?

02 자신의 고향 나라에서 가장 존경을 많이 받는 왕이나 인물을 한 사람씩 소개해 봅시다.

 학습목표

1. 조선의 성립과 발전 과정을 설명할 수 있다.
2. 조선 시대 사회와 문화에 대해 설명할 수 있다.

 관련 단원 확인하기

영역		제목	관련 내용
기본	역사	44. 한국의 문화유산	유교문화의 발전, 조선의 과학 기술

01 조선은 나라의 기틀을 어떻게 마련하였을까?

조선의 건국

1392년 조선을 세운 태조 이성계는 나라의 모습과 분위기를 새롭게 하기 위해 수도를 개경(개성)에서 한양(한성, 오늘의 서울)으로 옮겼다. 또한 경복궁과 종묘를 비롯해 숭례문(남대문), 동대문 등 4대문과 성곽°도 세웠다.

조선은 유교의 이념을 바탕으로 나라를 다스렸다. 이에 따라 부모와 자녀 사이의 친밀한 관계, 왕과 신하 사이의 의리, 남편과 아내 사이의 구별(서로 다른 역할 존중), 어른과 아이 사이의 순서(어른을 먼저 대우), 친구 사이의 믿음 등을 강조하였다. 이러한 내용은 시대가 변하면서 조금씩 달라지기는 했지만 오늘날에도 한국에 여전히 영향을 주고 있다.

▲ 조선의 지방 행정 조직(8도)

● 성곽
성과 성의 둘레

● 호패
호패에는 신분에 따라 조금씩 다르다. 이름, 출생 연도, 주소, 얼굴빛, 키 등이 적혀 있었다.

(출처: 국립중앙박물관)

조선의 발전

이성계의 아들 태종은 왕의 권력을 크게 강화시켜 조선이 발전할 수 있는 기틀을 마련하였다. 또한, 16살 이상의 남자는 모두 호패(신분증)°를 차고 다니도록 하는 법을 실시하여 백성의 출생, 이동 등과 같은 생활을 정확하게 관리하였다.

태종의 아들 세종은 조선의 가장 위대한 왕으로 평가 받는다. 이 시기에 문화와 과학 기술이 크게 발달하였다. 세종은 우수한 학자와 관리들과 함께 역사, 지리, 예절 등과 관련한 많은 책을 펴냈다. 또한, 농사에 도움을 주기 위해 측우기, 해시계, 물시계 등을 만들었다. 그리고 백성이 쉽게 글을 읽고 쓸 수 있도록 하기 위해 훈민정음(백성을 가르치는 바른 소리, 오늘의 한글)을 만들었다.

성종 때에는 나라를 다스리는 기본 법전인『경국대전』을 완성하였다.『경국대전』에는 왕과 관리가 해야 할 일, 세금, 물건 거래, 예절, 군사, 형벌 등 생활 전반에 관한 내용이 담겨 있다. 이 법은 조선이 왕의 말이 아닌 법에 따라 나라를 다스리는 법치국가임을 보여준다.

알아두면 좋아요 『경국대전』을 통해 살펴본 백성의 삶

《경국대전》은 오랫동안 조선 통치의 기본이 되었으며 백성의 생활에도 많은 영향을 미쳤다. 그중에서 백성의 일상생활과 관련되었던 일부 내용을 살펴보면 다음과 같다.

· 땅과 집을 사면 100일 안에 국가 기관에 보고해야 한다.
· 부모가 많이 아프거나 부모의 나이가 70세 이상이면 그 아들은 군대에 가지 않아도 된다.
· 노비인 여성이 아이를 낳으면 출산 휴가 기간은 90일이다. 필요한 경우에는 남편도 출산 휴가를 신청할 수 있다.

▲ 『경국대전』
(출처: 서울역사박물관)

02 조선 후기에는 어떤 변화가 나타났을까?

두 차례의 큰 전쟁을 극복한 조선

1592년 일본이 조선을 침략한 사건을 임진왜란*이라고 한다. 이순신 등 조선의 수군(해군)이 일본군의 공격을 잘 막아냈고 백성들은 의병*을 조직하여 일본군에 맞서 싸웠다. 이러한 노력의 결과 일본군으로부터 나라를 지켜 냈다. 1636년에는 중국의 청나라가 조선을 침략한 병자호란*이 일어났다. 조선은 남한산성*에서 끝까지 싸웠지만 결국 청의 요구를 들어주고 전쟁을 끝냈다.

두 차례의 큰 전쟁으로 농토는 망가졌고 백성들의 삶도 힘들어졌다. 조선의 왕이었던 영조와 정조는 이러한 위기를 극복하기 위해 노력하였다. 세금을 줄여 주어 백성의 생활을 안정시켰고 농업뿐 아니라 상업, 공업 등 백성이 필요로 하는 분야를 발전시켰다. 또한 다른 나라로부터 조선에 필요한 것을 받아들여야 한다고 주장하는 학자들과 함께 학문 발전에도 기여하였다. 유네스코 세계유산의 하나로 뛰어난 건축물로 평가 받는 수원 화성이 건축된 것도 정조 때이다.

* **임진왜란**
임진년(1592년)에 왜(일본)가 일으킨 전란

* **의병**
백성들이 자발적으로 조직한 군대

* **병자호란**
병자년(1636년)에 호(청나라)가 일으킨 전란

* **남한산성**
병자호란 당시 마지막까지 청의 군대에 맞서 싸운 곳

조선 후기의 사회와 문화

* **과거**
국가 관리를 뽑기 위해 보는 시험

* **백정**
소, 돼지 등을 잡는 사람

* **판소리**
소리꾼이 북 장단에 맞추어 들려주는 긴 이야기

* **탈놀이**
머리에 탈을 쓰고 노는 놀이

* **민화**
백성의 생활 모습을 주로 비전문가가 그린 평범한 그림

조선의 신분은 크게 양반, 중인, 상민, 천민으로 나누어져 있었다. 양반은 지배층으로 과거* 합격을 위해 글공부에 힘썼다. 중인은 통역관이나 의사 등과 같은 기술 관리였다. 상민은 농민·수공업자·상인 등을 가리킨다. 천민은 노비나 백정* 등으로 천하고 낮은 일을 담당하였다.

▲ 안동 하회 별신굿 탈놀이
(사진 출처: 〈연합뉴스〉)

조선 후기에는 신분제가 흔들리면서 양반이 많아지고 상민과 천민의 수가 줄어들었다. 이러한 사회 변화는 신분을 없애고 점차 평등한 사회로 나아가고자 하는 움직임으로 평가받는다. 또한, 양반 문화 중심이었던 조선 전기와 달리 조선 후기에는 한글 소설, 판소리*, 탈놀이*, 민화* 등 서민 문화도 크게 발달하였다.

알아두면 좋아요 수원 화성의 공사 기간이 대폭 줄어든 이유는?

정조가 세운 수원 화성은 원래 예상 공사 기간이 10년이었다. 그러나 실제 공사 시간은 3년도 걸리지 않았는데 그 비결은 다음과 같다. 원래 조선은 아무런 대가를 주지 않고 백성에게 일을 시켰는데 화성을 세울 때는 일꾼을 모집하여 임금(품삯)을 지급하였다. 또한, 날이 무더울 때는 일하는 사람들에게 몸을 보호하는 약을 주었고, 치료를 받느라 일하지 못하는 기간에도 임금을 줬다. 또한 일의 성과에 따라 수당(임금 이외에 따로 주는 돈)을 지급하였고 가끔 잔치를 열어 격려도 해 주었다. 그러자 일꾼들이 더욱 열심히 화성 건축에 참여하였다. 뿐만 아니라 무거운 짐을 들어올리기 위해 도르래의 원리를 이용한 거중기를 사용하였는데 이 같은 과학기술도 공사 기간 단축에 큰 도움을 주었다.

▲ 수원 화성과 거중기

주요 내용정리

01 조선은 나라의 기틀을 어떻게 마련하였을까?

- 조선을 세운 태조 이성계는 나라의 모습과 분위기를 새롭게 하기 위해 수도를 개경에서 (   )으로 옮겼다.
- (   )은 농사에 도움을 주기 위해 측우기, 해시계, 물시계 등을 만들었고 백성이 글을 쉽게 배울 수 있도록 훈민정음을 만들었다.
- 성종 때에는 나라를 다스리는 기본 법전인 (   )을 완성하였다.

02 조선 후기에는 어떤 변화가 나타났을까?

- 조선 시대에 일본이 조선을 침략한 사건을 (   )이라고 하고, 중국 청나라가 조선을 침략한 사건을 병자호란이라고 한다.
- 정조가 왕이던 시기에 지어진 수원 (   )은 유네스코 세계문화유산의 하나로, 뛰어난 건축물로 평가 받는다.
- 조선 후기에 신분제가 흔들리면서 (   )이 많아지고 상민과 천민이 줄어들었다.

 ## 이야기 나누기

[조선 후기에 유행한 판소리]

토끼가 해변가에 도착하여 산천으로 쭉 기어 올라가니, 별주부가 기가 막혀,
"아, 여보시오, 토 선생. 죽겠다 하고 업어다 놓으니까 그렇게 모르는 체하고 가신단 말이오? 간이나 좀 갖고 오시오."
토끼가 뒤돌아보더니 욕을 마구 퍼붓는데, "이런 미련한 놈아, 뱃속에 달린 간을 어찌 내고 들인단 말이냐? 바다 속 병든 용왕 살리자고 성한 토끼 내가 죽을쏘냐?"

- '수궁가' 중에서 -

판소리는 소리꾼이 고수(북 치는 사람)의 장단에 맞추어 창(노래)과 아니리 (말)과 너름새(몸짓)를 섞어 이야기를 엮어 가는 음악이다. 또한 판소리의 판이란 '씨름판', '장사판'과 같이 사람이 많이 모인 곳을 가리킨다. 판소리는 많은 사람이 모인 곳에서 열리는 노래 공연을 뜻한다. 판소리는 소리꾼과 청중이 함께 만들어가는 공연이라고 할 수 있다. 소리꾼의 창과 말에 장단을 맞추는 고수의 추임새에 따라 청중들도 '얼씨구', '좋지' 등을 하며 흥을 더한다.

★ 자신의 고향 나라에서 전해 내려오는 전통 공연에 대해 이야기해 봅시다. 한국의 판소리와 어떤 점이 비슷하고 어떤 점이 다른지 말해 봅시다.

일제 강점과 독립운동

 생각해 봅시다

다음 자료는 1896년 서재필을 비롯한 당시 지식인(공부를 많이 한 사람)들이 만든 신문입니다.

> 정부에서 하는 일을 백성에게 전할 것이요, 백성의 일을 정부에 전할 것이니, 만일 백성이 정부 일을 자세히 알고, 정부에서 백성의 일을 자세히 알면, 서로에게 유익한 일만 있을 것이요, 불평하는 마음과 의심하는 생각이 없어질 것이요.

01 이 신문의 이름은 무엇인가요? 오늘날 신문과 다른 점은 무엇인가요?

02 이 신문은 한글과 영문으로 발행되었습니다. 그 이유는 무엇일까요?

 학습목표

1. 개항 이후 근대 국가 수립 노력에 대해 설명할 수 있다.
2. 일제의 식민 통치에 맞선 한국인의 독립운동에 대해 설명할 수 있다.

 관련 단원 확인하기

영역		제목	관련 내용
기본	역사	43. 한국의 역사 인물	유관순

01 근대 국가 수립을 위해 어떤 노력을 펼쳤을까?

흥선 대원군의 정책과 개항

19세기 후반 12세의 어린 나이로 왕이 된 고종을 대신해 아버지 흥선 대원군이 정치를 맡았다. 그는 왕의 권위를 높이기 위해 경복궁을 고쳐 지었고 세금을 합리적으로 내게 하는 등의 정책을 펼쳤다. 또한 프랑스, 미국 등 서양 국가의 무역 요구를 거절하고 척화비*를 세우는 등 나라의 문을 열지 않았다.

흥선 대원군이 물러난 뒤 조선에 변화의 바람이 불었다. 마침 일본이 조선에 나라의 문을 열 것을 요구하였고, 조선은 강화도 조약(1876년)을 통해 개항*을 하였다.

* **척화비(서울 마포)**
"서양 오랑캐가 침범하는데 싸우지 않으면 화친(사이좋게 지내는 것)하는 것이요, 화친을 주장하는 일은 나라를 파는 일이다."라는 글이 새겨져 있다.

근대 국가 수립을 위한 노력과 일본의 침략

개항* 이후 외국의 문물*을 받아들이거나 나라를 개혁* 하여 근대 국가로 발전시키려는 노력이 전개되었다. 조선이 더 빨리 개화*해야 한다고 생각했던 일부 사람들은 나라 전체의 틀을 새로운 시대에 맞게 바꾸려고 급진*적인 개혁을 시도하기도 했다. 신분의 높낮음 대신 인간 평등을 강조한 동학을 믿는 농민들은 동학 농민 운동을 펼치면서 개혁을 요구하였다.

▲ 독립문(서울 서대문구)

* **개항**
항구를 열어 외국 배가 드나들 수 있게 함.

* **문물**
문화의 산물

* **개혁**
새롭게 뜯어고침

* **개화**
새로운 사상이나 문물을 받아들여 발전함

* **급진**
급하게 진행함

* **만민 공동회**
독립 협회는 만민 공동회라는 집회를 열어 강대국의 정치적 간섭과 경제 침략을 비판하고, 나라를 바로잡을 것을 정부에 요구하였다.

1896년에 서재필을 비롯한 지식인들은 한글과 영어로 된 독립신문을 통해 나라 안팎의 소식을 한국인은 물론 외국인에게도 알렸다. 또한 독립 협회를 만들어 자주적인 나라를 만들겠다는 의지를 담아 독립문을 세웠고, 만민 공동회*라는 집회를 열어 외국의 침략을 비판하였다.

한편, 러·일 전쟁에서 이긴 일본은 한반도에 대한 침략을 본격적으로 시작했다. 1905년 일본은 대한 제국의 외교권을 가져가는 조약을 강제로 맺게 했고, 대한 제국의 정치에 간섭하였다. 한국인들은 의병을 일으켜 일본의 침략에 맞서 싸웠지만 결국 1910년 주권을 빼앗기고 말았다.

알아두면 좋아요 조선, 황제 국가로 거듭나다

조선의 왕이었던 고종은 땅에 떨어진 나라의 위신(위엄과 믿음)을 세우기 위해 1897년 나라 이름을 '조선'에서 '대한 제국'으로 바꾸었다. 당시 고종은 하늘에 제사를 지내는 환구단(황제가 하늘에 제사를 지내는 제단)을 짓고 이곳에서 황제의 자리에 올랐다. 일제 강점기에 환구단은 없어졌고 그 자리에 조선 호텔이 들어서 오늘날 황궁우(환구단의 부속 건물)만 남아 있다.

▲ 황궁우(왼쪽)와 환구단(오른쪽)

02 한국인은 독립운동을 어떻게 펼쳐 나갔을까?

일제(일본 제국)의 강압* 통치

• 강압
강한 힘으로 내리 누름

• 고문
몸에 고통을 주면서 질문하는 것

▶ 일본으로 보낼 쌀을 쌓아 놓은 군산항

일본은 대한 제국의 국권을 빼앗은 뒤 강압*적으로 통치하였다. 일본의 지배에 반대하는 한국인을 감옥에 가두고 고문*을 하였다. 또한 한국인이 소유하고 있던 땅을 일본 토지 회사나 일본인에게 싼값으로 팔아넘기거나 한국에서 쌀 생산을 늘려 일본으로 보내기도 했다.

1930년대에 일본은 중국을 침략하였고(중·일 전쟁), 제2차 세계 대전 중에는 미국 하와이 진주만을 공격하였다(태평양 전쟁). 전쟁으로 인해 군인과 물자*가 부족해지자 일본은 한국의 많은 청년을 끌고 가 공장이나 탄광에서 일을 시켰고 전쟁터에 병사로 보내기도 했다. 또한, 일부 한국 여성들을 속이거나 강제로 끌고 가서 일본군 '위안부'*로 삼는 일도 있었다.

▲ 평화의 소녀상
일본군 '위안부' 문제에 대한 진상 규명과 책임 이행 등을 촉구하며 곳곳에 조각상이 세워졌다.

• 물자
물건이나 자원

• 일본군 '위안부'
일본 군인을 위해 강제로 성노예 생활을 해야만 했던 여성

• 김구(1876~1949)
대한민국 임시 정부를 이끌며 독립운동을 지도하였다.

일제에 맞서 싸운 한국인의 독립운동

일제 강점기에 한국인들은 나라의 국권을 되찾기 위해 끊임없이 독립운동을 펼쳐 나갔다. 1919년 3·1 운동에는 수백만 명의 사람들이 거리에 나와 독립을 요구하였다. 이를 계기로 김구* 등이 중심이 되어 중국 상하이에 대한민국 임시 정부를 세웠다. 임시 정부는 한국이 독립 국가라는 것을 세계에 알리며 독립운동을 이끌었다.

1920년 무렵부터는 중국 만주 지방을 중심으로 독립군이 일본군을 상대로 활발한 무장 투쟁을 벌여 나갔다. 독립군은 여러 전투에서 일본군을 물리쳐 큰 성과를 거두었다.

국내에서는 언론, 교육, 경제 활동을 통해 한국인의 실력을 키우고자 하였다. 이처럼 국내외에서 계속된 독립운동은 한국이 독립하는 데 큰 도움이 되었다. 마침내 1945년 8월 15일 한국은 주권을 되찾았다.

알아두면 좋아요 일제 강점기 독립운동을 이끈 대한민국 임시 정부

대한민국 임시 정부는 국내와 연결되는 비밀 연락망을 만들어 대한민국 임시 정부의 소식을 국내에 전했고 독립운동에 쓰일 돈을 전달받기도 하였다. 또, 군인을 길러내는 무관 학교를 세워 독립군을 교육하였고 독립신문 발간에도 도움을 주었다. 그리고 일본의 침략 사실과 한국 역사를 알리기 위해 책을 펴내고 세계 곳곳에 외교관을 보내 한국 독립의 필요성과 의지를 보여주었다.

▲ 대한민국 임시 정부에서 활동한 인물들 (1921년)

주요 내용정리

01 근대 국가 수립을 위해 어떤 노력을 펼쳤을까?

- ( )은 서양 국가의 무역 요구를 거절하며 척화비를 세우는 등 나라의 문을 열지 않았다.
- 일본이 조선에 나라의 문을 열 것을 요구하였고 조선은 ( ) 조약을 통해 개항하였다.
- 서재필을 비롯한 지식인들은 한글과 영어로 된 ( )을 통해 나라 안팎의 소식을 알렸고 독립협회를 만들어 자주적인 나라를 만들기 위해 노력하였다.

02 한국인은 독립운동을 어떻게 펼쳐 나갔을까?

- 일본은 전쟁으로 인해 물자가 부족해지자 한국에서 많은 사람들을 데려갔다. 일부 한국 여성은 일본군 '( )'로 끌려 가기도 했다.
- 1919년에 일어난 ( )에는 수백만 명의 사람들이 참여하여 독립을 요구하였다.
- 중국 상하이에 세워진 ( )는 한국이 독립 국가임을 세계에 알리며 독립운동을 이끌었다.

 ## 이야기 나누기

[독립을 위해 목숨을 바친 사람들: 윤봉길과 남자현]

- 1932년 4월, 상하이에서 발생한 중국군과 일본군의 무력 충돌에서 일본군이 승리한 것을 축하하려고 많은 일본인이 훙커우 공원에 모여 있었다. 윤봉길은 그 공원에 들어가 행사가 한창 진행되고 있을 때 단상을 향해 폭탄을 던졌다. 큰 폭발과 함께 일본군 상하이 총사령관을 비롯한 여러 일본인이 쓰러졌다. 윤봉길은 그 자리에서 체포되었고 젊은 나이에 목숨을 잃었다.
- 한국에서 3·1 운동을 경험한 남자현은 만주로 가서 독립운동에 참여하였다. 그녀는 독립에 대한 사람들의 의식을 높였고 특히 여성에 대한 교육을 강조하였다. 1932년 국제 연맹 조사단이 중국 하얼빈을 방문했을 때에는 손가락을 잘라 '한국의 독립을 원한다.'라는 혈서(피로 쓴 편지)를 보내 독립을 호소하였다. 그녀가 속한 독립군 부대에서 유일한 여성 대원으로 독립운동을 벌이다가 체포된 그녀는 고문을 받으면서도 단식(식사를 하지 않음)으로 저항하다가 사망하였다.

★ 자신의 고향 나라에서 나라를 위해 목숨을 바치거나 큰 희생을 한 인물을 소개해 봅시다. 그들의 활동을 통해 느낀 점을 이야기해 봅시다.

한국의 역사 인물

 ## 생각해 봅시다

다음은 서울 광화문 사거리에 있는 어떤 인물의 동상과 그가 지휘했던 배의 모형입니다.

01 이 인물의 직업은 무엇이었을까요? 그가 지휘했던 배는 어떤 동물의 모양을 본떠 만든 것일까요?

02 동상의 인물은 이 배를 이용해 어떤 일을 했을까요?

 ## 학습목표

1. 한국을 위기에서 구한 사람들에 대해 설명할 수 있다.
2. 한국 역사에서 여성들의 활동에 대해 설명할 수 있다.

 ## 관련 단원 확인하기

영역		제목	관련 내용
기본	역사	41. 조선의 건국과 발전	임진왜란

01 국가를 위기에서 구한 사람들에는 누가 있을까?

수나라 대군을 물리친 고구려의 을지문덕

중국의 수나라가 113만 명의 큰 군대를 이끌고 고구려에 쳐들어왔다. 그중 30만 명을 뽑아 고구려의 수도 평양을 공격하려고 하자 고구려의 장군 을지문덕은 일부러 패하는 척하며 수나라 군대를 평양 가까이로 끌어들였다. 수나라 군대가 살수(청천강)의 가운데를 건너갈 때까지 기다리던 고구려군은 미리 막아두었던 강의 둑을 한꺼번에 터뜨려 수나라 군대를 크게 물리쳤다.

▲ 살수 대첩(민족 기록화, 전쟁 기념관)

외교로 나라를 구한 고려의 서희

한반도 북쪽에 있던 거란이 내려와서 고려의 북쪽 땅을 내놓을 것, 중국의 송나라와 교류하지 말 것을 요구하였다. 고려의 관리들은 거란의 군대가 매우 강하니 땅을 떼어 주어 전쟁을 피하자고 하였다. 이때 서희가 나서서 거란의 장군을 만났다. 서희는 거란이 송나라와 전쟁을 앞두고 있어서 고려 침략에 온 힘을 쏟을 수 없다는 것을 알고 있었다. 서희는 싸우지 않고도 외교를 통해 전쟁을 막아냈고 오히려 압록강 동쪽 땅까지 차지할 수 있었다.

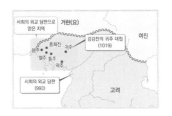
▲ 거란의 침입과 서희의 외교 담판으로 얻은 지역

서희: 고려는 고구려의 후손이라는 뜻에서 나라 이름을 고려라 하였소. 거란이 옛 고구려 땅에 살고 있으니 그 땅을 우리에게 내놓아야 할 것이오.

거란의 장군: 그런데 고려는 왜 가까이 있는 우리 거란은 멀리하면서 바다 건너에 있는 송나라하고 사귀는 것이오?

서희: 그것은 여진족이 가로막고 있기 때문이오. 거란이 압록강 동쪽의 땅을 고려에 준다면 거란과 고려가 쉽게 교류할 수 있소.

일본군을 물리친 조선의 이순신

임진왜란 초기에 조선의 육군은 여러 전투에서 크게 패하였다. 반면 이순신이 이끈 조선 수군(해군)은 곳곳에서 큰 승리를 거두었다. 일본 수군은 일본 육군에게 무기와 식량을 전해 주려고 했으나 이순신은 뛰어난 전술과 거북선, 화포 등의 무기를 사용하여 일본군과 바다에서 벌인 전투를 모두 승리로 이끌었다. 이순신의 활약은 임진왜란 당시 조선에게 불리했던 전쟁 분위기를 바꾸고 마침내 일본군이 물러나도록 하는데 큰 역할을 하였다.

▲ 거북선(복원 모형)

02 한국 역사에서 여성들은 어떤 활동을 했을까?

• 허난설헌 초상

▶ 김만덕의 선행을 기념하는 행사 포스터

• 흉년
농사가 잘 되지 않은 해

조선을 대표하는 여성 시인, 허난설헌•

허난설헌은 한글 소설『홍길동전』을 지은 허균의 누나로, 어려서부터 글재주가 훌륭해서 시를 잘 지었다. 그러나 당시 조선 사람들은 재능이 뛰어난 여성들이 사회활동을 하는 것을 좋게 여기지 않았다. 남편과 시어머니도 마찬가지였다. 불행한 결혼 생활, 친정 아버지와 두 자녀의 죽음 등으로 마음의 병을 얻은 허난설헌은 27세에 세상을 떠났다. 이후 누나의 재능을 아까워한 허균은 누나의 시를 모아 책으로 만들었다. 그녀의 시는 중국과 일본에서 높은 평가를 받고 큰 인기를 얻었다.

▲ 『난설헌집』(오죽헌 시립 박물관)
허난설헌의 시를 모아 만든 책이다.

재산을 모아 제주도 백성을 구한 상인, 김만덕

조선 시대 제주도에서 태어난 김만덕은 어려서 부모를 잃고 힘들게 살았다. 이후 김만덕은 장사를 하여 큰돈을 모았다. 그러던 중 제주도에 심한 흉년•이 들어 많은 사람이 굶어 죽게 되자 김만덕은 그동안 모은 돈으로 쌀을 사서 사람들에게 나누어 주었다. 김만덕이 제주도 백성을 구한 일은 정조에게까지 알려졌다. 정조는 그녀의 착한 행동을 칭찬하며 소원을 물어보았다. 낮은 신분이었던 김만덕은 "서울에 가서 임금이 계신 곳을 바라보고, 빼어난 경치를 자랑하는 금강산에 가보고 싶습니다."라고 답했고 정조의 도움으로 소원을 이루었다. 지금도 제주도에서는 '만덕상'을 만들어 김만덕처럼 선행을 많이 베푼 사람들에게 해마다 상을 주고 있다.

3·1 운동 당시 한국의 독립을 외친 독립운동가, 유관순

• 유관순
서대문 형무소에 갇혀 있을 때의 모습

1919년 한국의 독립을 외치는 3·1 운동이 일어나자 당시 이화학당 학생이었던 유관순은 친구들과 함께 운동에 참여하였다. 일제는 학생들의 참여를 막기 위해 학교의 문을 닫아 버렸다. 그러자 유관순•은 고향(천안)에 내려가 만세 운동을 벌였고 많은 사람들이 여기에 참여하였다. 결국 일본 경찰에 체포된 유관순은 재판정에서 일본 판사에게 당당하게 말했다. "너희가 내 아버지와 어머니를 죽였으니 죄를 지은 사람은 바로 너희다. 너희는 우리를 재판할 자격이 없다." 이후 유관순은 서대문 형무소에서 갇혀 있으면서도 만세 운동을 펼치다가 일본 경찰의 폭행과 영양 부족으로 19세의 나이에 죽음을 맞이하였다.

주요 내용정리

01 국가를 위기에서 구한 사람들에는 누가 있을까?

- 고구려의 (   )은 중국 수나라의 침입을 살수(청천강)에서 크게 물리쳤다.
- (   )는 서희의 외교 덕분에 거란의 침입을 물리치고 압록강 동쪽의 땅까지 차지하였다.
- 조선의 (   )은 임진왜란 당시 수군을 이끌고 일본의 침입을 막아냈다.

02 한국 역사에서 여성들은 어떤 활동을 했을까?

- 조선 시대 허균의 누나인 (   )의 시를 모은 책은 중국과 일본에서 큰 인기를 얻었다.
- (   )은 자신이 모은 재산을 내놓아 큰 흉년으로 어려움을 겪던 제주도의 백성을 구했다.
- 3·1 운동 당시 이화학당 학생이었던 (   )은 고향에 내려가 만세 운동을 벌였다.

 ## 이야기 나누기

[한국의 지폐에 있는 여러 인물들]

한국의 지폐에 등장하는 인물은 각각 이황(1,000원권), 이이(5,000원권), 세종(10,000원권), 신사임당 (50,000원권)이다. 이황과 이이는 조선의 뛰어난 학자로 유학의 발달에 기여하였다. 세종은 조선의 네 번째 왕으로 오늘날 한글이라고 불리는 훈민정음을 만들었으며, 여러 과학 기구를 만드는 등 문화 발전에 힘을 쏟았다. 신사임당은 어려서부터 그림에 재능이 있었고 꾸준히 교육을 받아 학식이 높았다. 결혼 후에는 자녀들을 훌륭하게 키웠는데 이이도 그중 한 명이다.

★ 자신의 고향 나라에서 사용되는 화폐 속 인물에 대해 이야기해 봅시다. 그들의 업적과 활동을 소개해 봅시다.

44 한국의 문화유산

 생각해 봅시다

다음은 절에서 참선하는 모습과 가정에서 제사 지내는 모습입니다.

01 각 그림은 무엇을 하는 모습입니까?
각각 어느 종교와 관련이 있을까요?

02 그림 속의 모습과 같은 것을 해 보았거나 본 적이 있습니까?
어떤 느낌이 들었습니까?

 학습목표

1. 한국의 불교와 유교 관련 문화유산을 설명할 수 있다.
2. 한국 과학기술을 알 수 있는 문화유산을 설명할 수 있다.

 관련 단원 확인하기

영역		제목	관련 내용
기본	문화	15. 의례	결혼식, 성년식, 제사

01 불교와 유교 관련 문화유산에는 어떤 것들이 있을까?

불교 문화가 꽃피다

고구려, 백제, 신라 세 나라는 서로 경쟁하고 협력하는 가운데 중국, 일본 등과 교류하면서 발전하였다. 특히 삼국 시대에 한국에 들어온 불교는 종교를 넘어서서 학문과 음악, 공예, 건축 등 여러 문화에 영향을 주었다. 불교 관련 문화유산에는 탑, 절, 불상 등이 있다. 불교는 통일 신라와 발해는 물론 고려 시대에도 크게 발달하였다.

통일 신라의 불국사
(경상북도 경주)

고구려의 금동 연가 7년명 여래 입상
(국립 중앙 박물관)

백제의 부여 정림사지 5층 석탑
(충청남도 부여)

신라의 경주 분황사 모전석탑
(경상북도 경주)

발해의 영광탑
(중국 지린성)

유교 문화가 발전하다

조선 시대에는 유교를 중심으로 사회 질서와 예절이 바로 선 나라를 만들기 위해서 노력하였다. 유교의 이념 중에서도 특히 삼강오륜과 관혼상제(성인식, 결혼, 죽음, 제사)가 매우 중요하게 여겨졌다. 삼강오륜을 가르쳐 백성은 나라에 충성하고, 부모와 웃어른을 공경하며, 남녀 간에 도리를 지키게 하였고, 성인식, 결혼식, 장례식, 제사를 지낼 때 유교의 예법*을 따르게 하였다.

고려의 부석사 무량수전
(경상북도 영주)

● 예법
예의로 지켜야 할 규범

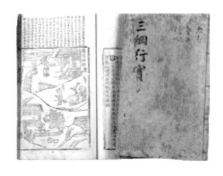
『삼강행실도』
조선 시대에 한국과 중국의 충신, 효자 등의
이야기를 모아 놓은 책

성균관
조선 시대 유교(유학)를 가르치던 최고의 교육 기관

02 과학기술을 알 수 있는 문화유산에는 어떤 것들이 있을까?

삼국 시대와 고려 시대의 과학기술

● 관측
관찰하고 측정함

삼국 시대에는 농업에 필요한 정보를 얻고 왕의 권위를 하늘과 연결하기 위해 천문학이 발달하였다. 대표적인 천체(태양, 달, 별) 관측● 기구로는 신라의 첨성대가 유명하다. 또한 통일 신라에서는 나무에 글자를 새겨 종이로 찍어 내는 목판 인쇄술이 발달하였다.

고려 시대에 만든 팔만대장경판은 불경을 인쇄하기 위해 만든 목판이다. 글자의 모양이 고르고 아름다울 뿐만 아니라 무려 8만 1352판에 이르는 규모와 보존 기술도 세계적인 것으로 인정받고 있다. 고려 시대에는 최무선을 통해 처음으로 화약을 사용한 무기도 개발되었다.

첨성대(경상북도 경주)
현재까지 남아 있는 동양에서 가장 오래된 천문대

무구정광대다라니경(불교 중앙 박물관)
8세기 중반에 만든 것으로, 신라의 발달된 목판 인쇄술과 종이 만드는 기술을 보여 준다.

팔만대장경판
몽골의 침입을 부처님의 힘으로 물리치기 위해 만든 것으로, 유네스코 세계 기록유산의 하나이다.

조선 시대의 과학기술

조선 시대에는 부유하고 강한 나라를 만들고 백성의 생활에 도움을 주기 위한 목적에서 과학 기술을 매우 중요하게 생각하였다. 특히 세종 때 앙부일구(해시계), 자격루(물시계), 혼천의 (천체 관측 기구) 등과 같은 과학 기구가 많이 만들어졌다. 그리고 세계 최초의 강우량 측정 기구인 측우기도 발명되어 각 지역에서 내린 비의 양을 재는 데 사용되었다. 이와 같은 과학 기구의 발명으로 일상생활에서 시각은 물론 절기(계절을 구분하려고 한 해를 스물넷으로 나눈 것)와 계절을 정확히 알 수 있게 되었다. 이는 농사짓는 데에도 큰 도움이 되었다.

한편, 조선 후기에는 동서양의 건축 기술을 사용하여 수원 화성을 건립하였는데, 이때 거중 기를 사용해 공사 기간을 훨씬 줄일 수 있었다.

측우기 원통형의 그릇에 빗물을 받아 강우량을 측정하는 기구로 세계 최초로 제작되었다.

앙부일구
눈금의 기울기와 가로, 세로 눈금의 간격을 보면 태양의 움직임을 알 수 있다.

자격루
물의 흐름을 이용하여 종, 북, 징을 쳐서 자동으로 시간을 알려 주었다.

주요 내용정리

01 불교와 유교 관련 문화유산에는 어떤 것들이 있을까?

- 삼국 시대에 들어온 (　　　)는 종교는 물론 학문과 음악, 공예, 건축 등 여러 문화에 영향을 주었다. 특히 탑, 절, 불상 등이 많이 만들어졌다.
- (　　　)에서 삼강오륜을 통해 백성은 나라에 충성하고, 부모와 웃어른을 공경하며, 남녀 간에 도리를 지켜야 한다고 가르쳤다.

02 과학기술을 알 수 있는 문화유산에는 어떤 것들이 있을까?

- 통일 신라와 고려 시대에는 나무에 글자를 새겨 종이로 찍어내는 목판 인쇄술이 발달하였다. 신라의 무구정광대다라니경과 고려의 (　　　　　　)이 대표적인 문화유산이다.
- 조선 시대 (　　　) 때에는 앙부일구, 자격루, 측우기 등과 같은 과학 기구가 많이 만들어졌다.

 ## 이야기 나누기

[한국의 유네스코 세계유산에는 어떤 것들이 있을까?]

유네스코 세계유산 위원회는 국제 연합(UN)에 속해 있는 기구로, 세계의 문화유산 및 자연 유산을 보호하기 위해 만든 것이다. 이 기구는 세계 곳곳의 중요한 문화재를 세계 유산으로 정하여 보존하고 연구한다. 2019년에는 한국의 서원이 유네스코 세계유산에 선정이 되었다. 서원은 조선 시대에 만들어진 건물로, 학생들에게 유학을 가르치고 뛰어난 유학자들에게 제사를 지내는 곳이었다. 2022년에는 고려시대에 편찬된 삼국시대 역사서인 삼국유사, 2023년에는 동학농민혁명과 관련한 기록물이 조선 백성들이 주체가 되어 자유,

▲ 2019년에 유네스코 세계유산에 등재된 서원 9곳 중 병산서원과 필암서원의 모습

평등, 인권의 보편적 가치를 지향하기 위해 노력했던 세계사적 중요성을 인정받아 유네스코 세계기록유산에 선정되기도 하였다. 2024년 현재 한국은 유네스코 세계유산 16개, 세계기록유산 18개를 가지고 있다.

★ 자신의 고향 나라에서 유네스코 세계유산이나 세계기록유산에 등재된 것이 있다면 소개하는 시간을 가져 봅시다. 만약 없거나 잘 모른다면 추천하고 싶은 문화유산을 소개해 봅시다.

대단원 정리

1. 고조선 : 기원전 2333년에 단군왕검이 건국(한국 최초의 국가), 8조법으로 사회 질서 유지

2. 사다리 타기 놀이를 하면서 (가)~(마)에 들어갈 나라 이름을 써 보세요.

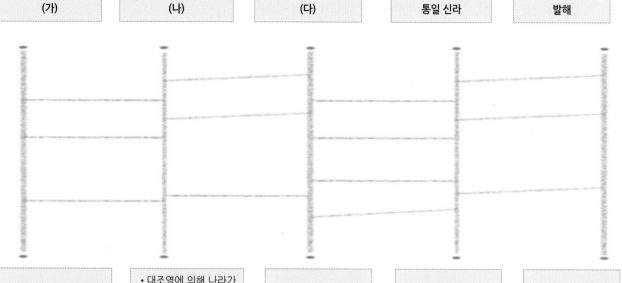

| (가) | (나) | (다) | 통일 신라 | 발해 |

- 신라에 침입한 왜를 물리침
- 5세기에 한반도 중부 지역까지 차지

- 대조영에 의해 나라가 세워짐
- [(라)] 문화를 바탕으로 주변 나라의 문화도 받아들임

- 온조에 의해 나라가 세워짐
- 4세기에 전성기를 맞이함

- 화랑도를 육성함
- 삼국 통일을 이룩함

- [(마)]와 함께 남북국이라 불림
- 석굴암, 불국사를 만들었음

3. 고려 시대

10세기	11세기	12세기	13세기	14세기
• 후삼국 통일 • 불교 강조 • 서희의 외교 담판	• 거란의 침입 • 귀주대첩	• 무신정변	• 몽골의 침략 • 직지심체요절 발행	• 홍건적과 왜구의 침입 • 위화도 회군

4. 조선 시대

14세기 말 ~15세기	16세기	17세기	18세기	19세기
• 조선 건국 • 훈민정음 창제 • 경국대전 완성	• 서원 건립 • 임진왜란(일본의 침입) • 이순신의 활약	• 병자호란(청나라의 침입)	• 수원 화성 건립(정조)	• 흥선 대원군의 개혁 정치 • 독립 협회 활동

5. 일제 강점기

일제의 식민 통치 (1910~1945)	• 강압 통치 실시 • 중 · 일 전쟁, 태평양 전쟁 때 한국인들을 강제 동원함
한국인의 독립운동	• 유관순, 김구, 이봉창, 윤봉길 등 • 대한민국 임시 정부 수립하여 독립운동 전개

01 (가)에 해당하는 국가로 옳은 것은?

이 우표에는 곰에서 인간이 된 웅녀가 환웅과 결혼하여 단군왕검을 낳은 이야기가 그려져 있습니다. 단군왕검이 세웠다고 전해지는 (가) 은/는 한국인이 세운 최초의 나라입니다.

① 신라 ② 백제 ③ 고조선 ④ 고구려

02 다음 중 고려 태조 왕건에 대한 설명으로 옳은 것은?

① 후삼국을 통일하였다.
② 과거 제도를 실시하였다.
③ 일본 군대와 싸워 이겼다.
④ 남한산성에서 청나라에 맞서 싸웠다.

03 다음 기구를 처음으로 만든 조선 시대의 왕에 대한 설명으로 옳은 것은?

앙부일구(해시계)	측우기(비의 양을 재는 기구)

① 조선을 건국하였다.
② 수원 화성을 만들었다.
③ 경국대전을 완성하였다.
④ 훈민정음을 창제하였다.

04 다음 중 한국의 독립을 위해 노력한 인물의 활동으로 옳지 <u>않은</u> 것은?

① 흥선 대원군이 척화비를 세웠다.
② 김구가 대한민국 임시 정부를 이끌었다.
③ 윤봉길이 홍커우 공원에서 의거를 일으켰다.
④ 유관순이 3·1 운동에 참여하여 만세 시위를 벌였다.

한국의 대표적인 문화유산

고조선

▲ 비파형 동검

고구려

▲ 금동 연가 7년명 여래 입상

백제

▲ 부여 정림사지 5층 석탑

신라

▲ 첨성대

통일 신라

▲ 불국사

발해

▲ 영광탑

고려

▲ 영주 부석사 무량수전

▲ 팔만대장경판

조선

▲ 삼강행실도

▲ 자격루

지도로 살펴보는 한국 역사

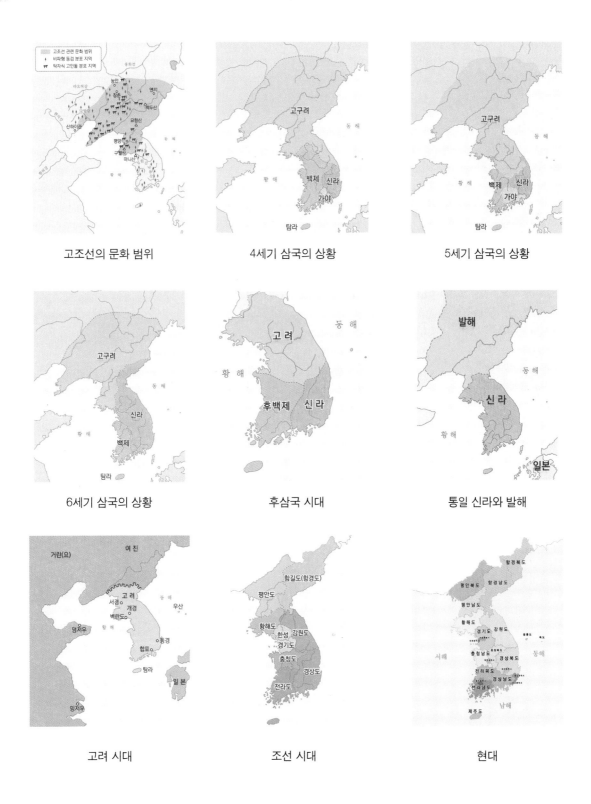

고조선의 문화 범위

4세기 삼국의 상황

5세기 삼국의 상황

6세기 삼국의 상황

후삼국 시대

통일 신라와 발해

고려 시대

조선 시대

현대

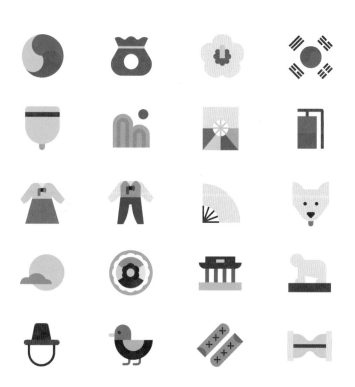

제 8 편

지리

한국의 기후와 지형

 생각해 봅시다

다음은 한국의 봄, 여름, 가을, 겨울의 모습을 보여주는 사진입니다.

01 자신이 가장 좋아하는 계절과 그 이유를 말해 볼까요?

02 한국과 자신의 고향 나라의 계절을 비교해서 말해 볼까요?

 학습목표

1. 한국의 기후와 계절의 특징을 설명할 수 있다.
2. 한국의 지형적 특징을 설명할 수 있다.

 관련 단원 확인하기

영역		제목	관련 내용
기본	사회	6. 도시와 농촌	도시와 농촌의 환경

01 한국의 기후와 계절은 어떠할까?

사계절이 나타나는 한국

북반구 중위도에 위치하고 있는 한국은 주로 온대* 기후가 나타나기 때문에 봄, 여름, 가을, 겨울로 불리는 사계절의 변화가 뚜렷한 편이다.

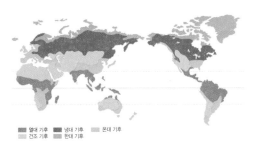

열대 기후　냉대 기후　온대 기후
건조 기후　한대 기후

▲ 세계 기후지도

사계절의 특징

한국은 계절마다 생활 모습이 다르다. 이른 봄에는 꽃샘추위*가 찾아온다. 이후에는 날씨가 따뜻해지면서 꽃이 많이 핀다. 이때 꽃구경을 나가는 사람들이 많다. 그러나 황사*나 미세먼지가 있는 날이 있으므로 이때는 외출을 삼가거나 마스크를 쓰고 나가는 것이 좋다.

여름에는 무덥고 비가 많이 온다. 최근에는 지구 온난화의 영향으로 여름이 더 길어지고 무더워지는 경향을 보인다. 여름철에 발생하는 자연재해*로는 집중 호우*, 홍수, 태풍 등이 있다. 한여름이 되면 폭염*이 나타난다. 열대야*로 밤잠을 설치기도 하고 더위를 피해 산이나 강으로 피서를 가는 사람들도 많다.

초가을에는 낮 동안 무더위가 남아 있지만, 아침, 저녁으로는 시원해진다. 가을이 더 깊어지면 비 내리는 양이 줄어 습도가 낮아지면서 맑고 화창한 날씨를 많이 볼 수 있다. 이 시기에는 울긋불긋한 단풍이 아름다워서 산으로 단풍 구경을 가는 사람들도 많다. 늦가을에는 거리에서 낙엽을 많이 볼 수 있다.

겨울은 춥고 건조하며 찬바람이 부는 날이 많다. 지역에 따라 눈이 내리는데 일부 지역에는 폭설*과 같은 자연재해도 발생한다. 겨울에는 스키, 눈썰매, 스케이트를 타는 사람들이 많다. 2월 말이면 날씨가 풀리면서 봄이 다가온다.

●온대
열대와 한대 사이에 있으며, 일년 동안의 평균 기온이 섭씨 0도에서 20도 사이로 나타나는 지역

●꽃샘추위
꽃이 피는 것을 시샘하여 찾아오는 추위라는 뜻

●황사
중국에서 날아오는 누런 모래

●자연재해
태풍, 가뭄, 홍수, 지진, 화산 폭발 등의 피할 수 없는 자연 현상으로 인해 받게 되는 피해

●집중 호우
어느 한 지역에 짧은 시간에 내리는 많은 양의 비

●폭염
매우 심한 더위

●열대야
바깥 온도가 섭씨 25도 이상인 매우 더운 밤

●폭설
갑자기 많이 내리는 눈

알아두면 좋아요 한국도 비껴가지 못하는 지구 온난화

지구 온난화란 지구 표면의 평균 온도가 점점 높아지는 현상이다. 한국은 지난 109년간(1912~2020년) 여름은 길어지고 겨울은 짧아졌으며 봄과 가을은 큰 변화가 없었다. 과거 30년(1912~1940년)에 비해 최근 30년(1991~2020년)의 여름은 20일 길어지고, 겨울은 22일 짧아졌다. 특히 여름은 118일로 약 4개월간 지속되는 가장 긴 계절이 되었다. (출처: 기상청 홈페이지)

02 한국의 지형은 어떠할까?

한국의 산지

● **산지**
산이 많은 지대

● **하천**
강이나 시내(작은 물줄기)

● **평야**
지표면이 평평하고 넓은 들

● **해안**
바다와 육지가 맞닿은 곳

● **완만하다**
경사가 가파르지 않음

● **해발 고도**
평균적인 바다면을 기준으로
측정한 높이

● **하류**
하천의 아래 쪽

지형이란 땅의 모습을 말한다. 한국의 지형에는 산지●, 하천●, 평야●, 해안●
등이 있다. 한국은 국토의 약 65%가 산지다. 서쪽에 있는 산은 비교적 낮고
완만한● 편이지만 북동쪽에 있는 산은 해발 고도●가 1000m가 넘어 서쪽에
있는 산보다 높다. 이를 가리켜 '동고서저'라고 한다. 동쪽에는 한반도의
등줄기라고 불리는 태백산맥이 있다. 설악산, 오대산 등이 여기에 속한다.
한국에서 가장 높은 산은 제주도에 있는 한라산(1950m)이다.

▲ 한반도의 산

한국의 하천과 평야

산에서 흘러 내려오는 물은 강을 이루는데 한국은 북동쪽에 높은 산지가 있기 때문에 강물은
대부분 서해나 남해로 흘러간다. 한강, 금강, 낙동강, 영산강 등이 대표적인 강이다. 한국의
남서쪽에서는 강 하류●와 그 주변으로 펼쳐져 있는 넓은 평야를 볼 수 있다. 김포평야, 호남
평야, 나주평야 등이 대표적이며 여기서는 한국인의 주식인 쌀을 많이 생산한다.

한국의 해안

● **해안선**
바다와 육지가 맞닿은 선

● **밀물**
바닷물이 들어와 있는 상태

● **썰물**
바닷물이 빠져 있는 상태

● **갯벌**
바닷물이 빠졌을 때에 드러나는
넓은 진흙 벌판

● **연안**
강이나 바다 근처의 물가

한국은 동쪽, 서쪽, 남쪽 이렇게 삼면이 바다와 맞닿
아 있어 다양한 해안 지형을 볼 수 있다. 동해안은
해안선●이 단순하며 섬이 거의 없다. 또한, 수심(바다의
깊이)이 깊고 모래사장이 발달해 있다. 반면 서해안과
남해안은 해안선이 복잡하고 섬이 많다. 또한, 수심이
얕고 밀물●일 때와 썰물●일 때의 차이가 커서 갯벌●이 발달해 있다. 특히 서해안의 갯벌은
미국 동부의 조지아 연안●, 캐나다 동부 연안, 브라질의 아마존 유역 연안, 유럽의 북해 연안과
함께 세계 5대 갯벌에 속한다.

▲ 세계 5대 갯벌

알아두면 좋아요 한반도라 불리는 한국

한반도는 한국의 국토를 지형적 특징으로 부르는 말이다. 반도는 한 면이 육지와 이어져 있고 삼면이 바다로 둘러싸여 있는 땅을 말한다. 대륙
에서 바다쪽으로 땅이 좁고 길게 튀어나와 있는 모습이다. 한반도는 예로부터 새로운 문화를 받아들여 전파해 주는 통로의 역할을 하였다. 또한
대륙과 바다 양쪽에서 한반도를 침략하기도 하였다. 한국이 무역을 통한 경제성장을 할 수 있었던 것도 반도적 위치가 유리한 조건으로 작용
했기 때문이다. 세계 여러 곳에도 반도가 있는데 인도차이나 반도, 이탈리아 반도, 플로리다 반도 등이 대표적이다.

▲ 한반도

주요 내용정리

01 한국의 기후와 계절은 어떠할까?

- 이른 봄에는 갑자기 추워지는 (   )가 찾아온다.
- 여름철에는 밤에도 기온이 25도 이상을 넘는 (   ) 현상이 나타나기도 한다.
- 가을은 화창한 날씨가 지속되며 울긋불긋한 (   ) 구경을 가는 사람들이 많다.
- 겨울에는 지역에 따라 눈이 내리는데 일부 지역에는 (   )과 같은 자연재해도 발생한다.

02 한국의 지형은 어떠할까?

- 한국은 국토의 65%가 (   )이며 '동고서저'의 형태이다.
- 강 하류는 넓은 (   )가 발달해 있는데 김포평야, 호남평야, 나주평야 등이 그 예이다.
- (   )은 해안선이 단순하며 섬이 거의 없고, 서해안과 남해안은 해안선이 복잡하고 섬이 많다.
  서해안에는 매우 넓은 (   )이 발달해 있다.

 ## 이야기 나누기

[제비가 낮게 날면 비가 올까?]

제비가 낮게 날면 곧 비가 온다는 말은 정말일까? 인간은 쉽게 느끼지 못하지만 동물이나 곤충은 공기 중의 습도 변화를 쉽게 알아챈다. 습기가 많으면 곤충은 날개가 젖게 되어 날개를 사용하기 어렵게 된다. 날씨가 흐려지면 습기가 많아지는데 이때 곤충들은 날기 힘들어져 풀숲이나 땅에 내려앉아 숨을 곳을 찾는다. 곤충이 땅에 많이 내려와 있으니 제비는 땅 근처에서 먹잇감을 찾기 위해 낮게 날아다니는 것이다.

또한, 저녁에 달무리가 보이면 다음 날 비가 온다고도 한다. 달무리는 공기 중의 작은 얼음 알갱이 때문에 달 주변에 동그란 빛의 띠가 있는 것처럼

▲ 달무리의 모습

보이는 현상이다. 달무리가 나타나는 것은 주변이 저기압이라는 것을 뜻하므로 머지않아 비가 오는 경우가 많다.

★ 자신의 고향 나라에서 많이 알려져 있는 날씨와 관련된 속담이나 행동 방식을 이야기해 봅시다.

46 지리 수도권

 생각해 봅시다

다음은 한국의 수도권에 있는 여러 장소를 보여주는 사진입니다.

남산

청계천

01 다음 사진 중에서 여러분이 알고 있는 곳은 어디입니까?

동대문

민속촌

에버랜드

인천국제공항

02 수도권에 많은 사람들이 모여 사는 이유는 무엇일까요?

 학습목표

1. 수도권의 위치, 인구, 산업에 대해 설명할 수 있다.
2. 수도권의 관광 명소와 축제에 관심을 가지고 참여할 수 있다.

 관련 단원 확인하기

영역		제목	관련 내용
기본	사회	6. 도시와 농촌	도시의 특징과 변화

01 수도권의 모습은 어떠할까?

한국의 수도, 서울특별시

한국의 수도*인 서울은 정치·경제·문화·역사의 중심지이다. 국회, 대법원 등과 같은 주요 국가 기관, 대기업과 금융기관의 본사, 각종 문화 시설, 여가 시설, 대학교, 대규모 상업 시설 등이 자리잡고 있다. 그리고 지하철, 버스 등과 같은 대중교통 시설이 잘 갖추어져 있다. 서울은 전체 국토 면적의 0.6%밖에 안 되지만 서울의 인구는 2023년 기준으로 약 940만 명 정도로 한국 전체 인구의 약 1/5에 해당한다.

▶ 수도권의 위치

●**수도**
한 나라의 중앙 정부가 있는 도시

●**신도시**
대도시 근처에 계획적으로 새로 만든 도시

경기도

경기도는 한국의 9개 도 중에서 가장 많은 인구를 가진 곳으로 2023년 기준 약 1,400만 명이 산다. 서울의 넘쳐나는 인구를 수용하기 위해 경기도에는 신도시*가 계속 생겨나고 있고 그 영향으로 주거 시설, 교육, 문화 등이 발달했다. 지하철과 버스가 서울과 잘 연결되어 있어서 매일 서울과 경기도를 오가는 직장인과 학생이 매우 많다. 경기도는 일찍부터 농업, 공업, 축산업, 어업 등 여러 종류의 산업이 골고루 발달하였다.

인천광역시

인천은 한국 제2의 항구 도시로 2023년 기준으로 인구는 약 300만 명이다. 제물포라고 불렸던 작은 항구에서 시작한 인천은 일찍부터 한국의 중요한 항구 도시로서 교류와 무역에서 큰 역할을 담당해 왔다. 또한, 한국 최대의 공항인 인천국제 공항이 동아시아의 대표적인 국제공항으로 자리

▲ 인천국제공항(사진 출처: 〈연합뉴스〉)

잡았고, 2014년에는 인천아시안게임을 개최하여 인천이라는 이름이 널리 알려지게 되었다.

알아두면 좋아요 수도권의 도시 문제

1960년대 이후 경제 개발과 함께 시작된 산업화는 수도권에 인구와 기능이 집중되는 결과를 가져왔다. 많은 인구와 중요한 기능이 한 지역에 몰려 있기 때문에 빠르고 효율적인 경제 개발을 하는 데 도움이 되었지만 한편으로는 좁은 지역에 인구와 산업이 지나치게 집중되어 있어서 땅값 상승, 주택 부족, 교통난, 환경오염과 같은 도시 문제가 많이 나타났다.

▲ 교통난

02 수도권의 관광 명소와 축제에는 무엇이 있을까?

수도권의 명소°와 축제

● 명소
아름다운 경치나 유적, 특산물 등으로 유명한 장소

● 휴양림
편안히 쉬면서 건강을 잘 돌보게 할 목적으로 만든 숲

● 인삼
건강에 도움을 주는 약초로 뿌리를 먹는 두릅나뭇과의 여러해살이풀. 또는 그 뿌리

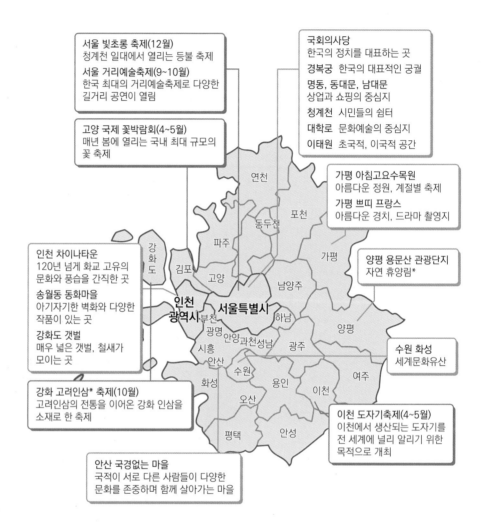

서울 빛초롱 축제(12월)
청계천 일대에서 열리는 등불 축제
서울 거리예술축제(9~10월)
한국 최대의 거리예술축제로 다양한 길거리 공연이 열림

고양 국제 꽃박람회(4~5월)
매년 봄에 열리는 국내 최대 규모의 꽃 축제

국회의사당
한국의 정치를 대표하는 곳
경복궁 한국의 대표적인 궁궐
명동, 동대문, 남대문
상업과 쇼핑의 중심지
청계천 시민들의 쉼터
대학로 문화예술의 중심지
이태원 초국적, 이국적 공간

가평 아침고요수목원
아름다운 정원, 계절별 축제
가평 쁘띠 프랑스
아름다운 경치, 드라마 촬영지

인천 차이나타운
120년 넘게 화교 고유의 문화와 풍습을 간직한 곳
송월동 동화마을
아기자기한 벽화와 다양한 작품이 있는 곳
강화도 갯벌
매우 넓은 갯벌, 철새가 모이는 곳

양평 용문산 관광단지
자연 휴양림*

수원 화성
세계문화유산

강화 고려인삼* 축제(10월)
고려인삼의 전통을 이어온 강화 인삼을 소재로 한 축제

이천 도자기축제(4~5월)
이천에서 생산되는 도자기를 전 세계에 널리 알리기 위한 목적으로 개최

안산 국경없는 마을
국적이 서로 다른 사람들이 다양한 문화를 존중하며 함께 살아가는 마을

알아두면 좋아요 도심 속 한옥 마을 길을 걸어 볼까요?

북촌 한옥마을은 경복궁과 창덕궁 사이에 있는 마을이다. 이 지역은 예로부터 청계천과 종로의 윗동네라는 뜻으로 '북촌'이라는 이름으로 불리었다. 많은 역사적 유적과 문화재, 민속자료가 있어 도심 속의 박물관이라 불리는 곳이기도 하다. 이 지역에는 1930년대 지은 개량 한옥 900여 채가 밀집해 있다. 1906년 호적 자료에 따르면 북촌은 양반과 관료들의 집이 중심을 이루는 지역이었다고 한다.

▲ 북촌한옥마을

주요 내용정리

01 수도권의 모습은 어떠할까?

- ( )은 한국의 수도로 정치·경제·문화·역사의 중심지이다. 한국 전체 인구의 약 1/5 정도가 서울에 살고 있다.
- ( )는 한국의 9개 도 중에서 가장 많은 인구를 가진 곳으로 농업, 공업, 축산업, 어업 등이 골고루 발달하였다.
- 인천은 한국 제2의 항구 도시로 한국 최대의 공항인 ( )이 자리 잡고 있다.

02 수도권의 관광 명소와 축제에는 무엇이 있을까?(※ 맞으면 O, 틀리면 X 하시오.)

- 서울의 국회의사당은 한국의 역사를 대표하는 장소이다. ( )
- 수원 화성은 세계문화유산이다. ( )
- 인천의 강화도 갯벌은 넓은 규모와 아름다움을 자랑하는 곳으로 철새들이 많이 모이는 곳이기도 하다. ( )

 ## 이야기 나누기

[걸어서 서울을 여행해 볼까? - 서울 두드림길]

서울 두드림길은 서울의 아름다운 생태(생물이 살고 있는 상태), 역사, 문화 등을 천천히 걸으면서 느끼고 배우고 체험할 수 있는 도보 중심의 길이다. 도심에서 '자연의 느림과 여유'를 만끽할 수 있는 코스로 인기가 높다. 서울 두드림길은 서울 둘레길과 그 밖의 길(한양 도성길, 근교 산자락길, 생태문화길, 한강/지천길)로 구분된다. 서울 둘레길 157Km를 모두 걷고 28개의 스탬프를 모으면 서울시장 이름이 적힌 '서울 둘레길 완주 인증서'도 받을 수 있다. (누리집: gil.seoul.go.kr)

▲ 서울 둘레길 8개 코스

★ 서울을 걸어서 여행한다면 어디를 가보고 싶은지, 그 이유는 무엇인지 이야기해 봅시다. (서울 이외에 수도권의 다른 곳을 여행하고 싶다면 그곳에 대해 이야기해도 좋습니다.)

 지리 **충청 지역**

 생각해 봅시다

다음은 충청 지역의 축제 모습입니다.

▲ 백제 문화제

▲ 대전 사이언스 페스티벌

01 다음 축제 중 가장 체험해 보고 싶은 축제는 무엇입니까?

▲ 보령 머드축제

▲ 금산 인삼축제

02 축제 사진을 봤을 때 충청 지역은 어떤 특징을 가지고 있을 거라고 생각합니까?

 학습목표

1. 충청 지역의 지리적 특징을 설명할 수 있다.
2. 충청 지역의 관광 명소와 축제에 관심을 가지고 참여할 수 있다.

 관련 단원 확인하기

영역		제목	관련 내용
기본	역사	39. 삼국시대와 남북국시대	백제

01 충청 지역의 모습은 어떠할까?

충청 지역의 위치

충청 지역은 서쪽으로 바다와 만나고 동쪽으로는 경상도, 남쪽으로는 전라도와 맞닿아 있다. 그리고 동북쪽으로는 강원도, 북쪽으로는 경기도 지역과 닿아 있다. 충청 지역은 한국의 중간 부분에 있어서 한양(지금의 서울)이 수도였던 조선 시대부터 지금까지 수도권과 경상 지역, 전라 지역을 이어주는 교통의 중심지 역할을 하고 있다.

▶ 충청 지역의 위치

• **도읍지**
(옛날에) 한 나라의 수도인 곳

충청도

충청 지역은 충청남도, 충청북도, 대전광역시, 세종특별자치시를 포함하는 지역이다. 충청도의 이름은 과거에 이 지역의 큰 도시였던 충주와 청주의 앞글자에서 따왔다. 충청남도는 삼국 시대에 백제의 중심 지역이었다. 백제의 도읍지•였던 공주와 부여에서는 수많은 백제 문화유산을 찾아볼 수 있다. 충청북도는 한국의 9개 도 중에서 유일하게 바다와 접하지 않는 지역이다. 국제공항과 KTX 오송역이 있는 청주, 충주호가 있는 충주 등이 있다.

세종특별자치시

세종특별자치시는 국토의 균형 발전과 수도권의 인구 집중을 해결하기 위하여 만들어진 도시이다. 국무총리실, 기획재정부, 교육부, 고용노동부 등 중앙 행정 기관과 연구 기관이 위치하고 있어서 국가 행정 기능의 일부를 담당하고 있다. 세종특별자치시는 충청 지역의 새로운 중심지 역할을 할 것으로 기대되고 있다.

▲ 세종특별자치시

대전광역시

대전광역시는 세종특별자치시와 함께 충청 지역을 대표하는 도시이다. 1974년부터 만들어진 대덕연구 단지는 대전을 과학 도시로 자리 잡게 했다. 대전광역시에서는 1993년 세계 과학 엑스포가 개최되었고 매년 10월에는 대전 사이언스 페스티벌이 열리고 있다.

알아두면 좋아요 **정도전과 도담삼봉**

충청북도 단양에 있는 '단양 팔경'은 여덟 가지의 아름다운 경치를 가진 곳을 말한다. 단양 팔경 중 첫 번째로 꼽히는 것이 도담삼봉이다. 도담삼봉은 단양읍 도담리에 있는 세 개의 봉우리로 된 섬이다. 도담삼봉은 이성계가 조선을 세울 때 그를 도왔던 학자 정도전에 관한 이야기로 유명하다. 정도전은 도담삼봉을 무척 좋아해서 중앙에 있는 봉우리에 정자(경치가 좋은 곳에 휴식을 위해 지은 집)를 짓고 시를 읊기도 했다. 정도전의 호(본래 이름 외에 또 다른 이름)는 삼봉인데 이는 도담삼봉에서 따온 것이다.

▲ 도담삼봉

02 충청 지역의 관광 명소와 축제에는 무엇이 있을까?

충청 지역의 명소와 축제

● 왕릉
임금의 무덤

● 명승지
경치가 좋아서 유명한 곳

● 진흙
빛깔이 붉고 물기가 있어 잘
들러붙는 흙

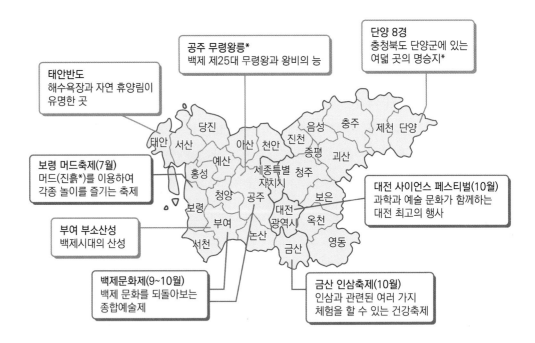

단양 8경
충청북도 단양군에 있는
여덟 곳의 명승지*

공주 무령왕릉*
백제 제25대 무령왕과 왕비의 능

태안반도
해수욕장과 자연 휴양림이
유명한 곳

보령 머드축제(7월)
머드(진흙*)를 이용하여
각종 놀이를 즐기는 축제

대전 사이언스 페스티벌(10월)
과학과 예술 문화가 함께하는
대전 최고의 행사

부여 부소산성
백제시대의 산성

백제문화제(9~10월)
백제 문화를 되돌아보는
종합예술제

금산 인삼축제(10월)
인삼과 관련된 여러 가지
체험을 할 수 있는 건강축제

알아두면 좋아요 대통령의 별장, 청남대에 가볼까요?

청남대는 충청북도 청주시에 위치하고 있으며, 20여 년간 대통령의 별장으로 사용되었던 곳이다. 2003년에 노무현 대통령이 소유권을 충청북도에 넘긴 뒤로는 대통령 별장으로서의 기능은 사라졌고, 현재는 일반인에게 개방되면서 인기 있는 관광지가 되었다. 다양한 문화 행사가 열리기도 한다. 드라마 촬영지로도 유명한 청남대 진입로는 아름다운 자연을 느낄 수 있는 곳이다. 승용차 입장을 하루 500대로 제한하고 있으니 청남대에 가려면 누리집에서 미리 예약을 하고 가는 것이 좋다.(누리집: http://chnam.chungbuk.go.kr/)

▲ 청남대

주요 내용정리

01 충청 지역의 모습은 어떠할까?

- 충청 지역은 수도권과 경상 지역, 전라 지역을 이어주는 (   )의 중심지로서의 역할을 하고 있다.
- 충청도에는 (   )의 도읍지였던 공주와 부여가 있어 많은 문화유산을 찾아볼 수 있다.
- (   )는 국토의 균형 발전과 수도권의 인구 집중을 해결하기 위하여 만들어진 도시이다.
- 대전광역시는 대덕연구단지가 있는 곳으로 (   ) 기술 발전에 중요한 역할을 담당하는 도시이다.

02 충청지역의 관광 명소와 축제에는 무엇이 있을까?

- (   )에서는 진흙을 이용한 머드 축제가 열린다.
- (   )에서는 과학과 예술 문화가 함께하는 사이언스 페스티벌이 열린다.
- 충청남도 공주와 부여에서는 역사·문화 축제인 (   )가 열린다.

 ## 이야기 나누기

[꽃이 떨어진 절벽, 낙화암(落花岩)의 전설]

낙화암은 충청남도 부여군 백마강변의 부소산에 있는 바위이다. 백제 시대에 신라와 중국 당나라의 연합군이 백제의 도읍지를 점령하자 백제의 왕이었던 의자왕의 후궁(왕비 외에 왕이 데리고 사는 여인)과 궁녀(궁궐에서 왕과 왕비를 돕는 여인)들이 낙화암에서 뛰어내렸다는 전설이 전해지는 곳이다. 낙화암이 있는 부소산성은 세계문화유산으로 등재된 백제역사유적지구이다. 그리고 낙화암 아래 백마강가 절벽에 있는 고란사는 백제가 멸망할 때 낙화암에서 죽었다고 하는 궁녀들의 영혼을 위로하기 위하여 1028년(고려 현종 19년)에 지어진 절이다.

▲ 낙화암

★ 자신의 고향 나라 또는 지역에 전해 내려오는 전설에 대해 이야기해 봅시다.

 생각해 봅시다

다음은 전라 지역의 유명한 음식입니다.

▲ 전주의 비빔밥

▲ 나주의 곰탕

▲ 남원의 추어탕

▲ 광주의 삼합

01 사진 속의 음식을 먹어 보았거나 본 적이 있습니까? 어떤 맛이었습니까?

02 자신의 고향이나 고향 나라를 대표하는 음식에 대해 말해 볼까요?

학습목표

1. 전라 지역의 위치, 자원, 산업에 대해 설명할 수 있다.
2. 전라 지역의 관광 명소와 축제에 관심을 가지고 참여할 수 있다.

 관련 단원 확인하기

영역		제목	관련 내용
기본	문화	14. 전통 의식주	한국 음식의 종류와 특징

01 전라 지역의 모습은 어떠할까?

전라 지역의 위치

전라 지역은 한국의 서남부에 위치하고 있으며 호남 지역이라고 불리기도 한다. 북쪽으로는 충청남도와, 동쪽으로는 경상도와 맞닿아 있다. 그리고 서쪽과 남쪽으로는 바다(서해, 남해)와 마주하고 있고 해안 지역에는 넓은 갯벌이 있다.

▲ 양식장

▶ 전라 지역의 위치

전라도

전라 지역은 전라남도와 전라북도, 광주광역시를 포함하는 지역이다. 전라도는 과거에 이 지역의 큰 도시였던 전주와 나주의 앞글자를 합하여 만든 이름이다. 전라도는 평야 지역에서 쌀을 많이 생산하고 서해와 남해의 양식장*에서는 다양한 해산물을 생산하고 있다. 전라도는 이와 같이 풍부한 식량 자원을 바탕으로 음식 문화가 크게 발달하였다. 또한, 판소리*, 민요* 등과 같은 전통문화도 잘 보존되어 있는 편이다.

한편, 최근에는 중국과의 교류가 늘어나면서 새만금 간척*지구, 목포항 등을 중심으로 전라 지역의 상업과 무역이 발달하고 있다. 서해안 고속도로, KTX 등으로 교통이 더욱 편리해지면서 전라 지역을 찾는 기업체와 사람들의 수도 증가하고 있고 이에 따라 발전이 더욱 기대된다. 2012년에는 여수에서 세계 박람회가 개최되기도 하였다.

● **양식장**
물고기, 김, 미역, 조개 등을 인공적으로 길러서 자라게 하는 곳

● **판소리**
이야기를 긴 노래로 만들어 부르는 한국 전통 음악

● **민요**
서민의 생활과 감정 등을 담은 노래

● **간척**
바다나 호수를 막아 그 안의 물을 빼내어 육지로 만드는 일

광주광역시

광주광역시는 전라 지역 최대의 도시로 정치, 경제, 사회, 문화의 중심지로 발전해 왔다. 또한 자동차, 타이어, 첨단 산업, 가전제품 등 다양한 분야의 공업 단지가 들어서 있다. 그리고 국립아시아문화전당, 광주비엔날레 등을 통해 다양한 문화 콘텐츠도 제공하고 있다.

알아두면 좋아요 전라도에 가서 푸짐하게 먹어 볼까요?

많은 사람들이 전라도 하면 음식을 먼저 떠올리는 경우가 많다. 전라도 내에서도 지역마다 도시마다 유명한 음식이 다르다. 전주는 비빔밥, 콩나물국밥 등이 유명하고 나주는 곰탕, 홍어 등이 유명하다. 광주의 삼합(홍어, 삶은 돼지고기, 김치), 화순의 기정떡, 담양의 떡갈비, 영광의 굴비 정식도 널리 알려져 있다. 남원의 추어탕, 보성의 꼬막 정식과 녹차 떡갈비, 목포의 세발낙지 등도 빼놓을 수 없다. 전라도로 여행을 간다면 음식점에는 꼭 들러야 한다.

▲ 전라 지역의 한정식

02 전라 지역의 관광 명소와 축제에는 무엇이 있을까?

전라 지역의 명소와 축제

- **비엔날레**
비엔날레의 사전적 의미는 '2년마다'이다. 일반적으로 2년에 한 번씩 열리는 미술 행사를 가리킨다.

- **춘향**
춘향전이라는 이야기의 여자 주인공

- **유적지**
역사적인 사건이 일어난 곳

- **잔치**
여러 사람이 함께 모여 기쁜 일을 축하하며 즐기는 것

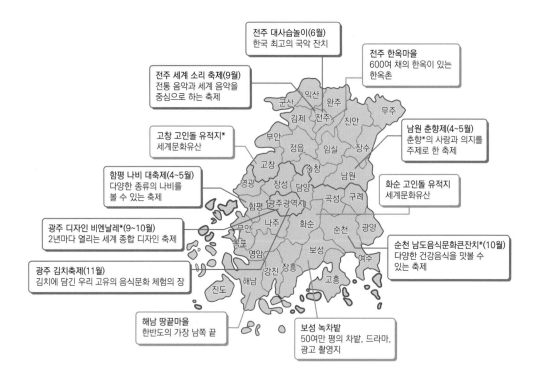

전주 대사습놀이(6월)
한국 최고의 국악 잔치

전주 한옥마을
600여 채의 한옥이 있는 한옥촌

전주 세계 소리 축제(9월)
전통 음악과 세계 음악을 중심으로 하는 축제

고창 고인돌 유적지*
세계문화유산

남원 춘향제(4~5월)
춘향*의 사랑과 의지를 주제로 한 축제

함평 나비 대축제(4~5월)
다양한 종류의 나비를 볼 수 있는 축제

화순 고인돌 유적지
세계문화유산

광주 디자인 비엔날레*(9~10월)
2년마다 열리는 세계 종합 디자인 축제

순천 남도음식문화큰잔치*(10월)
다양한 건강음식을 맛볼 수 있는 축제

광주 김치축제(11월)
김치에 담긴 우리 고유의 음식문화 체험의 장

해남 땅끝마을
한반도의 가장 남쪽 끝

보성 녹차밭
500여만 평의 차밭, 드라마, 광고 촬영지

알아두면 좋아요 고창과 화순의 고인돌 유적지를 찾아가 보자.

고인돌은 청동기 시대의 대표적인 유물이다. 한국에서는 전북 고창군과 전남 화순군, 인천광역시 강화군이 고인돌을 많이 볼 수 있는 지역이다. 고창 고인돌은 산기슭을 따라 447기의 고인돌이 약 1.8Km나 쭉 이어져 있다. 한국뿐만 아니라 세계적으로도 고인돌이 가장 많이 밀집(빽빽하게 붙어 있음)되어 있는 지역으로 유명하다. 화순 고인돌 유적지에는 고인돌의 축조 과정을 보여주는 채석장이 발견돼 당시의 석재를 다루는 기술, 축조와 운반 방법 등을 확인할 수 있는 유적으로 평가된다. 특히 주변 암벽에 고인돌의 덮개돌을 떼었던 흔적이 그대로 남아 있어 고인돌을 만들었던 과정을 알 수 있다.

▲ 화순 고인돌 유적지

주요 내용정리

01 전라 지역의 모습은 어떠할까?

- 전라 지역은 한국의 서남부에 위치하고 있으며 (　　　)지역이라고 불리기도 한다.
- 전라 지역은 다양한 농산물, 수산물 등 식량 자원을 바탕으로 (　　　　)가 크게 발달하였다.
- (　　　　)는 전라 지역 최대의 도시로 자동차, 타이어, 첨단 산업 등이 발달하였다.

02 전라 지역의 관광 명소와 축제에는 무엇이 있을까?

- (　　　)은 청동기 시대의 무덤으로 전북 고창군과 전남 화순군에 많이 분포되어 있다.
- (　　　)의 한옥 마을은 600여 채의 한옥이 있는 곳으로 한국의 전통 집을 볼 수 있다.
- (　　　) 디자인 비엔날레는 2년마다 열리는 세계 종합 디자인 축제이다.
- 전주 (　　　　)는 한국 전통음악을 알리고, 세계의 음악과 소통하기 위해 열리는 축제이다.

 ## 이야기 나누기

[〈여수 밤바다〉 노래에 푹 빠져 보자]

노래: 버스커버스커

여수 밤바다 이 조명에 담긴 아름다운 얘기가 있어　　여수 밤바다 이 바람에 걸린 알 수 없는 향기가 있어
네게 들려 주고파 전활 걸어 뭐하고 있냐고　　　　네게 전해 주고파 전활 걸어 뭐하고 있냐고
나는 지금 여수 밤바다 여수 밤바다　　　　　　　나는 지금 여수 밤바다 여수 밤바다

아 아 아 아 아 어 어　　　　　　　　　　　　　아 아 아 아 아 어 어

너와 함께 걷고 싶다　　　　　　　　　　　　　너와 함께 걷고 싶다
이 바다를 너와 함께 걷고 싶어　　　　　　　　이 바다를 너와 함께 걷고 싶어
이 거리를 너와 함께 걷고 싶다　　　　　　　　이 거리를 너와 함께 걷고 싶다
이 바다를 너와 함께 걷고 싶어　　　　　　　　이 바다를 너와 함께 너와 함께 오

여수 밤바다

★ 위의 노래를 듣고 어떤 느낌이 드는지 이야기해 봅시다. 그리고 자신의 고향 나라의 지역 명소 이름이
들어간 노래를 소개해 봅시다.

 ## 생각해 봅시다

다음은 경상 지역을 대표하는 장소의 모습입니다.

▲ 부산 해운대

▲ 경주 역사유적지구

01 다음 장소 중에서 가장 가보고 싶은 곳은 어디 입니까? 그 이유는 무엇입니까?

▲ 안동 하회마을

▲ 울산 조선소

02 다음의 장소를 보고 자신이 알고 있는 경상 지역 의 정보를 이야기해 볼까요?

학습목표

1. 경상 지역의 위치, 자원, 산업에 대해 설명할 수 있다.
2. 경상 지역의 관광 명소와 축제에 관심을 가지고 참여할 수 있다.

 ## 관련 단원 확인하기

영역		제목	관련 내용
기본	역사	39. 삼국시대와 남북국시대	신라
		44. 한국의 문화 유산	불교문화, 유교문화

01 경상 지역의 모습은 어떠할까?

경상 지역의 위치

경상 지역은 한국의 동남부에 위치하고 있고 영남 지역이라고도 불린다. 북쪽으로는 강원도, 서북쪽으로는 충청북도, 서쪽으로는 전라도와 맞닿아 있다. 그리고 동쪽으로는 동해, 남쪽으로는 남해를 마주하고 있다.

▶ 경상 지역의 위치

경상도

경상 지역은 경상남도와 경상북도, 대구광역시, 울산광역시, 부산광역시를 포함하는 지역이다. 경상도는 과거에 이 지역의 큰 도시였던 경주와 상주의 앞글자를 합하여 만들어졌다. 경상 지역에는 자동차, 조선, 철강, 기계 등을 만드는 공업 단지가 많이 들어서 있다. 한편, 경상 북도에서는 경주를 중심으로 신라의 불교 문화유산을, 안동을 중심으로 조선의 유교 문화 유산을 많이 찾아볼 수 있다. 한국의 가장 오른쪽에 있는 섬인 독도는 경상북도에 속한다.

대구광역시

대구광역시는 주변이 산으로 둘러싸여 있는 분지*에 자리 잡고 있다. 바다에서도 멀리 떨어져 있어 다른 지역에 비해 더운 편이다. 과거에 대구의 대표적인 산업은 섬유 공업이었으나 최근에는 자동차 부품, 로봇 산업, 물 산업* 등에 집중하고 있다.

● **분지**
주위가 더 높은 지형으로 둘러싸인 평지

울산광역시

울산광역시는 한국에서 가장 큰 중화학 공업 도시이다. 1960년대 후반에 자동차와 석유 화학 공업 단지가 생겼고, 1970년대에 조선소가 생기면서 한국의 대표적인 공업 도시로 성장하였다.

▲ 울산 조선소

● **물 산업**
인간의 삶에 꼭 필요한 깨끗한 물을 공급하기 위한 산업

부산광역시

부산은 한국에서 두 번째로 큰 도시이고 제1의 무역항이다.
바다와 접해 있어 수입과 수출에 유리하기 때문에 수많은 물품이 부산항을 통해 들어오고 나간다. 부산은 수산업도 발달했으며 해운대, 광안리 등과 같이 유명한 해수욕장*도 많다.

● **해수욕장**
사람들이 바닷물에서 헤엄치고 놀 수 있도록 시설을 갖춘 바닷가

알아두면 좋아요 경상도 음식 먹어 봤어요?

경상도는 동해와 남해에서 생산되는 해산물이 풍부하다. 물고기를 고기라고 할 정도로 생선을 즐겨 먹고 대체로 음식이 짜고 매운 편이다. 특히 해산물에 고춧가루를 많이 넣어 만든 음식을 즐겨 먹는데 아구찜, 가오리찜 등이 유명하다. 그 외에 안동의 식혜, 부산의 돼지 국밥과 밀면, 경상도 여러 지역의 재첩국 등도 널리 알려져 있다.

▲ 안동 식혜

02 경상 지역의 관광 명소와 축제에는 무엇이 있을까?

경상 지역의 명소와 축제

• 진주 남강 유등

• 유등
기름으로 켜는 등불

• 서원
조선 시대에 선비들이 모여
학문을 토론하거나 뛰어난
학자 등에게 제사 지내던 곳

• 늪
땅바닥이 진흙으로 우묵하고
깊게 파이고 항상 물이 많이
괴어 있는 곳

• 고분
아주 먼 옛날에 만들어진 무덤

• 암각화
바위에 새긴 그림

• 대첩
크게 이김

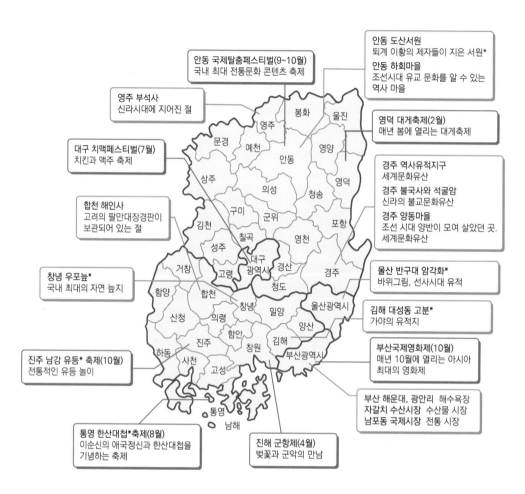

안동 국제탈춤페스티벌(9~10월)
국내 최대 전통문화 콘텐츠 축제

영주 부석사
신라시대에 지어진 절

대구 치맥페스티벌(7월)
치킨과 맥주 축제

합천 해인사
고려의 팔만대장경판이
보관되어 있는 절

창녕 우포늪*
국내 최대의 자연 늪지

진주 남강 유등* 축제(10월)
전통적인 유등 놀이

통영 한산대첩*축제(8월)
이순신의 애국정신과 한산대첩을
기념하는 축제

안동 도산서원
퇴계 이황의 제자들이 지은 서원*
안동 하회마을
조선시대 유교 문화를 알 수 있는
역사 마을

영덕 대게축제(2월)
매년 봄에 열리는 대게축제

경주 역사유적지구
세계문화유산
경주 불국사와 석굴암
신라의 불교문화유산
경주 양동마을
조선 시대 양반이 모여 살았던 곳.
세계문화유산

울산 반구대 암각화*
바위그림, 선사시대 유적

김해 대성동 고분*
가야의 유적지

부산국제영화제(10월)
매년 10월에 열리는 아시아
최대의 영화제

부산 해운대, 광안리 해수욕장
자갈치 수산시장 수산물 시장
남포동 국제시장 전통 시장

진해 군항제(4월)
벚꽃과 군악의 만남

알아두면 좋아요 경주에 가면 신라를 만날 수 있다

경주는 신라의 수도였던 곳으로 신라 1,000년의 예술과 문화를 잘 보여주는 곳이다. 불국사, 석굴암 등 신라 시대의 뛰어난 불교 유적과 생활 유적이 모여 있어서 도시 전체가 유네스코 세계문화유산으로 지정되었다. 이런 이유로 예전에는 수학여행지로써 인기가 많았다. 경주 시내에 있는 불국사, 석굴암, 첨성대, 천마총, 안압지, 국립 경주 박물관은 경주 여행의 필수 코스이다. 게다가 동해와 접해 있어 봉길리 앞바다에 가면 신라 문무왕의 수중릉인 문무대왕릉도 볼 수 있다.

▲ 석굴암
토함산 동쪽에 있는
통일신라 시대의
석굴 사원

주요 내용정리

01 경상 지역의 모습은 어떠할까?

- 경상 지역은 한국의 동남부에 위치하고 있으며 (   )지역이라고도 불린다.
- 경상 지역에는 공업 단지가 많이 들어서 있고 (   )에서는 신라의 불교 문화유산을, 안동에서는 조선의 유교 문화유산을 많이 찾아볼 수 있다.
- (   )는 분지 지형으로 다른 지역에 비해 더운 편이다.
- (   )는 한국에서 가장 큰 중화학 공업 도시이다.
- (   )는 한국에서 두 번째로 큰 도시이고 제1의 무역항이다.

02 경상 지역의 관광 명소와 축제에는 무엇이 있을까?

- (   )에서는 매년 10월 아시아 최대의 국제 영화제가 열린다.
- 합천 (   )에는 고려 시대에 만든 팔만대장경판이 보관되어 있다.
- 안동 (   )은 조선 시대 유교 문화를 살펴볼 수 있는 역사 마을이다.
- 통영의 한산대첩축제는 (   ) 장군의 애국 정신과 한산대첩을 기념하는 축제이다.

 ## 이야기 나누기

[10월이 되면 국제 영화제로 뜨거워지는 부산]

부산은 매년 10월 초가 되면 도시 전체가 축제 분위기로 바뀐다. 1996년 1회를 시작으로 2023년에 어느덧 28회를 넘긴 부산 국제 영화제(BIFF; Busan International Film Festival)가 열리기 때문이다. 부산 국제 영화제는 한국 영화의 위상을 높이고 아시아의 다양한 영화를 소개하여 아시아 영화 발전에 큰 도움을 주고 있다.
영화제 기간에는 여러 나라에서 출품한 영화를 보려고 전국의 영화 팬들과 외국인 관광객들이 부산에 몰려온다. 그리고 밤새도록 영화를 보거나 콘서트와 영화를 함께 즐기는 등의 다양한 행사에 참여할 수 있다.

▲ 부산 국제 영화제(BIFF) (사진 출처: 부산국제영화제 공식 홈페이지)

★ 자신의 고향 나라에서 특정 지역이나 도시 이름을 넣어 진행하고 있는 국제 행사를 하나 골라 소개해 봅시다.

강원, 제주 지역

 생각해 봅시다

다음은 한국의 대표적인 관광지인 강원도와 제주도의 모습입니다.

01 다음 사진 중 본인이 가보고 싶은 곳은 어디인지, 간다면 누구와 함께 가고 싶은지, 그 이유는 무엇인지 이야기해 볼까요?

02 자신의 고향 나라에서 관광지로 유명한 곳의 이름과 특징을 소개해 볼까요?

 학습목표

1. 강원 지역의 지리적 특징과 관광업이 발달한 이유를 설명할 수 있다.
2. 제주 지역의 특징을 이해하고 관광업이 발달한 이유에 대해 설명할 수 있다.

 관련 단원 확인하기

영역		제목	관련 내용
기본	지리	45. 한국의 기후와 지형	한국의 해안

01 강원 지역의 모습은 어떠할까?

강원 지역의 위치

강원 지역은 한반도 중앙의 동쪽에 위치하고 있다. 강원 지역은 태백산맥을 기준으로 동쪽을 영동 지방, 서쪽을 영서 지방으로 구분한다. 영동 지방이 영서 지방에 비해 조금 따뜻한 편이다.

▶ 강원 지역의 위치

강원특별자치도

강원도는 강릉과 원주의 앞글자를 따서 지어진 이름이다. 강원도의 80% 정도는 산이고 농사를 지을 수 있는 땅은 10% 정도밖에 되지 않아 인구가 많지 않다. 강원도는 산지가 많아 밭농사*를 많이 하는 편이고 고랭지 농업*이 발달하였다. 대관령 목장 등을 중심으로 한 목축업도 발달하였다. 강원도는 자연 경관이 뛰어나 한국의 대표적인 관광지로 자리매김하고 있다. 태백산맥에 위치한 설악산, 오대산과 경포대, 낙산 해수욕장 등이 인기가 높고 겨울에는 스키장을 찾는 사람들이 많다. 강원도는 높은 산이 많아 이동이 불편했는데 최근에는 철도, 항공, 고속도로 등이 많이 생기면서 다른 지역으로의 이동이 편리해졌다. 강원도의 평창에서는 2018년 동계 올림픽을 개최하기도 했다.

● 밭농사
밭에서 하는 농사로 옥수수, 감자 등을 재배함

● 고랭지 농업
지대가 높고 기온이 낮은 지역에서 여름철에 하는 농업. 배추, 감자, 무 등을 심어 가꿈

● 화천 산천어 축제
빙판 위에서 즐기는 산천어 얼음낚시, 눈썰매와 봅슬레이, 각양각색의 체험과 볼거리가 있음

강원 지역의 명소와 축제

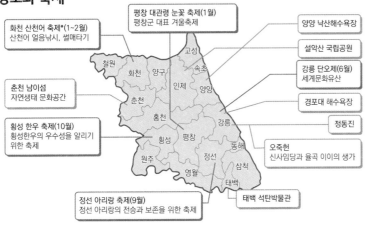

평창 대관령 눈꽃 축제(1월)
평창군 대표 겨울축제

화천 산천어 축제*(1~2월)
산천어 얼음낚시, 썰매타기

양양 낙산해수욕장

설악산 국립공원

강릉 단오제(6월)
세계문화유산

춘천 남이섬
자연생태 문화공간

경포대 해수욕장

정동진

횡성 한우 축제(10월)
횡성한우의 우수성을 알리기 위한 축제

오죽헌
신사임당과 율곡 이이의 생가

정선 아리랑 축제(9월)
정선 아리랑의 전승과 보존을 위한 축제

태백 석탄박물관

알아두면 좋아요 │ 무기 대신 자연이 있는 곳, 비무장지대(DMZ)

비무장지대란 국제적인 약속에 따라 무장(전쟁에 필요한 장비를 갖추는 것)이 금지된 지역이다. 남한과 북한 사이에 있는 휴전선에서 남북으로 각각 2Km씩을 비무장지대로 정하였다. 좌우의 전체 길이는 250km 정도이다. 비무장지대는 대한민국의 아픈 역사를 지닌 곳이지만 오랫동안 사람들의 발길이 닿지 않아 자연 그대로의 생태계가 잘 보존되어 있다. 이러한 생태계적 가치를 세계적으로 인정 받아 비무장지대 인접 지역은 2019년 유네스코 생물권 보전지역으로 지정되었다.

▲ 비무장지대

02 제주 지역의 모습은 어떠할까?

제주 지역의 위치

▶ 제주 지역의 위치

제주도는 한국에서 가장 큰 섬으로 한반도 남쪽에 위치하고 있다. 행정 구역 명칭은 제주특별자치도이다. 대부분의 외국인이 비자 없이 제주도를 방문할 수 있다. 제주도는 동서로 긴 타원형 모양으로 되어있으며 위쪽은 제주시, 아래쪽은 서귀포시로 나뉜다.

제주특별자치도

● 주상절리
화산에서 나온 용암이 식어서 굳을 때 육각기둥 모양으로 굳어져 생긴 것

제주도는 화산 활동으로 만들어진 섬으로 오름(작은 화산), 용암동굴, 주상절리* 등과 같은 화산 지형을 많이 볼 수 있다. 제주도에는 희귀*한 동식물도 많이 살고 있다. 이러한 자연적, 생태적 가치를 인정받아 제주도는 유네스코 세계자연유산으로 지정되었다. 제주도의 중앙 부분에는 한국에서 가장 높은 산인 한라산(1950m)이 있다. 제주도는 따뜻한 날씨, 아름다운 자연 등 수많은 관광 자원 덕분에 한국을 대표하는 관광지로 꼽힌다.

● 희귀
드물고 귀함

● 성산일출봉

제주 지역의 명소와 축제

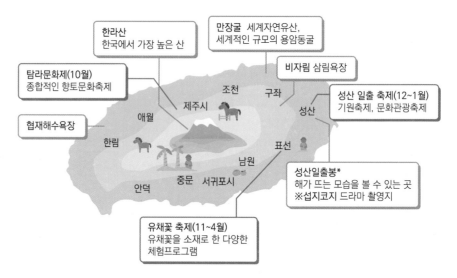

한라산
한국에서 가장 높은 산

만장굴 세계자연유산,
세계적인 규모의 용암동굴

비자림 삼림욕장

탐라문화제(10월)
종합적인 향토문화축제

성산 일출 축제(12~1월)
기원축제, 문화관광축제

협재해수욕장

조천   구좌

제주시   성산

애월

한림   표선

남원

성산일출봉*
해가 뜨는 모습을 볼 수 있는 곳
※섭지코지 드라마 촬영지

안덕   중문   서귀포시

유채꽃 축제(11~4월)
유채꽃을 소재로 한 다양한
체험프로그램

알아두면 좋아요 삼다도(三多島)를 아세요?

제주도는 세 가지(바람, 돌, 여자)가 많아서 삼다도라고 불린다. 제주도는 섬이라 바람이 많이 불었고, 화산섬이기 때문에 현무암(돌)이 많았다. 그리고 물고기를 잡으러 바다로 나간 남자들이 죽는 경우가 많아 여자들이 상대적으로 많아졌다고 한다. 남은 여자들이 집안을 책임져야 했는데 이들 중에는 해녀(바다 속에 들어가 미역이나 조개 등 해산물을 거두어 오는 여성)가 되는 사람들이 많았다. 2016년에 제주도의 해녀 문화가 유네스코 인류무형문화유산으로 등재되었다.

▲ 제주 해녀

주요 내용정리

01 강원 지역의 모습은 어떠할까?

- 강원 지역은 태백산맥을 경계로 동쪽을 (　　　) 지방, 서쪽을 (　　　) 지방으로 구분한다.
- 강원도는 산지가 많아 밭농사와 고랭지 농업이 발달하였고 대관령 목장 등을 중심으로 (　　　)도 발달하였다.
- 2018년에는 강원도 평창에서 (　　　　　)을 개최하였다.
- 강릉 (　　　)는 단오를 전후하여 강원도에서 벌이는 축제로 풍년과 집안의 태평을 기원하였다.

02 제주 지역의 모습은 어떠할까?

- (　　　)는 한국에서 가장 큰 섬으로 한반도 남쪽에 위치하고 있다.
- 제주도 중앙에는 (　　　)이 있는데 한국에서 가장 높은 산이다.
- 제주도는 아름다운 자연 경관과 따뜻한 날씨 덕분에 한국의 대표적인 (　　　)가 되었다.

 ## 이야기 나누기

[지역마다 다른 사투리, 무슨 뜻일까?]

사투리(또는 방언)란 어떤 지역이나 지방에서 주로 사용하는, 표준어가 아닌 말을 말한다. 사투리를 사용하면 다른 지역 사람과는 의사소통이 잘 되지 않을 수도 있지만 같은 사투리를 쓰는 사람들끼리는 친근한 느낌을 가질 수 있다. 또, 어떤 지역을 배경으로 하는 연극이나 영화에서 사투리를 쓰면 좀 더 실감나게 표현할 수 있다. 각 지역에서 사용하는 사투리와 그 뜻을 연결해 보자.

지역 사투리	표준어
평안도: 이 노래 드러 봤? ●	● 나무에 무엇이 달렸습니까?
함경도: 낭게 무시기 달렸음메? ●	● 근데 여긴 어쩐 일이야?
황해도: 누구라 갖다 놔서? ●	● 정말 오랜만이다.
강원도: 안녕히 가시래요. ●	● 안녕히 가세요.
충청도: 근데 여긴 우쩐 일이여? ●	● 명치가 아프다고 하지 않았니.
전라도: 겁나게 오랜만이구마잉. ●	● 어서 오세요.
경상도: 멩치가 우리하다 안 카나. ●	● 이 노래 들어봤니?
제주도: 혼저옵서예. ●	● 누가 갖다 놨어?

[출처] 네이버 지식백과, 방언

★ 본인이 알고 있는 한국의 지역 사투리를 한 가지씩 이야기해 봅시다.

대단원 정리

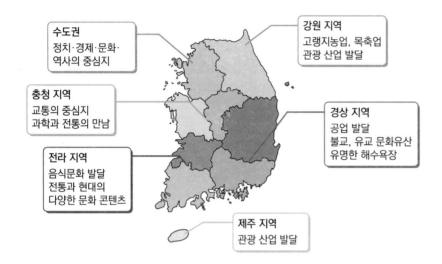

수도권
정치·경제·문화·
역사의 중심지

강원 지역
고랭지농업, 목축업
관광 산업 발달

충청 지역
교통의 중심지
과학과 전통의 만남

경상 지역
공업 발달
불교, 유교 문화유산
유명한 해수욕장

전라 지역
음식문화 발달
전통과 현대의
다양한 문화 콘텐츠

제주 지역
관광 산업 발달

대한민국 구석구석
https://korean.visitkorea.or.kr
여행에 관한 알찬 정보가 가득한 사이트

한국관광공사
http://www.visitkorea.or.kr
한국의 관광 정보에 대하여 자세하고
다양하게 안내받을 수 있는 사이트

수도권과 관련 있는 돌을 밟아서 물을 건너가세요.

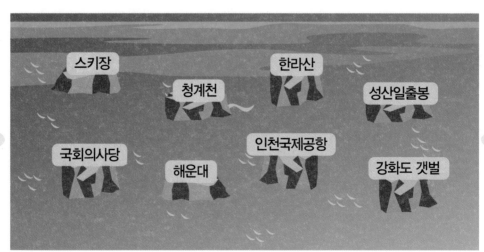

스키장

청계천

한라산

성산일출봉

국회의사당

해운대

인천국제공항

강화도 갯벌

단원 종합 평가

01 〈보기〉에서 설명하는 지역으로 옳은 것은?

---〈보기〉---
- 다양한 식량 자원을 바탕으로 음식 문화가 발달하였다.
- 한국의 서남쪽에 위치해 있으며 호남 지역이라고도 불린다.
- 전통 문화 등을 비롯한 다양한 문화 콘텐츠를 만날 수 있다.
---

① 강원 지역　　　　② 경상 지역　　　　③ 전라 지역　　　　④ 충청 지역

02 한국의 지형에 관한 설명으로 옳은 것을 〈보기〉에서 모두 고른 것은?

---〈보기〉---
ㄱ. 동해안에는 넓은 갯벌이 발달하였다.
ㄴ. 한국에서 가장 높은 산은 한라산이다.
ㄷ. 산이 전체 국토의 80%를 차지하고 있다.
ㄹ. 동쪽, 서쪽, 남쪽은 바다를 마주하고 있다.
---

① ㄱ, ㄷ　　　　② ㄱ, ㄹ　　　　③ ㄴ, ㄷ　　　　④ ㄴ, ㄹ

03 다음 중 바다와 접하지 <u>않은</u> 지역은?

① 충청북도　　　　② 경상북도　　　　③ 충청남도　　　　④ 전라북도

04 다음 중 광역시가 속해 있지 <u>않은</u> 지역은?

① 수도권　　　　② 강원 지역　　　　③ 충청 지역　　　　④ 전라 지역

05 지역 축제에 대한 설명으로 옳지 <u>않은</u> 것은?

① 보령 머드 축제는 외국인도 많이 참여하는 충청 지역의 축제이다.
② 부산 국제 영화제는 매년 10월에 열리는 아시아 최대의 영화제이다.
③ 강릉 단오제는 전라 지역의 대표 축제로 세계문화유산으로 등재되었다.
④ 고양 국제 꽃 박람회는 매년 봄에 열리는 국내 최대 규모의 꽃 축제이다.

06 〈보기〉의 ㉠, ㉡에서 설명하는 명소로 옳은 것은?

---〈보기〉---
ㄱ. 부산의 유명한 해수욕장으로 많은 관광객이 방문한다.
ㄴ. 청동기 시대의 무덤으로 화순, 고창에 많이 분포되어 있다.

	㉠	㉡		㉠	㉡
①	해운대	고인돌	②	경포대	고인돌
③	해운대	한옥마을	④	경포대	한옥마을

음식 이야기

서울-너비아니

얇게 저민 뒤 양념을 하여 구운 쇠고기 (궁중음식)

충청도-짜글이

양념한 돼지고기에 감자와 양파 등의 채소를 넣어 자글자글 끓인 찌개 (충청도 향토 음식)

전라도-추어탕

미꾸라지를 넣어 끓인 탕으로 전국적으로 많이 먹는 보양 음식 (남원의 향토 음식)

경상도-밀면

밀가루와 전분을 넣고 반죽하여 만든 국수 (부산의 향토 음식)

강원도-올챙이국수

옥수수 가루로 죽을 쑤어 올챙이 모양처럼 면발을 만든 후 양념장을 넣어 만든 국수 (강릉의 향토 음식)

제주도-각재기국

전갱이(바닷물고기의 하나)와 배추, 된장을 넣어 끓인 국(제주도의 향토 음식)

명소 이야기

인천-강화도 갯벌

강화도의 길상면·화도면 연안에 넓게 펼쳐져 있는 갯벌

충청도-단양팔경

충북 단양군을 중심으로 주위 12km 정도에 위치해 있는 8곳의 명승지

전라도-한옥마을

전라북도 전주시 교동·풍남동 일대에 있는 전통 한옥마을

경상도-우포늪

경상남도 창녕군에 있는 국내 최대의 자연 늪지

강원도-대관령 양떼 목장

강원도 평창군에 있는 한국의 대표적인 양 목장

제주도-만장굴

제주도 김녕리에 있는 동굴. 제주도 사투리로 '아주 깊다'는 뜻의 '만쟁이거머리굴'이라고 불렸음

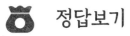

정답보기

■ 주요 내용정리 정답

영역	단원	주요 내용정리 정답	
사회	1. 한국의 상징	1. 한국의 국기와 국가는 무엇일까? • 대한민국 • 태극기, 평화, 화합 • 애국가, 나라	2. 한국의 국화와 문자는 무엇일까? • 무궁화 • 무궁화, 태극기 • 한글, 세종대왕 • 발음기관, 사람 • 자음, 모음
	2. 가족	1. 한국의 가족은 어떤 특징을 가지고 있을까? • 확대가족 • 산업화, 공부, 취업, 핵가족	2. 한국의 가족과 친척은 서로를 어떻게 부를까? • 촌수 • 따지지 않는다 • 1촌, 2촌 • 4촌
	3. 일터	1. 한국인은 어떤 일터에서 일할까? • 공무원, 공기업, 대기업 • 여성 • 재취업	2. 한국인의 직장 생활은 어떤 모습일까? • 5, 52 • 교대 • 회식
	4. 교통과 통신	1. 한국에서 많이 이용하는 교통수단은 무엇일까? • 현금, 교통카드 • 환승 할인 제도, 버스 전용 차로제 • 환승 할인 제도, 이용거리 • 버스 전용 차로제	2. 한국에서 많이 사용하는 통신수단은 무엇일까? • 우체국, 택배 • 정보 • 정보
	5. 주거	1. 한국인이 많이 살고 있는 집의 형태는 무엇일까? • 단독 주택, 공동 주택 • 다가구 주택, 아파트 • 층간 소음	2. 한국에서는 집을 어떻게 구할까? • 전세, 전세 • 부동산 중개업소 • 교통
	6. 도시와 농촌	1. 한국 도시는 어떤 특징이 있을까? • 산업화, 도시 • 위성 도시 • 교통, 환경	2. 한국 농촌은 어떤 특징이 있을까? • 농산물 직거래, 축제 • 노인
	7. 복지	1. 한국의 사회 복지 제도에는 어떤 것들이 있을까? • 건강, 고용, 국민, 산업 재해 • 공공 부조 • 긴급 복지	2. 다문화 가족 및 외국인을 위한 기관과 지원 서비스에는 어떤 것들이 있을까? • 혼인, 국적, 난민, 생계비 • 한국어, 문화 • 외국인
	8. 의료와 안전	1. 한국에서 의료 기관은 어떻게 이용할까? • 동네 의원, 종합 병원 • 보건소 • 건강 보험	2. 안전한 생활을 위해서는 어떻게 해야 할까? • 행정안전부 • 긴급 신고 전화 • 작업복, 안전모, 보호장비 • 비상구, 소화기

영역	단원	주요 내용정리 정답	
교육	9. 보육제도	1. 출산과 보육을 지원하는 제도에는 무엇이 있을까? • 국민행복카드 • 어린이집, 유치원, 아이행복카드 • 양육 수당	2. 영·유아를 위한 보육과 교육은 어디에서 담당할까? • 어린이집, 보건복지부 • 유치원, 5세
	10. 초·중등교육	1. 한국 교육 제도의 특징은 무엇일까? • 6, 3, 3 • 의무 교육 • 3 • 국립, 공립 • 창의적 체험 활동, 현장 체험 학습 • 방과 후 학교	2. 한국의 초·중등 교육 기관에는 어떤 것이 있을까? • 6 • 자유 학년제
	11. 고등 교육과 입시	1. 한국은 왜 대학 진학률이 높을까? • 학력 • 경쟁 • 수시, 정시	2. 한국의 고등 교육 기관에는 어떤 것이 있을까? • 대학교, 대학원, 학사, 박사 • 인터넷, 사이버 • 대학원
	12. 평생 교육	1. 평생 교육이란 무엇일까? • 평생 교육 • 사이버 • 평생 학습 계좌제, 바우처, 평생 학습 포털	2. 이주민을 위한 교육에는 무엇이 있을까? • 사회 통합 프로그램(KIIP) • 내일배움카드 • 고용 보험, 결혼 이민자
문화	13. 전통 가치	1. 효와 예절은 무엇일까? • 효 • 예절 • 높임말	2. 공동체와 연고를 중요하게 여기는 모습은 어떻게 나타날까? • 상부상조 • 지연 • 동문회
	14. 전통 의식주	1. 한국 음식의 종류와 특징은 무엇일까? • 밥, 국, 반찬 • 김장 • 발효	2. 한복과 한옥의 특징은 무엇일까? • 바지, 저고리, 치마, 저고리 • 기와집, 초가집 • 온돌, 대청마루
	15. 의례	1. 결혼식, 돌잔치, 성년식은 어떤 모습일까? • 18 • 돌잡이 • 성년의 날	2. 장례식과 제사는 어떤 모습일까? • 3 • 화장 • 음복
	16. 명절	1. 설날에는 무엇을 할까? • 설빔 • 세배 • 떡국	2. 추석에는 무엇을 할까? • 한가위 • 송편 • 달맞이
	17. 종교	1. 한국에는 어떤 종교가 있을까? • 불교, 자비 • 천주교, 개신교 • 대종교	2. 종교 간의 배려와 존중이 왜 필요할까? • 자유 • 공동체 • 부처님 오신 날, 성탄절
	18. 대중문화	1. 한국에는 어떤 대중문화가 있을까? • 대중문화 • 유행가 • 프로 야구, 프로 축구	2. 세계인이 좋아하는 한국 대중문화에는 무엇이 있을까? • 한류 • K-POP(케이팝)
	19. 여가문화	1. 한국에는 어떤 여가문화가 있을까? • 52시간 • 동호회	2. 여가활동에는 어떻게 참여할 수 있을까? • 행정복지센터 • 일, 삶 • 건강

영역	단원	주요 내용정리 정답	
정치	20. 한국의 민주 정치	**1. 한국의 주인은 누구일까?** • 정치 • 민주주의 • 주권	**2. 한국은 왜 국가 기관의 권력을 나누어 놓았을까?** • 입법부(국회), 행정부(정부), 사법부(법원) • 권력분립, 삼권분립 • 제정, 집행, 적용
	21. 입법부	**1. 법은 누가, 어디서 만들까?** • 입법부(국회) • 국회의원 • 300	**2. 국회는 어떤 일을 할까?** • 법 • 예산 • 국정 감사
	22. 행정부	**1. 법은 누가 집행할까?** • 대통령 • 5 • 국무 회의, 국무 회의	**2. 정부는 어떤 일을 할까?** • 국군 • 법무부
	23. 사법부	**1. 재판은 누가 할까?** • 사법부 • 가정법원 • 대법원	**2. 법원은 어떤 일을 할까?** • 권리 • 3 • 민사, 형사
	24. 선거와 지방자치	**1. 선거는 어떻게 이루어지고 있을까?** • 18 • 평등 • 3, 지방	**2. 우리 지역을 위한 정치는 어떻게 할까?** • 지방자치제 • 풀뿌리 • 광역자치단체, 기초자치단체
경제	25. 일상생활과 경제 활동	**1. 경제 활동이란 무엇일까?** • 경제 활동 • 물가 • 싼, 비싼	**2. 경제 활동에서 합리적인 선택은 왜 필요할까?** • 화폐 • 오만 원(50,000원), 수표 • 합리적
	26. 경제 성장	**1. 한국 경제는 어떻게 성장해 왔을까?** • 수출 • 한강의 기적 • 노동력, 교육열	**2. 한국은 세계 여러 나라와 어떻게 교류하고 있을까?** • 자유무역협정 • 원조, 원조
	27. 장보기와 소비자 보호	**1. 어디에서 장을 보면 될까?** • 전통 시장 • 편의점 • 홈쇼핑, 온라인 쇼핑	**2. 소비자의 권리와 책임에는 어떤 것이 있을까?** • 한국소비자원 • 소비자기본법 • 유통기한
	28. 금융 기관 이용하기	**1. 금융기관에는 어떤 것이 있을까?** • 9시, 4시 • 금리 • 인터넷 전문 은행	**2. 금융 거래는 어떻게 하면 될까?** • 신분증 • 금융 실명제 • 컴퓨터
	29. 취업하기	**1. 한국의 일자리 상황은 어떠할까?** • 실업률 • 비정규직	**2. 취업하기 위해서는 무엇을 준비해야 할까?** • 자격증 • 이력서 • 근로 계약서

영역	단원	주요 내용정리 정답	
법	30. 외국인과 법	1.한국에서 법은 어떤 의미를 가지고 있을까? • 정의 • 권리, 질서 • 준법	2. 외국인에게는 어떤 법적 권리와 의무가 있을까? • 인권, 국제법 • 영주권 • 출입국관리법
	31. 한국 체류와 법	1. 외국인이 한국에 머무르려면 어떤 절차가 필요할까? • 여권, 비자 • 단기, 장기 • 90	2. 외국인의 정착을 돕는 법에는 어떤 것이 있을까? • 재한외국인처우기본법 • 다국어 전화상담서비스 • 500만
	32. 한국 국적과 법	1. 한국 국적은 어떤 의미를 가지며 어떤 기준으로 결정될까? • 국적, 헌법 • 영주권 • 속인주의	2. 귀화는 어떤 절차로 이루어질까? • 법무부 장관 • 5년, 영주, 19세 • 간이귀화, 2, 간이귀화
	33. 가족과 법	1. 법은 결혼생활에 어떤 영향을 줄까? • 혼인신고 • 공동 • 가사노동	2. 가족관계에서 생기는 문제를 법으로 어떻게 해결할 수 있을까? • 가정폭력 • 협의, 재판상 • 위자료
	34. 재산과 법	1. 금전 거래를 할 때 무엇을 알아 두어야 할까? • 무효 • 계약서 • 차용증, 영수증	2. 부동산 거래를 할 때 무엇을 알아 두어야 할까? • 부동산, 등기부 등본 • 계약금 • 임차
	35. 생활 법률	1. 경범죄에는 무엇이 있을까? • 경범죄 • 무단투기 • 무단횡단	2. 음주운전과 학교폭력은 무엇일까? • 음주운전 • 학교폭력
	36. 범죄와 법	1. 한국에서 형법은 어떤 기능을 할까? • 범죄, 형벌 • 죄형 법정주의	2. 범죄를 막기 위해 경찰과 검찰은 어떤 일을 할까? • 법집행기관 • 경찰, 112 • 검찰, 형사
	37. 권리 보호와 법	1. 재판은 분쟁 해결에 어떤 도움을 줄까? • 법원 • 변호사 • 대한법률구조공단	2. 재판 외에 분쟁을 해결하는 방법에는 어떤 것이 있을까? • 협상 • 국가인권위원회 • 국민권익위원회

영역	단원	주요 내용정리 정답	
역사	38. 고조선의 건국	1. 한국 역사는 어떻게 변해 왔을까? • 박은식 • 역사	2. 고조선의 생활 모습은 어떠했을까? • 고조선 • 단군왕검 • 8조법
	39. 삼국 시대와 남북국 시대	1. 삼국은 어떻게 발전했을까? • 주몽, 백제, 신라 • 백제 • 한강	2. 남북국 시대에는 어떤 나라들이 발전했을까? • 당 • 대조영 • 남북국
	40. 고려 시대	1. 고려는 어떻게 발전했을까? • 왕건 • 무신, 무신 • 강화도	2. 고려 시대 사람들은 어떻게 살았을까? • 벽란도 • 코리아 • 불교
	41. 조선의 건국과 발전	1. 조선은 나라의 기틀을 어떻게 마련하였을까? • 한양 • 세종 • 경국대전	2. 조선 후기에는 어떤 변화가 나타났을까? • 임진왜란 • 화성 • 양반
	42. 일제 강점과 독립운동	1. 근대 국가 수립을 위해 어떤 노력을 펼쳤을까? • 흥선 대원군 • 강화도 • 독립신문	2. 한국인은 독립운동을 어떻게 펼쳐 나갔을까? • 위안부 • 3·1 운동 • 대한민국 임시 정부
	43. 한국의 역사 인물	1. 국가를 위기에서 구한 사람들에는 누가 있을까? • 을지문덕 • 고려 • 이순신	2. 한국 역사에서 여성들은 어떤 활동을 했을까? • 허난설헌 • 김만덕 • 유관순
	44. 한국의 문화 유산	1. 불교와 유교 관련 문화유산에는 어떤 것들이 있을까? • 불교 • 유교	2. 과학기술을 알 수 있는 문화유산에는 어떤 것들이 있을까? • 팔만대장경판 • 세종
지리	45. 한국의 기후 와 지형	1. 한국의 기후와 계절은 어떠할까? • 꽃샘추위 • 열대야 • 단풍 • 폭설	2. 한국의 지형은 어떠할까? • 산지 • 평야 • 동해안, 갯벌
	46. 수도권	1. 수도권의 모습은 어떠할까? • 서울 • 경기도 • 인천국제공항	2. 수도권의 관광 명소와 축제에는 무엇이 있을까? • X • O • O
	47. 충청 지역	1. 충청 지역의 모습은 어떠할까? • 교통 • 백제 • 세종특별자치시 • 과학	2. 충청 지역의 관광 명소와 축제에는 무엇이 있을까? • 단양 팔경 • 보령 • 대전 • 백제
	48. 전라 지역	1. 전라 지역의 모습은 어떠할까? • 호남 • 음식 문화 • 광주광역시	2. 전라 지역의 관광 명소와 축제에는 무엇이 있을까? • 고인돌 • 전주 • 광주 • 세계소리축제
	49. 경상 지역	1. 경상 지역의 모습은 어떠할까? • 영남 • 경주 • 대구광역시 • 울산광역시 • 부산광역시	2. 경상 지역의 관광 명소와 축제에는 무엇이 있을까? • 부산 • 해인사 • 하회마을 • 이순신
	50. 강원, 제주 지역	1. 강원 지역의 모습은 어떠할까? • 영동, 영서 • 목축업 • 동계 올림픽 • 단오제	2. 제주 지역의 모습은 어떠할까? • 제주도 • 한라산 • 관광지

■ 수행 평가 정답

영역	수행 평가 정답
사회	(한국상징) 무궁화, 애국가, 태극기 (정답) 인천 사일로 벽화
교육	(초등 관련) 6년, 취학 통지서, 알림장, 40분 (정답) 정동진 역
문화	(가로) ㉮ 온돌 ㉯ 한가위 ㉰ 불교 ㉱ 장례식 (세로) ① 돌잔치 ② 한류 ③ 교회 ④ 결혼식
정치	(가로) ㉮ 주권 ㉯ 헌법 ㉰ 행정부 ㉱ 청와대 ㉲ 국회의원 (세로) ① 민주주의 ② 사법부 ③ 청문회 ④ 삼심제
경제	(가로) ㉮ 한국은행 ㉯ 소비자 ㉰ 금융실명제 ㉱ 백화점 ㉲ 신분증 (세로) ① 한강 ② 자유무역협정 ③ 경제활동 ④ 편의점
법	(가로) ㉮ 재한외국인처우 ㉯ 간이 ㉰ 법치주의 ㉱ 혼인신고 ㉲ 임차 ㉳ 국가인권위원회 ㉴ 영수증 (세로) ① 재판상이혼 ② 국적 ③ 준법정신 ④ 세계인의 날 ⑤ 속인주의 ⑥ 위자료 ⑦ 차용증
역사	(가) - 고구려, (나) - 백제, (다) - 신라, (라) - 고구려, (마) - 발해
지리	국회의사당 - 청계천- 인천국제공항 - 강화도 갯벌

■ 단원 종합 평가 정답 및 문제 풀이

영역	단원 종합 평가 정답
사회	① 2.③ 3.③ 4.④ 5.② 6.④

1.

(출제의도)	한국의 문자인 '한글'에 대해 이해하고 있는지를 묻는 문제입니다.	(정답) ①
(정답해설)	① 한글은 한국의 고유한 문자로 1443년 조선의 세종대왕이 만들었으며 한글의 자음과 모음은 사람의 발음기관과 하늘, 땅, 사람의 모양을 본떠 만들어 졌습니다. 훈민정음 해례본이 만들어진 10월 9일을 한글날로 정해 기념하고 있습니다.	

2.

(출제의도)	한국의 가족(가족 형태)과 일터(여성의 경제활동)에 대해 이해하고 있는지를 묻는 문제입니다.	(정답) ③
(정답해설)	ㄱ. 직업별 남녀 간 불균형이 조금씩 완화되고 있습니다. ㄴ. 여성의 사회 진출이 과거에 비해 활발해지고 있습니다. ㄷ. 과거에는 확대가족이 많았으나 요즘은 핵가족 형태가 많습니다. ㄹ. 아내의 가족과 남편의 가족에 대한 호칭 구분을 없애자는 제안이 나오고 있습니다.	

3.

(출제의도)	한국에서 대중교통 이용을 권장하기 위해 시행하고 있는 제도에 대해 이해하고 있는지를 묻는 문제입니다.	(정답) ③
(정답해설)	③ 환승 제도란 다른 교통수단으로 갈아탈 때 요금을 할인해 주는 제도입니다. 이 외에도 버스 도착 안내 서비스, 버스 전용 차로제와 같은 제도를 시행하고 있습니다.	

4.

(출제의도)	공동 주택의 종류에 대해 이해하고 있는지를 묻는 문제입니다.	(정답) ④
(정답해설)	④ 다가구 주택은 단독 주택의 한 유형으로, 3층 이하의 건물이며 전체에 대한 소유권은 집주인이 가지고 있고 나머지 가구는 거기에 세를 들어 사는 형태입니다.	

5.

(출제의도)	안전한 생활을 위한 방법에 대해 이해하고 있는지를 묻는 문제입니다.	(정답) ②
(정답해설)	② 긴급한 사고가 발생했을 때는 119에 전화합니다.	

6.

(출제의도)	한국의 복지 제도에 대해 이해하고 있는지를 묻는 문제입니다.	(정답) ④
(정답해설)	㉠ 아파서 병원에 갈 때 의료비의 일부를 지원받을 수 있는 제도는 건강 보험입니다. ㉡ 나이가 들어 더 이상 돈을 벌기 어려울 때 매달 일정 금액을 생활비로 지급받을 수 있는 제도는 국민연금입니다.	

영역	단원 종합 평가 정답

교육 1. ③ 2. ③ 3. ② 4. ① 5. ② 6. ①

1.	(출제의도)	한국의 학교 교육 활동 중 하나인 현장 체험 학습에 대해 이해하고 있는지를 묻는 문제입니다.	(정답) ③
	(정답해설)	③ 현장 체험 학습은 학교 교육 활동 중 하나로 관찰, 답사, 견학 등으로 이루어집니다. 각 가정별로도 실시할 수 있으므로 미리 체험 학습을 신청하면 됩니다. 교외 체험학습의 경우 수업 일수의 10%(19일)를 초과할 수 없습니다.	
2.	(출제의도)	한국의 교육열에 대해 이해하고 있는지를 묻는 문제입니다.	(정답) ③
	(정답해설)	ㄱ. 한국은 교육열이 높은 나라입니다. ㄴ. 한국의 대학 진학률은 70% 정도로 경제협력개발기구(OECD) 평균(약 40%)에 비해 높은 편입니다. ㄷ. 학력이 취업, 결혼 등에 유리하다고 생각하는 경향이 많습니다. ㄹ. 대학 진학 경쟁이 치열하여 사교육비 지출 부담이 높은 편입니다.	
3.	(출제의도)	한국의 보육 지원 제도에 대해 이해하고 있는지를 묻는 문제입니다.	(정답) ②
	(정답해설)	② 초등학교에 입학하기 전 어린이집이나 유치원을 다니는 영·유아(0~5세 이하)를 대상으로 보육비나 유아 학비가 지원됩니다. 어린이집이나 유치원을 이용하지 않고 집에서 양육하는 경우에도 자녀의 연령에 따라 양육 수당이 지원되고 있습니다.	
4.	(출제의도)	평생교육 관련 개념에 대해 이해하고 있는지를 묻는 문제입니다.	(정답) ①
	(정답해설)	① 자유 학년제는 중학교 1학년, 1년 동안 중간고사 및 기말고사를 보지 않고 독서토론, 역할극, 진로체험 및 프로젝트 등 다양한 체험 활동이나 진로 탐색을 할 수 있도록 하는 제도입니다.	
5.	(출제의도)	한국의 교육 제도에 대해 이해하고 있는지를 묻는 문제입니다.	(정답) ②
	(정답해설)	③ 1년을 1학기와 2학기로 나누어 운영하는데 1학기는 3월초, 2학기는 8월말~9월초에 시작합니다.	
6.	(출제의도)	한국의 입시 제도와 이주민을 위한 교육에 대해 이해하고 있는지를 묻는 문제입니다.	(정답) ①
	(정답해설)	㉠ 학교생활기록부, 논술이나 실기를 중심으로 대학에 지원하는 방법은 수시모집, 대학수학능력시험에 응시하여 나온 결과인 수능성적을 중심으로 지원하는 방법은 정시 모집입니다. ㉡ 법무부가 인정하는 교육 과정을 이수한 이민자에게 체류 허가나 국적 취득 시 혜택을 주는 제도는 사회 통합 프로그램입니다.	

문화 1. ① 2. ② 3. ④ 4. ① 5. ② 6. ③

1.	(출제의도)	설날의 대표적인 음식인 떡국에 담겨있는 의미를 이해하고 있는지 묻는 문제입니다.	(정답) ①
	(정답해설)	설날의 대표적인 음식은 떡국입니다. 떡국은 흰 가래떡을 얇게 썰어 끓인 음식이며, 가래떡은 '건강'과 '장수'를 상징합니다.	
2.	(출제의도)	설날 의식인 세배에 대해 바르게 이해하고 있는지 묻는 문제입니다.	(정답) ②
	(정답해설)	설날 아침에는 부모님 또는 조부모님 등 집안의 윗사람에게 세배를 하며, 세배를 받은 윗사람은 자녀 등 아랫사람에게 덕담을 합니다.	
3.	(출제의도)	한국의 식사예절에 대해 바르게 이해하고 있는지 묻는 문제입니다.	(정답) ④
	(정답해설)	ㄱ. 숟가락과 젓가락은 동시에 들고 사용하지 않습니다. ㄴ. 밥그릇이나 국그릇은 상에 내려 놓고 먹습니다.	
4.	(출제의도)	한국에서 창시된 종교에 대해 바르게 이해하고 있는지 묻는 문제입니다.	(정답) ①
	(정답해설)	① 유교는 중국을 통해 삼국시대에 전파되었습니다. ② 원불교는 박종빈에 의해 1916년 창시되었으며, 불교 신앙에서 비롯된 것으로 진리를 깨닫기 위해 노력하는 종교입니다. ③ 대종교는 나철에 의해 1909년 창시되었으며, 한국인이 단군의 후손임을 강조하는 종교입니다. ④ 천도교는 최제우에 의해 1860년 창시되었으며, '사람이 곧 하늘'이라는 인내천 사상을 담고 있습니다.	
5.	(출제의도)	한국의 여가문화에 대해 바르게 이해하고 있는지 묻는 문제입니다.	(정답) ②
	(정답해설)	① 인터넷이나 스마트폰을 이용해 영화를 예매할 수 있습니다. ③ 행정복지센터나 평생학습관에서 운영하는 여가 프로그램 중에는 유료도 있습니다. ④ 동호회 등을 통해 자신이 좋아하거나 배우고 싶은 것을 다른 사람들과 함께 공유하기도 합니다.	
6.	(출제의도)	제사 의례 중 음복에 대해 바르게 이해하고 있는지 묻는 문제입니다.	(정답) ③
	(정답해설)	음복이란 제사를 마친 후에 가족들이 함께 모여 제사 음식을 나누어 먹는 것을 말하며 이는 조상이 주는 복을 나누어 받는다는 의미가 담겨 있습니다.	

영역	단원 종합 평가 정답	
정치	1. ③ 2. ① 3. ② 4. ② 5. ④ 6. ④	

1.	(출제의도)	한국의 민주주의 발전 과정을 알고 있는지 묻는 문제입니다.	(정답) ③
	(정답해설)	한국의 민주주의 발전 과정과 관련된 사건은 4·19혁명, 5·18 민주화 운동, 6월 항쟁 등입니다. 1950년 남북한의 6·25 전쟁은 민주주의 발전 과정과 관계가 없습니다.	
2.	(출제의도)	선거의 기본 4대 원칙을 알고 이해하고 있는지를 묻는 문제입니다.	(정답) ①
	(정답해설)	① 간접 선거는 민주주의 선거 원칙에 위배되는 것입니다. 반대 개념인 직접 선거가 선거의 기본 원칙에 속합니다.	
3.	(출제의도)	민주주의 국가의 특징에 대해 이해하고 있는지를 묻는 문제입니다.	(정답) ②
	(정답해설)	② 민주주의 국가에서 국민의 대표를 국민이 직접 선출하며, 국가 권력을 여러 기관에서 나누어 견제와 균형을 이루고 있습니다. 따라서 권력을 가진 한 사람이 모든 것을 결정하는 것은 독재 국가에 해당합니다.	
4.	(출제의도)	지방자치제와 삼심제에 대해 개념을 알고 있는지를 묻는 문제입니다.	(정답) ②
	(정답해설)	② 지방자치제는 지역 주민이 스스로 자기 지역의 대표자를 뽑아서 지역의 정치를 담당하도록 하는 제도로 풀뿌리 민주주의라고도 합니다. 지방선거와 관련이 깊습니다. 공정한 재판 제도로 삼심제가 있습니다. 같은 사건에 대해서 세 번까지 재판을 받을 수 있도록 한 제도입니다.	
5.	(출제의도)	행정부의 구성과 역할에 대해 이해하고 있는지를 묻는 문제입니다.	(정답) ④
	(정답해설)	④ 행정부는 법 집행 기관으로 대통령이 최고 책임자이며, 국무총리, 각 부의 장관 등이 속해 있는 기관입니다. 국무 회의를 통해 국가의 주요 정책을 의논하고 결정하며 사법부, 입법부를 견제합니다.	
6.	(출제의도)	선거의 개념과 기본 원칙에 대해 이해하고 있는지를 묻는 문제입니다.	(정답) ④
	(정답해설)	ㄱ. 비밀선거는 누구에게 투표했는지 다른 사람이 알지 못하게 비밀이 보장되는 원칙입니다. ㄷ. 한국에서 선거권 자격은 만 18세 국민입니다.	

영역			
경제	1. ③ 2. ② 3. ② 4. ④ 5. ② 6. ②		

1.	(출제의도)	한국의 경제 성장 과정에 대해 '한강의 기적'이라고 불리는 이유를 묻는 문제입니다.	(정답) ③
	(정답해설)	서울 중심을 흐르고 있는 한강은 한국의 상징과도 같습니다. 6·25전쟁 이후 폐허가 된 어려움을 딛고 빠른 경제 성장을 이룬 것은 마치 기적과 같은 일이라고 여겨졌습니다. 따라서 이를 '한강의 기적'이라고 부릅니다.	
2.	(출제의도)	한국의 여러 시장의 의미와 종류에 대해 이해하고 있는지를 묻는 문제입니다.	(정답) ②
	(정답해설)	② 5일장은 도시 보다는 지방을 중심으로 이어져 오고 있으며, 교통이 편리해지고, 도시의 인구가 늘어나면서 점점 축소되고 있습니다.	
3.	(출제의도)	경제 활동 중 소비자가 피해를 받았을 때, 보호를 받을 수 있는 권리에 대해 이해하고 있는지를 묻는 문제입니다.	(정답) ②
	(정답해설)	ㄱ. 한국에서는 '소비자보호법'을 통해 소비자의 권리를 규정하고 있습니다. ㄴ. 제품의 문제가 드러날 경우, 구입한 후에도 교환이나 환불이 가능합니다. ㄷ. 외국인이라도 1372 소비자상담센터를 통해 소비 생활에서의 문제를 상담 받고 해결할 수 있습니다. ㄹ. 제품에서 문제가 발생한 경우에는 우선 구입한 상점이나 그 제품을 만든 기업과 상담을 합니다.	
4.	(출제의도)	한국의 은행의 종류와 하는 일에 대해 이해하고 있는지를 묻는 문제입니다.	(정답) ④
	(정답해설)	① 우체국에서도 예금을 할 수 있습니다. ② 은행은 예금, 대출 뿐 아니라 송금, 공과금 납부, 환전 등의 업무를 담당하고 있습니다. ③ 상호저축은행은 시중 은행보다 금리가 높은 편이지만, 대체로 규모가 작고, 지점 수가 많지 않습니다. ④ 인터넷 전문은행은 점포를 마련하지 않고, 온라인 네트워크를 통해 금융서비스를 제공하고 있습니다.	
5.	(출제의도)	금융실명제의 개념과 의의에 대해 이해하고 있는지를 묻는 문제입니다.	(정답) ②
	(정답해설)	② 금융실명제: 가짜 이름이나 다른 사람이 아닌 본인의 이름으로만 금융거래를 할 수 있는 제도	
6.	(출제의도)	일자리 지원을 위한 정부의 대책에 대해 이해하고 있는지를 묻는 문제입니다.	(정답) ②
	(정답해설)	② 임신 또는 육아를 하고 있는 여성의 경우 근무 시간을 일정 기간 동안 줄여주기도 합니다.	

영역	단원 종합 평가 정답	
법	1. ② 2. ④ 3. ④ 4. ④ 5. ②	

1.	(출제의도) 한국에서 법치주의가 잘 유지되고 발전되기 위해 필요한 조건을 묻는 문제입니다.	(정답) ②
	(정답해설) 법치주의가 잘 유지되고 발전되기 위해서는 올바른 법을 제정하는 것과 함께 이 법을 잘 지키는 것이 중요합니다. 특히 한국인뿐만 아니라 외국인도 법을 잘 지킬 때 한국이 더 좋은 나라가 될 수 있습니다.	
2.	(출제의도) 국적을 얻는 방법으로서 귀화의 종류를 구별할 수 있는지를 묻는 문제입니다.	(정답) ④
	(정답해설) 〈보기〉의 내용은 일반귀화에 대한 설명입니다. ② 간이귀화는 대한민국과 일정한 관계가 있는 외국인이 대상이며, ③ 특별귀화는 부모 중 한쪽이 한국 국민이거나 한국에 특별한 공로 등이 있는 외국인을 대상으로 합니다.	
3.	(출제의도) 가족관계에 적용되는 법의 기본적인 내용을 알고 있는지를 묻는 문제입니다.	(정답) ④
	(정답해설) ㄱ. 법적 부부로 인정받으려면 혼인신고를 해야 합니다. ㄷ. 가정 폭력은 범죄로 처벌받게 되므로 가정 폭력이 발생하면 경찰에 신고해야 합니다.	
4.	(출제의도) 외국인의 사회 적응을 돕기 위한 재한외국인처우기본법의 기본 취지를 알고 있는지를 묻는 문제입니다.	(정답) ④
	(정답해설) ① 민법은 재산 문제나 친족 문제 등 개인들 간의 사적인 분쟁 해결과 관련된 문제를 규정하는 법입니다. ② 형법은 범죄와 그에 대한 형벌을 규정하는 법입니다. ③ 헌법은 국민의 권리와 의무, 국가의 기본적인 통치 체계와 기관 등을 규정한 한국의 최고법입니다.	
5.	(출제의도) 민사 재판과 형사 재판의 기본적인 의미와 절차에 대해 이해하고 있는지를 묻는 문제입니다.	(정답) ②
	(정답해설) ① (가)에 제시된 재판은 범죄에 대한 처벌을 다루는 형사재판이고, ② 형사재판에서는 검찰이 재판에 참여합니다. ③ (나)에 제시된 재판은 개인들 간의 권리 문제를 다루는 민사 재판으로 지방법원에서 재판을 진행하며, ④ 범죄 여부와 형벌의 종류를 결정하는 재판은 형사재판입니다.	

역사	1. ③ 2. ① 3. ④ 4. ①	
1.	(출제의도) 한국인이 세운 최초의 국가를 묻는 문제입니다.	(정답) ③
	(정답해설) ③『삼국유사』라는 역사책에 따르면 단군왕검이라는 지배자가 고조선이라는 국가를 세웠는데, 고조선은 한국이 세운 최초의 국가로 알려져 있습니다.	
2.	(출제의도) 후삼국 시대에 고려를 세운 인물을 묻는 문제입니다.	(정답) ①
	(정답해설) ① 후삼국 시대에 궁예의 신하였던 왕건은 다른 신하들의 도움을 받아 궁예를 제거하고 고려를 세웠습니다. 이후 왕건은 후삼국 시대를 통일하였습니다.	
3.	(출제의도) 앙부일구, 측우기 등의 기구를 처음 만든 조선 시대 왕을 묻는 문제입니다.	(정답) ④
	(정답해설) ④ 해시계인 앙부일구, 비의 양을 재는 측우기는 조선 세종 때 처음 만들어졌습니다. 세종은 백성들이 쉽게 읽고 쓸 수 있게 하기 위해 훈민정음을 창제하였습니다.	
4.	(출제의도) 한국의 독립을 위해 노력한 인물의 활동을 파악하고 있는지 묻는 문제입니다.	(정답) ①
	(정답해설) ① 흥선 대원군은 신미양요 직후 외국과의 통상 수교를 거부한다는 내용의 척화비를 전국 각지에 건립하였습니다. ② 일제 강점기에 김구는 대한민국 임시 정부를 이끌며 독립운동을 주도하였습니다. ③ 1932년 윤봉길은 상하이 훙커우 공원에서 열린 일제의 상하이 점령 기념식장에 폭탄을 던져 일본군 장성과 고위 관료들을 죽이고 부상을 입혔습니다. ④ 3·1 운동 당시 이화 학당의 학생이었던 유관순은 고향으로 내려가 아우내 장터에서 독립 만세 운동을 주도하였습니다.	

영역	단원 종합 평가 정답	
지리	1. ③ 2. ④ 3. ① 4. ② 5. ③ 6. ①	
1.	(출제의도) 전라 지역의 위치와 특징에 대해 알고 있는지 묻는 문제입니다.	(정답) ③
	(정답해설) 전라 지역은 한국의 서남쪽에 위치해 있으며 호남 지역이라고도 불립니다. 전라도는 풍부한 식량 자원을 바탕으로 음식 문화가 크게 발달하였으며 판소리, 민요 등과 같은 전통 문화 등을 비롯한 다양한 문화 콘텐츠를 만날 수 있는 곳입니다.	
2.	(출제의도) 한국의 지형의 특징에 대해 이해하고 있는지를 묻는 문제입니다.	(정답) ④
	(정답해설) ㄱ. 동해안은 해안선이 단순하며 모래 사장이 발달해 있습니다. ㄴ. 한국에서 가장 높은 산은 제주도에 있는 한라산(1950m)입니다. ㄷ. 한국의 국토는 약 65%가 산지입니다. ㄹ. 한국은 동쪽, 서쪽, 남쪽 이렇게 삼면이 바다와 맞닿아 있습니다.	
3.	(출제의도) 충청북도의 위치에 대해 이해하고 있는지를 묻는 문제입니다.	(정답) ①
	(정답해설) ② 충청북도는 한국의 9개 도 중에서 유일하게 바다와 접하지 않는 지역입니다.	
4.	(출제의도) 각 지역에 속해 있는 광역시에 대해 알고 있는지를 묻는 문제입니다.	(정답) ②
	(정답해설) ① 수도권에는 인천광역시가 있습니다. ② 강원 지역에는 속해 있는 광역시가 없습니다. ③ 충정 지역에는 대전광역시가 있습니다. ④ 전라 지역에는 광주광역시가 있습니다.	
5.	(출제의도) 각 지역의 축제에 대해 알고 있는지를 묻는 문제입니다.	(정답) ③
	(정답해설) ③ 강릉단오제는 단옷날을 전후하여 펼쳐지는 강릉 지방의 향토 제례 의식으로 유네스코 세계문화유산으로 등재되어 있습니다.	
6.	(출제의도) 경상 지역과 전라 지역의 관광 명소에 대해 알고 있는지를 묻는 문제입니다.	(정답) ①
	(정답해설) ㄱ. 해운대 해수욕장은 부산을 대표하는 곳으로 여름이면 많은 관광객들이 방문합니다. ㄴ. 고인돌은 청동기 시대의 무덤으로 전라남도 화순, 전라북도 고창에 많이 분포되어 있습니다.	

찾아보기

연구진   설규주 (경인교육대학교 사회과교육과 교수)

            정문성 (경인교육대학교 사회과교육과 교수)

            김찬기 (한국이민재단 교육국 국장)

집필진   최수진 (한국다문화교육연구원 사회통합프로그램 강사)

            정현정 (동국대학교 국제어학원 한국어 강사)

                  (전 사회통합프로그램 강사)

            옹진환 (한국교육과정평가원 부연구위원)

            방대광 (고려대학교 사범대학 부속고등학교 교사)

            박원진 (초당초등학교 교사)

            이바름 (인천지역경제교육센터 책임연구원)

사회통합프로그램[KIIP]

한국사회 이해 기본

법무부 사회통합프로그램 지정 교재
법무부 귀화적격시험 활용 교재

초판발행   2020년 12월 11일
1판발행   2020년 12월 11일
2판발행   2021년 2월 10일
3판발행   2021년 5월 10일
4판발행   2021년 11월 10일
5판발행   2022년 6월 15일
6판발행   2023년 2월 10일
7판발행   2023년 6월 15일
8판발행   2023년 9월 5일
9판발행   2024년 1월 25일
10판발행   2024년 4월 30일
11판발행   2024년 6월 20일
12판발행   2025년 1월 24일

기획 · 개발   법무부 출입국·외국인정책본부

펴낸이   노현
펴낸곳   ㈜피와이메이트
            서울특별시 금천구 가산디지털2로 53 한라시그마밸리 210호(가산동)
            등록 2014.2.12. 제2018-000080호
전화   02)733-6771
팩스   02)736-4818
홈페이지   www.pybook.co.kr
e-mail   pys@pybook.co.kr

값   10,000원
ISBN   979-11-86140-29-1 14300
            979-11-86140-28-4 (세트)